탈사회주의 체제전환과 북한의 미래

진인진

::지은이

김병로 서울대학교 통일평화연구원

정근식 서울대학교 사회학과

진승권 이화여자대학교 사회학과

김병조 국방대학교

조한범 통일연구원

전상인 서울대학교 환경대학원

김미영 부산발전연구원

박명규 서울대학교 사회학과

탈사회주의 체제전환과 북한의 미래

초판 1쇄 발행 | 2018년 6월 30일

엮은이 | 김병로
지은이 | 김병로, 정근식, 진승권, 김병조, 조한범, 전상인, 김미영, 박명규
디자인 | 배원일
발행인 | 김태진
발행처 | 진인진
등 록 | 제25100-2005-000003호
주 소 | 경기도 과천시 별양상가 1로 18 614호(별양동 과천오피스텔)
전 화 | 02-507-3077-8
팩 스 | 02-507-3079
홈페이지 | http://www.zininzin.co.kr
이메일 | pub@zininzin.co.kr

ⓒ 진인진 2018
ISBN 978-89-6347-382-6 93300

* 이 저서는 2010년 정부(교육과학기술부)의 재원으로 한국연구재단의 지원을 받아 수행된 연구임
  (KRF-010-361-A00017).

책을 펴내며

서울대학교 통일평화연구원과 한국사회학회가 러시아 공산주의 혁명 100년, 탈사회주의 혁명 25년에 즈음하여 지난해에 '사회주의 체제전환과 북한의 미래'에 관한 공동사업을 기획하고 1년 동안 연구를 진행하였다. 연구를 진행하는 동안 놀랍게도 한반도에서 비핵평화프로세스가 전격적으로 시작되어 북한의 변화와 미래에 대한 관심이 한층 높아졌다.

평창 동계올림픽을 계기로 시작된 남북교류가 남북정상의 판문점 선언으로 발전하였고, 중국과 미국도 북한과 정상회담을 추진하면서 한반도 비핵화와 평화구축을 위한 회담이 봇물 터지듯 진행되었다. 단단하고 오래되어 결코 열릴 것 같지 않던 북한이 빗장을 열고 비핵화를 선언하며 '병진노선' 마감과 경제발전으로의 전략노선 전환을 천명하고 나섰다. 2009년 헌법에서 공산주의 간판을 내린 북한이 본격적인 사회주의 체제개혁을 단행하는 것이 아닌가 하는 기대가 커졌다.

북한은 2016년 5월, 7차 당대회를 개최한 이래 '국가경제발전 5개년 전략'에 입각한 비핵화와 경제개발에 적극 나서고 있다. 북한이 경제개발을 새로운 전략노선으로 추구한다면 향후 북한체제의 변화는 어떻게 전개될 것인가? 이러한 전환적 시점에 유럽사회주의 경험을 바탕으로 탈사회주의 체제전환의 경로를 검토하고 그에 기초하여 북한체제의 변동 가능성을 진단·전망하는 연구는 대단히 필요하고 의미 있는 작업이다.

유럽 사회주의 체제전환의 경험은 사회주의 체제개혁이 정치·경제·문화의 영역에서 민주화, 시장화, 개방화의 방향으로 추진되었음을 보여준다. 권력의 정당성이 민주적 제도와 절차에 의해 확보되고, 권력과 의사결정이 특정집단에 집중되거나 독점되지 않으며, 대중적 정치참여와 사회적 합의가 보장되는 민주화가 진행되었다. 사회경제적 자원은 특정집단에 의해 독점되거나 통제되지 않고 다양한 행위주체들과 시장경제 요소에 의해 조절되고 분배되며, 생산수단의 사유화와 그러한 활동을 보장하는 제도화가 진행되었다. 뿐만 아니라 가치와 규범, 문화 및 행위 양식의 다양성이 인정되며, 개인적 의지나 이해관계에 따른 이동과 소통의 자유가 증진·보장되는 개방화가 진전되었다.

그러나 구체적 변화의 내용은 나라마다 다르게 전개되었다. 사회주의 변화와 체제전환은 지역적으로는 중동부유럽과 유라시아, 동아시아 등 크게 세 지역으로 구분해 볼 수 있고, 전환의 형태로는 급진적인 체제전환 모델과 점진적인 체제전환 모델, 중간적인 체제전환 모델 등으로 분류해 볼 수 있다. 이 책은 이러한 탈사회주의 경험을 기초로 하여 북한 사회주의 체제의 현황진단과 미래전망을 시도했다. 북한의 현황진단과 미래전망에 필요한 요소들을 유럽과 아시아 사회주의 경험으로부터 추출하고, 그에 기초하여 북한 사회주의 체제의 미래를 가늠해 보았다.

사회주의 체제전환에서 유념해 보아야 할 주된 영역으로 정치, 군사, 경제, 사회, 문화 등 다섯 분야를 선정하였다. 다섯 영역은 제1장~제5장에서 각각 분석하였으며, 각 주제별로 유럽·아시아 사회주의 경험을 검토한 후 이를 북한에 적용·분석하는 방식으로 글을 작성하였다.

제1장은 사회주의 체제전환에서 가장 민감하고 핵심이라 할 수 있는 정

치권력의 문제를 다루었다. 정치영역에서 탈사회주의 체제전환은 공산체제 하에서 비대해진 국가의 역할을 축소하고 기본적으로 정치권력의 탈중앙집권화, 다원화, 시장경제화, 시민활동의 자율화 등으로 추진되었다. 한 마디로 정치권력의 민주화가 진행된 것이다. 민주화의 구체적 진전은 각 국이 처한 정치·경제·문화·지리적 환경에 따라 다르고 그 형태와 속도도 다르게 전개되었다. 북한에서 아직은 이러한 정치민주화가 시작되지 않았지만, 유럽의 정치민주화 경험은 민주적 선거와 대의제, 그리고 민주적 책임성 실현 등 정치발전에 필요한 환경과 조건들을 어떻게 만들어 나가야 할 것인가를 탐색하고 정책대안을 마련하는데 중요한 시사점을 주었다.

제2장은 체제전환에서 가장 큰 걸림돌로 간주되는 군사문제를 다루었다. 공산주의 체제유지의 핵심기관인 군부는 탈사회주의 체제전환 과정에서 새로운 질서에 대한 저항을 만만치 않게 표출할 것으로 예상되기 때문이다. 북한에서도 120만 명이나 되는 북한의 군대를 어떻게 정리할 것인가 하는 문제는 체제전환의 어려운 과제다. 그러나 유럽의 경험을 분석해 보면 놀랍게도 탈사회주의 과정에서 군대의 저항이 그다지 격렬하지 않았고 오히려 그 정치적 변화를 빠르게 수용하면서 새로운 체제에 잘 순응하였음이 발견된다. 그것은 공산주의 사회에서 군대가 독자적인 세력으로 군림한 것이 아니라, 당의 군대로서 당의 지시에 따라 움직이는 정치군대로 존재하였기 때문이다. 탈사회주의 체제전환 과정에서 군대의 역할을 다시 볼 수 있는 돋보이는 대목이다.

제3장은 경제체제의 전환문제를 다룬다. 경제영역에서는 시장체제의 도입을 변화의 골간으로 하면서 사유화, 자유화, 안정화의 세 패턴으로 체제전환이 진행되었음을 보여준다. 북한은 크게 보면 사회주의 정치체제를 유지하면서 시장경제 건설을 추구하는 중국모델에 속하나, 자본주의로 편입되는 독일모델로 갈지, 전면적인 독자개혁을 단행하여 새로운

시장경제체제를 건설하는 소련·동유럽 모델로 갈지 현재로서는 단정하기 어렵다. 아직 가격자유화나 대외시장개방, 사유화가 본격적으로 진행되지 않고 계획경제의 틀을 유지하는 가운데 시장을 접목하는 단계에 있으나, 대다수의 주민들이 시장에 일상의 삶을 의존하는 상황이어서 장기적 영향과 변화가 어떻게 나타날지 유념해 보아야 한다. 중국·베트남에 비해 뒤늦게 개혁을 시작한 북한인지라 남한을 단숨에 따라잡아야 한다는 초조함을 갖고 있어 급진방식과 점진방식 사이에서 많은 고민을 하게 될 것으로 전망한다.

제4장은 체제전환 과정에서 진행된 계층구조의 변동과 시민사회의 변화를 중점적으로 분석하였다. 유럽과 중국의 경험은 기존 사회주의 체제 하에서 정치나 경제 분야의 엘리트와 관료들이 체제전환 과정에서 정치권력을 이용하여 경제적 이득을 취득함으로써 새로운 자산계급으로 발전하는 양상을 보여준다. 이 과정에서 부정부패와 불평등 구조의 재생산이 반복되는 가운데 구체제에 대한 신뢰가 현저히 상실된다. 이러한 변화의 기저에는 종교를 기반으로 한 시민사회의 역할이 상당히 중요한 역할을 하는 것으로 분석하였다. 이러한 경험으로 볼 때, 북한에서는 유럽의 경험과는 상당히 다른 방식으로 체제전환이 진행될 개연성이 높으며, 특히 종교 활동 등 시민사회의 공간이 전혀 존재하지 않아 동유럽과 같은 급진적 체제전환 가능성은 높지 않을 것으로 진단했다.

제5장은 탈사회주의 전환 과정에서 문화적 변화가 어떻게 나타나는가를 관광과 호텔을 주제로 분석하였다. 관광과 호텔은 대표적인 문화적 변화 중 하나로, 경제와 주민생활의 변화를 가장 현저하게 드러내는 영역이다. 관광은 과거 경제적 어려움에 직면한 사회주의 국가들이 손쉽게 외화를 확보할 수 있는 수단으로 활용되었다. 북한 김정은 위원장도 "조선이 경제발전을 하려면 외국투자를 받아야 하는데 지금 미국이 제재를

가하는 상황에서 방법이 많지 않다. 현재 외화를 벌 수 있는 쉬운 방법은 관광이다. 관광객을 대폭적으로 늘려 관광을 발전시켜야 한다"고 강조했다.[1] 김정은 시대에 들어 마식령, 원산 등 새로운 관광자원을 적극 개발하고 있고 이를 위한 호텔 건설을 추진하고 있는 것이 이러한 맥락에서다. 경제적 필요에 의해 시작한 관광과 호텔은 고급소비문화의 공간이기도 하여 사회주의 문화를 해치는 요인으로 작동하는 경향도 있다. 이런 점에서 북한이 적극 추진 중인 관광산업은 북한의 체제변화를 촉진하는 중요한 동력으로 성장할 가능성도 있다.

　이 책을 출간하는데 많은 분들의 지원과 도움을 받았다. 연구비를 지원해 주신 서울대학교 통일평화연구원에 감사드리며, 이 연구에 찬동하여 원고작성에 적극적으로 참여해 주신 여섯 분의 사회학자들께 깊은 감사를 드린다. 저자들은 사회주의 체제변동과 북한·통일 분야에서 가장 탁월한 연구역량을 갖춘 사회학자들로 짧은 시간에 이처럼 깊이 있는 글을 작성해 주신 데 대해 깊은 감사를 드린다. 또한 이 책의 원고교정과 편집을 도맡아 수고해 준 손명아 조교에게도 고마움을 전한다.

　남북 및 북미관계에 근본적인 변화가 시작되고 북한이 새로운 전략 노선을 천명한 전환적 시기에 사회주의 보편적 경험을 토대로 북한의 미래를 가늠해 보았다는 점에서 시의 적절하고 의미 있는 연구 작업이라 생각한다. 아무쪼록 이 책이 사회주의 체제변화에 대한 사회학적 이해와 북한의 미래전망에 유익하고 의미 있는 교재로 사용되기를 기대한다.

2018년 6월
저자를 대표하여 김병로

1　태영호 공사의 증언, 『3층 서기실의 암호』(서울: 기파랑, 2018), p. 299.

목차_

서론: 체제보장과 경제발전-가능성과 한계

정근식(서울대학교 사회학과)

I. 2018년의 국면 전환

2016년 5월, 서울대 통일평화연구원에서는 북한의 핵개발과 미국의 경제제재가 서로 상승작용을 하면서 점차 위기가 고조되는 상황에서, 역설적으로 북한의 미래와 관련하여 탈사회회주의 유형과 경로에 대한 연구의 필요성을 절감하고, 어떻게 하면 효과적으로 이를 수행할 수 있을 것인가를 논의하기 시작하였다.

10년간의 압박과 제재정책이 실행되는 과정에서 보수적인 학자들은 북한붕괴론을 주장했지만, 이에 대한 비판적 견해를 가진 연구자들은 북한체제의 내구성, 그리고 이를 가능하게 하는 시장경제의 진전에 많은 관심을 가져 왔다. 극단적 대치의 상황에서 북한이 갑자기 개혁·개방이나 탈사회주의의 길을 걷는다는 것은 쉽게 상상할 수 없지만, 압박과 제재가 약해지거나 종식되는 경우, 북한이 걸을 수밖에 없는 길이 무엇일까에 관하여 논의하지 않을 수 없었다. 북한의 미래는 동독의 서독으로의 통합과 같은 흡수통일의 길이나 중국이나 베트남처럼 개혁·개방의 길을 상상할 수 있는데, 남북관계나 동아시아의 정치경제적 상황을 감안할 때, 전자보다는 후자의 가능성이 훨씬 클 뿐 아니라 바람직한 것일 수도 있다는 것이 논의의 출발이었다.

북한체제의 지속가능성을 전제로 하여 미래의 한반도의 질서를 좀더 장기적이고 체계적으로 구상하려면, 탈사회주의 국가들의 다양한 경험을 구체적으로 연구할 필요가 있었다. 이에 따라 연구원에서는 2016년 여름, 서구적 모델과 가장 가까운 경로로 탈사회주의를 경험한 발틱 3국을 답사하고,[1] 이어 2016년 겨울에는 만약 북한이 본격적인 개혁·개방을 할 경우, 선택할 수 있는 모델로서의 베트남을 답사하였다. 2017년 여름에는 몽골을 답사하였고, 11월에는 중동부 유럽의 탈사회주의에 관한 심포지움을 독일에서 개최하였다. 이와 함께 보다 구체적으로 세계 탈사회주의의 양상에 관한 비교사회학적 검토를 하면서 북한에서 현재 진행되고 있는 시장화와 개방가능성에 관한 연구를 기획하였다.

이 연구가 진행되는 과정에서 약 10년간의 극단적 대치국면을 근본적으로 변화시킬 수 있는 조짐이 나타나기 시작하였다. 그것의 첫 출발이 북한 김정은 위원장의 2018년 신년사였다. 그는 여기에서 북한의 평창 동계올림픽 참가를 시사했고, 실제로 참여하였다. 이를 계기로 조성된 화해와 대화의 분위기는 4월의 남북정상회담으로 이어졌다. 이 정상회담은 2000년이나 2007년과는 달리 6월의 북미정상회담으로 이어짐으로써 한국과 동아시아 현대사의 보다 심층적인 국면 전환의 가능성을 제고시켰다. 남북정상회담에서는 종전선언, 평화협정, 완전한 비핵화를 이루어나갈 것을 합의하였고, 북미정상회담에서는 북한의 비핵화와 체제보장, 북미관계정상화가 논의되었다.

이런 합의가 언제 어떻게 구체화될지 확실하지 않지만, 이것이 실현되는 경우, 한반도를 포함한 동아시아 질서는 근본적인 변화를 겪을 것이 분명

---

1 이의 성과가 정근식 외(2018)이다.

하다. 누구도 예상하지 못한 이 급속한 변화는 한편으로는 동아시아 냉전체제의 종식이나 한반도 분단체제의 전환, 다른 한편으로는 북한의 개혁 개방이나 체제전환의 가능성을 예고하는 것으로 해석되었다. 그러나 평화협정이 체결된 후에 한반도의 모습은 무엇인가? 그것은 1민족 2국가 체제인가? 2000년 남북정상회담에서 합의한 낮은 단계의 연방제가 실현된다면, 북한의 정치경제는 어떻게 변화할 것인가? 이런 질문들은 지금까지 별로 제기되지 않았던 낯선 질문들이었고, 그만큼 새로운 지혜를 필요로 하는 것이라고 할 수 있다.

II. 체제전환과 개혁·개방 사이에서

1990년대 초 세계 사회주의체제 해체이후 북한은 극심한 안보불안의 상황에서 체제유지를 위한 선군정치를 실시하였고, 핵개발에 몰두하면서 북미관계의 개선을 통한 국제 안보환경을 마련하기 위하여 노력했다고 할 수 있다. 김정은 집권이후에도 이런 노력은 계속되어, 핵·경제 병진노선을 취하면서 전쟁위험에도 불구하고 핵무기와 미사일개발에 몰두하였으며, 2017년 말에 드디어 핵무력 완성을 선언하였다. 이를 액면 그대로 받아들일 것인지는 연구자의 입장에 따라 다르지만, 이것이 가져오는 효과는 매우 컸다. 미국은 경제제재를 강화하면서 공공연히 군사적 타격을 거론하기 시작했다. 한국에서도 통일보다 평화를 우선하는 입장들이 나타날 정도로 전쟁위기가 현실화되었다. 그러나 2018년 초반부터 이를 극적으로 반전시키는 사건들이 연속적으로 나타났다. 2018년 4월, 남북정상회담 직전에 북한은 핵·경제 병진노선을 변경하여 경제총집중노선을 채택하였고, 이어 남북정상회담과 6월의 북미정상회담이 개최되었다.

여기에서 우리는 두 정상회담에서 논의된 북한의 비핵화와 체제보장의 교환,[2] 그리고 비핵화 이후의 '한반도의 평화와 번영'이 내포하고 있는 북한의 미래에 주목할 필요가 있다. 미국이나 한국이 보장해야 할, 북한의 '체제'는 무엇이며, 한반도의 정치사회적 질서는 어떻게 변화될 것인가? 이런 논의들 속에서 정치적으로는 북한의 정상국가화와 현 지도자의 권력유지, 경제적으로는 시장경제의 발전이라는 두 가지 요소는 가시화되고 있지만, 그 방법이나 경로는 모호한 상태에 있고, 앞으로의 협상에 따라 구체화될 수밖에 없다.

북한의 사회변동을 예측하기 위하여 활용할 수 있는 연구들은, 첫째, 북한을 하나의 분석단위로 간주하고 북한이 걸어갈 경로를 기존의 다양한 탈사회주의의 경험에 비추어 분석하는 모델, 둘째, 북한을 동아시아 냉전·분단체제의 한 구성요소로 간주하고 이의 해체와 지역공동체의 형성과정으로 분석하는 모델, 셋째, 북한을 분단한국의 한 구성요소로 파악하고 70년간 지속된 한반도 분단체제의 해체 및 남북 통합 또는 통일의 과정으로 분석하는 모델이 있을 수 있다. 첫 번째 모델이 1990년부터 세계적으로 전개된 소련

---

2 미국의 트럼프대통령은 북미정상회담을 준비하는 과정에서 한국의 학자들이 듣기에 거북하거나 당혹스러운 발언을 몇차례 하였는데, 그것은 북한이 완전한 비핵화를 하면 미국이 남한을 잘 살게 만들었던 만큼 북한을 잘 살게 하겠다는 것이었다. 며칠 후 그는 입장을 바꾸어 북한에 대한 경제지원은 미국의 몫이 아니라 한중일의 몫이라고 말하였다. 그의 발언은 한국의 경제발전에 대한 기존의 설명들, 예컨대 강한 국가론이나 유교자본주의론을 부정한 것으로, 냉전발전론이 또 하나의 유력한 설명틀이라는 점을 잘 보여준다.

해체와 구 사회주의 국가들의 탈사회주의 체제전환 경험을 주목하는 것이고, 두 번째 모델이 아시아 사회주의 국가, 즉 중국이나 베트남의 개혁·개방 경험을 중시하는 것이라면, 세 번째 모델은 동서독의 통일과정을 중시하는 것이다. 세 번째 모델은 가능성이 낮기 때문에 생략하고, 앞의 두 모델을 좀 더 검토해보 필요가 있다.

1. 탈사회주의 체제전환론

탈사회주의 체제전환을 논의할 때 가장 많이 거론되는 방법은 정치적 차원과 경제적 차원으로 구성되는 2차원적 분석, 또는 여기에 사회적 차원을 더하는 3차원적 분석이다. 정치적 차원은 주로 복수정당제와 선거를 통한 정권교체 여부, 경제적 차원은 주요 국가경제부문의 민영화와 사유화의 정도, 사회적 차원은 언론의 자유나 시민사회의 자율성의 정도를 지표로 한다.

탈사회주의 국가의 정치체제를 정당정치의 차원에서 보면, 일당제와 다당제가 있고, 지도자의 교체가 이루어지는 사례와 실질적인 1인 지배의 사례로 구분된다. 복수정당제도와 지도자의 교체여부가 서로 밀접한 관계에 있지만, 항상 일치하는 것은 아니어서, 양자를 교차시키면 네가지 유형이 나타난다. 전형적인 사회주의 국가는 일당제와 실질적인 1인 지배, 또는 지도자의 교체가 이루어지는 일당제 지배구조를 가지고 있었는데, 여기로부터 약간 변형된 것이 다당제하의 실질적인 1인 지배구조이고, 더 많이 벗어난 것이 실질적인 정권교체가 이루어지는 다당제이다.

체제전환은 속도와 범위에서 급진적 체제전환과 점진적 체제전환으로 구분된다. 또한 그것의 경로, 즉 체제전환을 둘러싸고 밑으로부터의 시위와 저항의 경험이 있는가에 따라 속도와 범위가 달라진다. 이것은 체제전환과정에서의 민주화의 수준 및 장당정치의 활성화에 큰 영향을 미치고 있다. 동구의 경우 체제전환은 지역통합과 밀접히 관련을 맺고 진행되었다. 폐쇄적인 사회로부터 벗어나 유럽연합과의 통합으로 나아가는 경로를 밟았다.

또한 체제전환의 양상은 지역에 따라 다르다. 동유럽형 탈사회주의가 다당제와 실질적인 정권교체가 이루어지는 서구형 자유민주주의 모델이 가깝다면, 러시아와 중앙아시아의 탈사회주의의 유형은 선거를 정기적으로 치루는 다당제이지만 실질적인 1인 지배체제에 속한다. 아시아 탈사회주의 국가들 중에서 몽골이 다당제와 선거를 통한 정권교체를 실현하였지만, 중국과 베트남은 지도자의 교체가 이루어지지만 공산당의 지배가 연속되는 구조이다. 이들은 공식적으로 탈사회주의라는 개념을 받아들이지 않고, 사회주의 시장경제라고 개념화한다.

경제적 측면에서 탈사회주의는 중앙계획경제의 시장경제로의 전환을 의미하는데, 그 범위와 질적 성격은 사례마다 조금씩 다르다. 시장경제로의 전환은 가격자유화, 경제안정화, 무역자유화, 토지와 주택의 사유화를 통해 이루어진다. 이 과정에서 협동조합의 해체, 국가기업의 민영화, 금융제도의 개혁, 주식시장의 창설 등이 이루어진다. 시장경제는 국제 금융기구 및 무역기구 가입을 통해 제도화된다. 또한 철도, 도로, 에너지를 비롯한 중요 국가기업의 처리가 중요해지는데, 이를 민영화하는 경우, 기존의 공산당 관료들이 자본가나 경영자로 전환되는 경향이 존재한다.

사회적 차원에서의 체제전환은 이동의 자유, 정보통제의 완화와 언론의 자유, 외부와의 소통의 확대, 종교의 자유 등으로 나타난다. 개인주의의 확대와 시민사회의 형성 또한 중요한 지표이다.

2. 개혁·개방론

아시아 사회주의 국가, 특히 중국과 베트남은 탈사회주의 체제전환이라는 개념대신 개혁과 개방을 통해 자신의 사회변동을 설명해왔다(강진아. 2014). 북한 또한 넓게 보면 이 개혁·개방론의 영향권 하에 들어 있고, 앞으로 예상되는 변화 또한 동유럽형 체제전환론보다는 중국식 또는 베트남식 개혁·개방모델에 가깝다고 할 수 있다.

중국의 개혁과 개방은 1978년 12월 제11기 중국공산당 중앙위원회 제3차 선제회의부터 시작되었다. 이 회의에서 대규모적인 대중적 계급투쟁의 종결을 선언하고 개혁·개방 노선의 실시를 대내외적으로 천명했다. 덩샤오핑은 1979년 초에 미국을 방문하여 국교정상화에 서명하고, 관세최혜국의 지위를 확보하였다. 이어 그는 개혁·개방정책을 실시하였다. 개혁정책으로 덩샤오핑은 농촌에서 인민공사를 해체하고 농가생산책임제를 도입하여 생산력을 제고시켰다. 또한 소규모 농촌기업을 육성하고 도시에서의 자영업을 활성화하였다.

또한 개방정책으로 그는 동남연해 지역부터 단계적으로 개방하여 외국자본을 유치하면서 공업 발전을 도모하였다(서보근, 2011). 이 개방정책은 점진적이었다. 1979~1983년의 점 개방 시기에는 광둥성의 선전, 주하이, 산터우와 푸지엔성의 샤먼에 4대 경제특구가 설치되었다. 1984년부터 1987년까지의 선 개방 단계에서 공산당은 14개 연해지역의 주요 항만도시를 개방도시로 지정했고, 양자강 삼각주, 주강 삼각주를 개방지역으로 지정했다. 1988년부터 1991년까지의 면 개방 단계에서는 산동반도, 요동반도 및 환발해만권이 개방지역으로 지정되었으며, 하이난(海南)도를 다섯 번째 경제특구로 지정했다. 전방위 개방은 1992년 덩샤오핑의 남순강화 이후 이루어진 것으로 서부 내륙지역의 개발을 포함한다.

베트남의 도이모이정책은 1986년에 도입되었다. 이것은 1986년 12월 베트남 공산당 서기장에 취임한 구엔 반 린이 공산당 제6회 대회에서 채택한 슬로건의 하나로, 농지를 각자 경작해 여분의 쌀을 팔 수 있도록 한 데서 출발했으며, 동시에 외국의 직접투자 유치에 적극 나섰다. 1992년에는 헌법과 외국인투자법 개정을 통해 외국 자본을 끌어올 수 있는 기반을 마련했다(이한우, 2016). 베트남의 개혁·개방은 중국과 마찬가지로 미국과의 관계 개선이 있었기에 가능했다. 1985년 베트남은 베트남전에서 실종된 미군 유해 송환을 계기로 미국과의 관계 정상화에 나섰으며, 1995년 미국과 수교를 하였다. 베트남은 1996년 동남아국가연합(ASEAN)과 아시아태평양경제협력체(APEC)에 가입했다. 2000년 7월에는 미국과 무역협정을 체결하였고, 그해 11월 빌 클린턴 대통령이 베트남을 방문했다. 베트남은 2007년 세계무역기구(WTO)에 가입하면서, 연평균 7% 가까운 경제성장율을 기록하고 있다.

　　아시아 사회주의국가의 개혁·개방론은 정치적 차원이나 사회적 차원에서의 자유를 제한하면서 경제적 영역에서의 시장경제의 발전에 주력하는 모델에 가깝다. 공산당의 지속적 지배가 전제되는 제한적 체제전환이라고 할 수 있다. 중국이나 베트남 모두 해외자본의 유치와 저임 노동력에 기초한 수출경제를 통하여 급속한 성장을 하면서 점차 내수 시장을 확충하고 있다.

　　북한은 중국과 베트남의 개혁개방에 지속적인 관심을 보여 왔지만, 이의 도입여부를 둘러싸고 매우 신중한 정책을 취해왔다. 김정일은 1983년부터 총 9회에 걸쳐 중국을 방문하였는데, 초기에는 자립노선을 고수하면서 중국의 개혁개방정책을 비판적으로 평가했다. 2000년 이후 김정일은 중국식 개혁개방 모델의 도입을 좀더 적극적으로 고려한 것으로 생각되지만, 전면적인 개혁·개방정책은 도입하지 못했다. 미국과의 적대관계를 해소하지 못했기 때문이다. 대북 제재라는 외적 환경과 개방정책에 대한 자신감 결여 등 대내외적 요인은 북한의 정책 전환을 억제하였다.

3. 사라진 기회들

북한의 사회체제는 과거의 현실사회주의 국가들과 비교할 때조차 매우 독특한 국가유형에 속한다. 지배정당은 1949년에 창당한 조선노동당이지만, 실질적으로 김일성과 그의 후계자들에 의한 수령제 국가이며, 1950년대 후반부터 사회주의 계획경제를 채택하고 있으나 수령 및 군부가 상당한 자율성을 가진 경제영역을 분할지배하고 있다. 이런 특성들은 한국전쟁이후의 극단적 반미주의, 세계적 냉전과 중소분쟁의 틈바구니에서 형성된 주체사상에 의해 강화되었다.

북한의 경제는 한국전쟁 이후 소련 및 중국, 기타 동구사회주의 국가들의 지원에 순조롭게 복구되었으며, 적어도 1970년대 초기까지는 남북 체제경쟁에서 별로 뒤지지 않았다는 평가를 받았다.

1970년대에 진행된 미중 데탕트에 이어 1979년부터 시작된 중국의 개혁개방을 북한이 어떻게 바라보고 평가했는지는 흥미로운 문제이다. 1983년 처음으로 김정일이 중국을 방문하였고, 김일성은 1984년 동구를 방문하였는데, 이들은 소련과 동구에 더 많은 관심을 가지고 유대를 강화하려고 시도하였고, 외자유치를 위한 합영법을 제정했다. 이들은 중국의 개혁 개방에 대해서는 비판적인 시각을 갖고 있었으며, 덩 샤오핑은 이에 대해 불쾌하게 생각했다고 전해진다.

1990년을 전후한 세계적 탈냉전의 국면에서 북한은 남북 화해와 개혁 개방의 가능성을 타진하였다. 북한은 1990년 9월부터 남북 고위급회담에 참여하고, 1991년 9월에는 남북 유엔동시가입을 이루었으며, 12월에는 '남북 사이의 화해와 불가침 및 교류·협력에 관한 합의서'를 마련하였다.[3] 이 남북기

---

3 남북기본합의서의 합의 및 발효를 위해 남한은 1991년 11월에 핵포기 선언

본합의서는 남북화해, 남북불가침, 남북교류·협력 등 3개 범주로 구성되어 있다. 남북화해와 관련해서는 상호체제의 인정과 존중, 내정불간섭, 비방중지, 상대방에 대한 파괴·전복행위 금지, 정전상태의 평화상태로의 전환 등이 규정되었다. 남북불가침과 관련해서는 무력침략 금지, 분쟁의 평화적 해결, 현재의 경계선과 관할구역 존중, 군사당국자 간의 직통전화 설치 등이 규정되었다. 교류·협력과 관련해서는 경제교류·협력을 비롯한 여러 분야의 교류·협력 실시, 자유왕래 접촉실현, 이산가족 왕래실현, 철도·도로 연결 및 항로 개설, 우편 전기통신 교류시설의 설치, 국제무대에서의 상호협력 등이 규정되었다. 북한은 이런 화해분위기에서 처음으로 합영법에 기초한 나진 선봉 자유경제무역지구를 설치하였다.

이 남북기본합의서는 흔히 1972년 12월에 체결된 동서독간의 '기본조약(Grundlagenvertrag)'에 비견된다. 총 10개 항으로 구성된 이 기본조약의 제1조는 동서독간의 동등한 권리와 우호 관계 발전을 규정하였다. 제5조에서는 군비축소를 위한 노력을 규정하였고, 제7조에서는 교류 협력을 촉진, 발전시키는 협정을 체결하기로 하였다. 동서독이 이 기본조약에 근거하여 통일의 길로 나아갔다면, 남북기본합의서는 이와 유사한 기능을 하지 못했다. 당시 남북은 기본합의서와 함께 '한반도 비핵화에 관한 공동선언'을 하였다. 여기에는 핵무기의 시험·제조·사용 등을 금지, 비핵화를 검증하기 위해 상대측이 선정하고 쌍방이 합의하는 대상에 대한 상호 사찰 등이 포함되었다. 그러나 이런 합의는 이행되지 못하였다.

1979년 중미수교가 동아시아 냉전분단체제의 일차적 균열이라면, 소련의 해체이후 진행된 1992년 8월에 이루어진 한중수교는 이 체제의 이차적

———
을 하였고, 12월에는 남한배치 미군 핵무기 완전철수 선언을 하였으며, 1992년 1월에는 '팀스피리트' 한미합동군사훈련 중단 발표를 하였다.

균열이라고 할 수 있다. 한중수교는 동아시아냉전 하에서 형성된 자유진영과 공산진영의 대립의 한 축으로서의 한중대립의 해소를 의미하는 것으로, 동아시아냉전의 또 한 축이었던 북미대립은 해소되지 못하였다. 남북기본합의서를 채택하는 등 화해로 나아가던 남북관계가 한중수교에 어떤 영향을 받았는지 규명할 필요가 있지만, 당시 북한은 중국의 한국과의 관계정상화에 대하여 격렬하게 반발한 것이 분명하다. 북한은 이 시기에 미국이나 일본과의 관계정상화 및 개혁 개방정책을 취하지 못함으로써, 극단적으로 고립되고 폐쇄적인 국가로 전락했다.[4]

북한은 비대칭적 탈냉전 구조에서 나타나는 안보불안을 해소하기 위하여 선군정치와 핵개발을 도모하기 시작하였다. 북한은 1993년 핵확산금지조약(NPT) 탈퇴를 선언하면서 1994년 제1차 핵위기를 맞았다. 이 때 최초의 남북정상회담이 예정되었지만, 김일성의 사망으로 더 큰 변화의 계기를 상실했다. 그 결과 1995년을 전후로 북한의 국가배급체제가 붕괴되었고, 엄청난 기아가 발생했으며, 인민들은 생존을 위한 자구책으로 장마당에서 생활필수품을 마련하지 않을 수 없었다. 북한에서 시장은 기아경제로부터 형성되었다.

2000년 6·15 정상회담은 두 번째 남북 화해의 거대한 흐름이었다. 1998

---

4   비대칭적 탈냉전, 즉 한중수교가 이루어진데 비해 북미수교가 이루어지지 못한 근본적 원인이 어디에 있는지는 충분히 해명되지 않았다. 이를 해명하기 위하여 당시의 북방외교를 담당한 주역들의 회고록을 검토할 필요가 있다. 한국의 북방외교의 주역들은 한중수교를 통하여 북한과의 체제경쟁에서 승리를 하였다고 인식했을 것으로 판단된다(박철언, 2005; 노태우, 2011). 그러나 비대칭적 탈냉전과 북한의 고립이 결과적으로 남북화해를 지연시킨 구조적 원인으로 작용하였다.

년 11월에 시작된 금강산관광이 남북정상회담의 전주곡이었다면, 개성공단 설립은 남북 정상회담의 최대의 성과이자 본격적인 남북 경제협력의 출발이었다(김병로 외, 2015). 개성공단 모델은 흔히 북한의 시장경제나 자본주의의 학습장 또는 남북협력 모델의 예비적 선취라고 평가되지만, 북한은 지속적으로 노동집약형 공장을 넘어선 투자를 희망하였다. 남북정상회담을 따라 2000년 10월 북한 조명록 차수의 워싱턴 방문과 미국 올브라이트 국무장관의 평양방문이 이루어지면서 북미화해의 흐름이 형성되었다. 2001년 1월, 김정일은 상해를 방문하여 중국의 개혁개방의 성과를 보면서 경제관리개선지침을 마련하였다. 이후 미국의 부시정권의 등장으로 북미화해는 불발되었으나 북한은 2002년 7·1경제관리개선조치를 통하여 대폭적인 물가 인상과 급여 인상, 배급 제도의 변화, 환율 현실화, 가격 책정 및 공장 기업소 책임경영 강화 등을 꾀했다. 2003년에는 종합시장 설치를 공식화하였다.

북한의 핵문제를 해결하기 위하여 2003년부터 시작된 6자회담은 동아시아 냉전·분단체제의 동학을 잘 보여주는 장치였다. 중국의 제안으로 시작된 6자회담은 2005년 2월 북한이 핵 보유 선언을 한 후, 이를 해결하기 위한 국제적 노력이 경주되었고, 마침내 9·19 합의에 이를 때까지 유효성이 있는 국제적 협상의 틀로 간주되었다. 9·19성명은 6자 회담의 목표를 검증가능한 비핵화를 평화적 방법으로 달성하는 것으로 하고, 북미간 주권 존중, 평화 공존, 관계 정상화 추진, 경제 협력 증진, 동북아의 항구적 평화와 안정을 위한 노력, '말 대 말', '행동 대 행동' 원칙 등을 합의하였다. 그러나 이 성명은 발표와 함께 곧바로 위기에 봉착하게 된다. 미 재무부가 북한의 위조지폐 제작설과 돈세탁설을 내세워 비핵화 합의를 파기하였고, 북한은 이에 반발하여 대포동 2호 미사일을 시험 발사했으며, 1차 핵실험을 강행했다.

우여곡절 끝에 6자회담은 2007년 2월 북한 핵시설 폐쇄와 불능화, 핵사찰 수용, 북한에 대한 중유 100만 톤에 해당하는 경제 및 에너지 지원을 핵심 내용으로 하는 '2·13합의'를 도출했다. 미국은 북한에 대한 테러지원국 지정 해제 과정을 밟기로 했다. 10월에는 노무현 대통령이 평양을 직접 방문해 남북정상회담을 개최하였고, '10·4 남북공동선언'을 채택했다. 여기에서도 군사적 긴장 완화와 신뢰 구축, 경제협력 사업 활성화, 백두산 관광 실시 등 사회문화 분야의 교류와 협력 발전 등을 합의하였고, 특히 서해안 평화협력지대의 창설안은 평화를 위한 획기적인 계획이었다. 북한은 이후 2008년 6월 영변 원자로 냉각탑 폭파를 하는 등 약속을 이행하는 듯 보였지만, 결국 이 합의는 이행되지 않았다(문순보, 2013). 북한은 6자회담 결렬을 선언하고, 2009년 4월 장거리 로켓 시험 발사와 2차 핵실험을 강행했다. 이후 약 10년간의 대립과 반목의 국면이 다시 시작되었다.

북한은 1990년대 중반의 고난의 행군이라는 생존경제에 직면하였다. 김정일은 북한 경제를 살리기 위하여 고심한 것으로 보인다. 그는 2000년 남북화해의 분위기를 활용하여, 남한의 경제적 지원을 기대하였고, 2001년에 이어 2006년과 2010년, 그리고 2011년 중국을 방문하여 경제특구를 둘러보면서 개혁 개방의 가능성을 타진하였다. 그러나 그는 이를 본격적으로 실천하지 못했다. 그의 말년에 중국의 랴오닝성과 협의하여 압록강연해경제벨트와 함께 단둥-신의주 신압록강 대교 건설과 황금평 위화도 경제특구를 설치하는 데 합의했지만, 이 프로젝트도 중국의 무관심과 장성택 처형 등으로 인하여 중단되었다.

김정은은 좀더 과감한 경제정책을 채택하였다. 그는 2012년 평양 창전거리에 이어 여명거리에 대규모 건설공사를 시행하고, 이어 원산에서 신도시 건설에 착수하였다. 이는 도시 이미지 변화를 통한 리더쉽 형성 프로젝트라고 할 수 있지만, 내수 건설시장을 통한 자본축적의 과정이라고 할 수 있다. 김정은 집권이후 북한은 2013년 3월 핵 경제병진노선을 선언하였다. 한편으로 핵실험과 미사일 실험을 가속화하면서, 경제특구 정책을 과감하게 추진하였다. 2013년 11월, 13개의 지방급 경제특구를 지정하였으며, 2014년에는 6곳을 추가로 지정하였다. 그리하여 최근까지 중앙급 경제특구 5개와 지방급 경제개발구 22개 등 27개의 경제특구를 만들었다. 그는 외화벌이 노동을 통한 자금의 확보와 평양의 건설업, 피복가공업 활성화를 통해 경제를 회복하려는 전략을 추진하였다. 또한 관광산업 진흥을 위해 많은 노력을 하고 있는 것으로 보인다(윤인주, 2015). 금강산 관광이 중단된 후, 2013년 원산 마식령 스키장을 건설한데 이어, 남포 산업관광을 계획하였고, 대학에 관광산업인력 육성을 위한 학과를 설치하여 관광산업 진흥을 위해 노력하였다.[5] 관광을 위한 숙박시설에 대한 관심도 커졌고, 중국인이나 외국인 관광객을 위한 패키지 상품을 개발하고 홍보를 강화하였다. 또한 특수경제지대로 지정하였던 신의주를 국제경제지대로 개칭하여 다시 활성화하려고 시도하고 있다.

4. 전망

북한은 4월의 남북정상회담을 전후하여, 경제건설에 집중하는 노선을 채택하고, 북한의 경제개혁조치인 '사회주의 원칙을 구현한 우리식 경제관리방법'을 전면적으로 구현할 것을 주장했다. 북한의 이런 주장은 2016년 5월, 7차 당대회에서 수립된 국가경제발전 5개년 전략의 목표를 앞당겨 달성하려는 것이다. 원래 이 계획은 2020년까지 모든 공장과 기업소의 생산을 정상화하는 것을 목표로 설정하였다.

---

5 평양의 장철구 상업대학, 원산의 정준택 경제대학에 관광관련 학과가 설치되었다. 이 대학 졸업생들은 북한 국내 뿐 아니라 외국의 북한 식당이나 그밖의 투자처에서 활동을 하고 있다.

북한은 연속적인 두 정상회담을 통하여 비핵화를 담보로 '체제보장'을 요구하고, 경제발전에 총력을 기울인다고 선언하였다. 북한이 요구하는 체제보장에서, '체제'의 의미는 분명하지 않지만, 지배자의 교체는 물론이고 다당제나 실질적인 의미의 선거를 배제할 가능성이 크다. 북한은 일당제일 뿐 아니라 세습적 1인 지배가 이루어지는 수령제 국가이며, 또한 수령제를 지탱하는 독자적인 경제영역을 가지고 있다. 이러한 특성 때문에 보장되어야 할 '체제'가 정치에 국한될지, 정치경제로 확대될지 모호하다. 북한이 요구하는 '체제보장'과 발전전략으로서의 경제특구 전략으로 볼 때, 북한은 '탈사회주의 체제전환'이라기보다는 아시아형 개혁 개방의 길을 걷되, 중국이나 베트남 모델을 답습하기보다는 그들이 주장하듯이 좀더 '주체적인' 길을 모색할 것이다. 다만 전국적인 시장의 형성과 외자유치를 통한 시장확대, 그리고 수출시장육성이라는 과제와 함께 중국이나 베트남이 경험하고 있는 권력집단의 자본가화가 가져오는 폐해를 어떻게 넘어설 것인가도 중요한 과제로 보인다.

북한이 개혁·개방의 길을 걸을 때, 과거의 선군정치 하에서 비대해진 군부가 어떤 태도를 취할지 흥미롭다. 북한에서 군부는 수령의 명령에 따르지만, 동시에 독자적인 정치집단이자 '제2경제'를 영위하는 경제적 이해집단이기도 하다. 남북화해와 개혁·개방은 필연적으로 군부의 정치적 경제적 영향력을 감소시키기 때문에 최고 지도자의 이들에 대한 통제역량이 변화의 속도나 범위를 결정하는데 영향을 미칠 것이다.

북한의 앞으로의 경제정책은 남한의 희망이나 기대에 따라 움직이는 것은 아니지만, 그렇다고 해서 이를 완전히 무시할 수도 없다. 트럼프대통령의 언명대로, 한국의 정부나 기업은 북한 경제발전에서 최대의 파트너일 수밖에 없기 때문이다. 문재인정부의 한반도 신경제지도와 도로와 철도 연결, 동북아시아 경제통합의 구상은 북한경제의 발전에서 긴요한 것이다. 서해 5

도지역의 평화수역화와 경제개발, 동해안을 가로지르는 국제적 경제협력의 활성화, 군사분계선 접경지역의 평화산업 육성 등을 주목하지 않을 수 없다. 문재인 대통령은 4월 27일의 '한반도의 평화와 번영, 통일을 위한 판문점 선언'을 발표한 이후, 7월에 '남북 경제공동체'에 대한 구상을 밝히면서, 한반도 신경제지도와 신남방정책의 연결을 강조하였다. 그는 "한국과 아세안 간 이미 구축된 다양한 협력과 교류 증진의 틀 내로 북한을 포용하는" 것이 중요하다고 보았다. 이런 언급은 남북한 경제공동체가 동북아시아 뿐 아니라 동남아시아와의 연계를 통해 발전할 것이라는 전망을 가능하게 한다. 최종적으로 남한이 구상하는 '남북 경제공동체'와 북한의 '우리식 경제관리'가 만나는 방식이 기존의 개성공단 모델과 유사할지 아닐지를 판단하려면 좀더 시간이 필요하다.

참고문헌

강진아. 2014. "G2시대의 중국 사회주의: 역사적 관점에서 본 중국의 개혁개방."
『역사비평』. 2014(2), 287-322.

김병로 외. 2015. 『개성공단 : 공간평화의 기획과 한반도형 통일 프로젝트』. 진인진.

김연철·박순성 공편. 2002. 『북한 경제개혁 연구』. 후마니타스.

김태환. 2016. 『탈사회주의 25년의 경험과 북한의 체제전환 : 함의와 정책 방향』.
국립외교원 외교안보연구소.

노태우. 2011. 『노태우 회고록 하: 전환기의 대전략』. 조선뉴스프레스.

문순보. 2013. 『6자회담의 성과와 한계 그리고 전망』. 세종연구소.

박철언. 2005. 『바른 역사를 위한 증언-5공. 6공. 3김 시대의 정치 비사』. 랜덤하
우스중앙.

박희진. 2009. 『북한과 중국 : 개혁개방의 정치경제학』. 선인.

서보근. 2011. "덩샤오핑 개혁개방정책의 이론적 체계."『국제정치연구』. Vol.14(2),
335-358.

윤인주. 2015. "김정은 시대 북한의 관광산업 평가 및 전망."『북한연구학회보』19
권 1호, 93-123.

이은구. 2011. "탈사회주의 시장경제화에 대한 인식과 사회경제적 영향요인."『동
유럽발칸연구』. Vol.27, 245-268

이한우. 2016. "베트남의 탈사회주의 개혁과 체제 정당화- 이념. 업적. 또는 절차."
『민주주의와 인권』 제16권 제2호, 399-432.

정근식 외. 2018. 『탈사회주의 체제전환과 발트 3국의 길』. 서울대 출판문화원.

정형곤 외. 2014. 『체제전환국의 경제성장 요인 분석 : 북한 경제개혁에 대한 함
의』. 대외경제정책연구원.

진승권. 2003. 『동유럽 탈사회주의 체제개혁의 정치경제학』. 서울대학교출판부.

1. 아시아 · 동유럽 탈사회주의 체제전환 국가들의 민주화와 정당 구도 변화

진승권(이화여자대학교 사회학과)

I. 서론

1989년 폴란드 공산정부 종식 이후 동유럽 공산국가들에서는 짧은 기간에 도미노 식으로 공산체제가 붕괴되었는데, 수십 년간 지속된 지구촌 냉전체제를 종식시킨 그 역사적 사건이 발생한 지도 30년에 이르는 시점이 되었다. 이 사건 이후 동유럽과 아시아 지역에서의 구공산권 국가들에서는 지금까지 다양한 형태로 정치적으로나 경제적으로 서구식 사회체제를 향한 탈사회주의 체제전환 과정이 진행되어 왔다.

　탈사회주의 체제전환의 핵심은 공산체제 하에서 극대화되었던 국가의 역할을 다양한 측면에서 축소시키는 것으로, 기본적으로 정치권력의 탈 중앙집권화와 다원화, 국가사회주의 경제의 시장경제화, 그리고 여타 시민 활동의 자율화 및 시민사회의 확장을 내포한다.[1] 정치적인 측면

1　탈사회주의 체제전환을 위한 개혁을 포괄적으로 소개하는 연구는 다양한데,

에서 볼 때 탈사회주의 체제전환은 공산체제의 붕괴나 변형에 따른 통치제도상의 변화와 더불어 새로운 정당체계의 발달과 같은 정치조직 구조의 변형을 유발하는 것이고, 이러한 변화는 전체주의적 공산국가들로 하여금 서구식 의회민주주의의 길로 나아가게 하는 기본 기제로 작용하였다(진승권, 2010). 이를 통해 동유럽 공산체제 종식 이후 지구상에는 전체적으로 의회민주주의적 통치제도를 갖춘 국가들의 수가 크게 확장되었다.[2]

동유럽과 아시아 지역의 체제전환 국가들에서 진행된 민주주의 진전에 관해서는 지금까지 다양한 측면에서 많은 연구가 진행되어 왔다. 개별 체제전환 국가들의 민주화 경험에 대한 연구는 물론이고, 특정 지역또는 선정된 일부 국가들의 민주화에 대한 비교연구, 그리고 체제전환국대부분을 대상으로 한 연구 등 다양한 차원에서 분석이 이루어져 왔다. 예를 들어, 매튜스(Matthes, 2016), 코먼과 토미니(Coman and Tomini, 2014), 엑키에르트 외(Ekiert et al., 2007) 등은 동유럽 체제전환 국가들에 대한 비교연구를 수행하고 있고, 몰러와 스캐닝(Moller and Skaaning, 2010), 장윤미(2009) 등의 연구에서는 체제전환 국가들의 체제전환형태를 분류하거나 유형화를 시도하기도 하였다.

Aslund(2007), Herrschel(2007), 진승권(2003) 등을 예로 들 수 있다.

2   헌팅턴(Huntington, 1991)은 1800년대 이후 지구상에서의 민주주의 국가들의 수가 확대되는 양상을 민주화의 "물결"과 "역물결"의 흐름 속에서 고찰하고 있는데, 그러한 관점에서 보자면 냉전 종식 후 동유럽 지역에서의 민주주의 국가의 수적 확대는 새로운 민주화의 물결을 형성하는 규모였다고 평가할 수 있다. 이러한 관점에서의 체제전환 국가들의 민주화에 대한 연구로는 McFaul(2002)을 꼽을 수 있다.

본 연구의 목적은 동유럽과 아시아 지역에 존재하는 탈사회주의 체제전환 국가들을 대상으로 각국의 정치 과정에 대한 고찰을 통해 각국 민주화의 수준을 비교 관점에서 검토하는 것이다. 각국에서 진행된 민주화의 구체적 진전은 그 국가가 처한 정치경제적·문화적·지리적 환경에 따라 달라질 수밖에 없고, 실제로 동유럽 아시아 지역의 구사회주의권 국가들에서는 민주화가 다양한 형태와 속도로 전개되어 왔다. 따라서 각국에서 진행된 민주화의 질적 수준을 파악하기 위해서는 각국의 정치 상황에 대한 파악이 필수적인 것이고, 그러한 관점에서 본 글에서는 동유럽과 아시아 지역의 체제전환 국가들의 민주주의 진전 상황을 체제전환기에 이들 국가들이 경험한 주요 정치 과정 및 선거 결과를 바탕으로 평가해 보고자 한다.

본 연구에서 살펴 볼 동유럽과 아시아 지역의 체제전환 국가는 총 34개국으로, 아시아 지역이 6개국, 동유럽 지역이 13개국, 그리고 구소련 지역이 15개국이다. 이들 국가들을 지리적 위치에 따라 구분해 열거하면 다음과 같다.[3]

3 본 연구에서는 20세기 후반 "공산주의"나 "사회주의" 체제를 표방한 국가들 가운데 몇몇 국가들은 제외되었다. 우선 리비아, 스리랑카와 같이 국호나 헌법에 "사회주의"를 표방하지만 그것이 맑스-레닌주의에 기초한 것이 아닌 국가들, 그리고 에티오피아, 앙골라, 모잠비크 등과 같이 공산주의 역사에서 차지하는 국가적 비중이 미미한 아프리카 구공산국가들은 본 연구에서는 다루지 않았다. 동유럽 국가들 가운데는 서독과 합쳐져 현재 국가로서 존재하지 않는 동독, 그리고 독립을 선포했지만 국제사회로부터 독립을 완전히 승인 받지 못하고 있는 구유고슬라비아 지역의 코소보는 본 장의 논의에서 제외하였다. 그리고 중남미 지역의 대표적 공산국가인 쿠바도 비교의 주 대상으로는 다루지 않았다.

표 1

아시아지역	동북아	• 중국, 북한, 몽골
	동남아	• 베트남, 라오스, 캄보디아
동유럽지역	중유럽	• 폴란드, 헝가리, 체코, 슬로바키아
	발칸	• 루마니아, 불가리아, 알바니아 • 구유고연방공화국(슬로베니아, 크로아티아, 세르비아, 보스니아-헤르체고비나, 몬테니그로, 마케도니아)
구소련지역	유럽방면	• 러시아, 우크라이나, 벨라루스, 몰도바 • 발트 3국(에스토니아, 라트비아, 리투아니아)
	아시아방면	• 코카서스 3국(조지아, 아르메니아, 아제르바이잔) • 중앙아시아 5국(카자흐스탄, 우즈베키스탄, 투르크메니스탄, 타지키스탄, 키르기스스탄)

위에 열거된 아시아 및 동유럽 지역을 국가들을 대상으로 민주화의 진전을 비교 검토함에 있어 본 글에서는 두 가지 점에 주안점을 두고자 한다. 첫째는, 민주화 관련 주요 국가지표들을 살펴봄으로써 각국 체제 전환 및 민주화의 전체적 동향을 비교 평가하는 것이다. 주요 국가지표들로는 민주주의 지수, 언론자유 지수, 경제자유 지수 등을 살펴보도록 하겠다. 민주주의 지수는 영국의 EIU(Economist Intelligence Unit)이라는 기관에서 매년 발표하는 것으로, 전 세계 160여 개국을 대상으로 매년 점수와 순위가 매겨지고 있다. 이 평가에서 고려되는 핵심적 분야는 선거 과정과 정치적 다원성, 정치적 자유, 정부 작동, 정치 참여, 정치 문화 등이다.

언론자유 지수는 '국경 없는 기자회(Reporters Without Borders)'가 언론의 다원성, 독립성, 투명성, 인프라, 사회적 환경, 자율 검열, 입법 체계 등에 관한 조사를 통해 산출지고, 매년 점수와 순위가 발표되고 있다. 경제자유 지수는 미국의 헤리티지재단과 월스트리트저널이 1995년부터

전 세계 대다수 국가들을 대상으로 산정하고 있다. 본 연구에서는 매년 발표되는 자료 가운데 민주주의 지수는 2017년, 언론자유 지수는 2017년, 그리고 경제자유 지수는 2018년에 발표된 점수와 순위를 활용하였다.[4]

두 번째 주안점은 공산체제 붕괴 후 최근까지 체제전환 국가들에서 실시된 의회 선거 결과 및 그를 통한 정당 구도 변화를 살펴보는 것이다. 민주주의는 다양하게 정의될 수 있지만 가장 일반적으로는 다당제에 기초한 대의민주주의를 의미하고, 이와 같은 대의민주주의 하에서는 선거가 정치 과정의 핵심일 수밖에 없다.[5] 따라서 체제전환 국가들의 의회 선거 결과와 그에 따른 정당 구도의 성격을 파악하는 것은 각국 정치체제의 성격과 민주주의의 질적 수준을 이해하는 지름길이 될 것으로 생각된다.

본론에 들어가기에 연구 대상 국가들을 개관하자면, 〈표 2〉에서 보듯이, 이들 국가들은 우선 국토 면적이나 인구 규모 면에서 큰 차이를 보이고 있다. 중국이나 러시아와 같이 큰 국토 면적과 많은 인구를 보유한 국

---

4 2017년 민주주의 지수는 총 167개국을 대상으로 하였고, 부여된 점수에 따라 'Full Democracy'(8.01-10; 19개국), 'Flawed Democracy'(6.01-8.00; 57개국), 'Hybrid Democracy'(3.01-6.00; 39개국), 'Authoritarian'(0-4.00; 52개국) 등 4개 등급으로 구분하고 있다. 2018년 경제자유 지수는 총 180개국을 대상으로 하였고, 부여된 점수에 따라 'Free'(80.0-100; 6개국), 'Mostly Free'(70.0-79.9; 28개국), 'Moderately Free'(60.0-69.9; 62개국), 'Mostly Un-free'(50.0-59.9; 63개국), 'Repressed'(0.0-49.9; 21개국) 등 5개 등급으로 구분하고 있다.

5 이러한 점에서 본고는 민주주의에 대한 다양한 관점들 가운데 슘페터(Schumpeter, 1942)의 선거민주주의적 관점이나 달(Dahl, 2000)이 제시한 다두정의 관점을 채택하고 있다고 말할 수 있다.

가가 있는가 하면 몬테니그로와 같은 국가는 인구가 100만 명도 채 되지 않고 있다. 국가형태 면에서는 거의 모든 국가들이 단일국가 형태로서 중앙정부가 전국을 통치하고 있는 반면 러시아와 더불어 구유고슬라비아 지역의 보스니아-헤르체고비나는 공산체제 붕괴 이전과 마찬가지로 연방제를 채택하고 있다.[6]

한편 체제전환 국가들이 현재 채택하고 있는 통치 형태는 크게 공산당 일당지배체제, 입헌군주제, 내각제, 대통령제, 이원집정부제 등 다양하다. 공산당 일당지배체제는 정치적으로 과거의 공산체제가 다당제로의 전환 없이 그대로 유지되는 국가들로서 아시아 체제전환국들 가운데 중국, 북한, 베트남, 라오스 등이 해당된다. 입헌군주정은 캄보디아 단한 국가에서만 채택되고 있는 통치체제로 국왕은 상징적 역할만 수행한다는 점에서 실질적으로는 내각제와 거의 다를 바 없다. 순수한 형태의 내각제는 체제전환국들 가운데 16개 국가들이 채택하고 있어 가장 빈도수가 높은 제도라고 말할 수 있고, 대통령제는 벨라루스와 중앙아시아 국가들을 중심으로 구소련 지역 5개 국가들에서만 채택되고 있음을 알수 있다. 대통령과 총리가 권력을 분점 하는 이원집정부제는 러시아, 우크라이나, 조지아, 아르메니아, 아제르바이잔 등 구소련 지역 6개 국가들에서 채택되고 있고, 구소련 지역 외에서는 폴란드와 루마니아 두 나라에서 채택되고 있다.[7]

---

6   구유고슬라비아 지역의 보스니아-헤르체코비아의 경우는 내전의 결과 독특하게 1국 2체제 형태의 통치체제가 형성되어서, 한 국가 내에 한 개의 연방체와 다른 한 개의 단일 공화정이 존재하고 있다.

7   이원집정부제는 대통령과 총리가 지닌 권한의 상대적 크기에 따라 대통령제형과 내각제형으로 구분할 수 있다. 이원집정부를 채택하고 있는 체제전환 국가들

표 2 아시아 & 동유럽 체제전환국 기초 소개

국가	국토 면적 (km²)	인구(2016)	국가형태	통치형태	의회형태	1인당소득 (ppp)
아시아지역						
중국	960만	14억 3,500만	단일국가	일당지배	n/a	16,624(2017)
몽골	157만	308만	단일국가	내각제	단원제	11,024(2015)
북한	12만	2,537만	단일국가	일당지배	n/a	1,800(2014)
베트남	33만	9,457만	단일국가	일당지배	n/a	6,925(2017)
라오스	24만	676만	단일국가	일당지배	n/a	6,115(2017)
캄보디아	18만	1,576만	단일국가	입헌군주제	양원제	4,022(2017)
동유럽지역						
폴란드	31만	3,842만	단일국가	이원집정부제	양원제	30,827(2018)
헝가리	9만	980만	단일국가	내각제	단원제	30,538(2018)
체코	8만	1,061만	단일국가	내각제	양원제	36,784(2018)
슬로바키아	5만	545만	단일국가	내각제	단원제	34,743(2018)
루마니아	29만	1,964만	단일국가	이원집정부제	양원제	25,533(2018)
불가리아	11만	710만	단일국가	내각제	단원제	21,578(2017)
알바니아	3만	288만	단일국가	내각제	단원제	13,193(2018)
구유고슬라비아						
슬로베니아	2만	207만	단일국가	내각제	양원제	35,578(2018)
크로아티아	6만	415만	단일국가	내각제	단원제	25,259(2018)
보스니아	5만	353만	연방국가	내각제	양원제	11,950(2018)
세르비아	9만	706만	단일국가	내각제	단원제	16,063(2018)
몬테니그로	5천	62만	단일국가	내각제	단원제	18,261(2018)
마케도니아	3만	207만	단일국가	내각제	단원제	15,977(2018)
구소련지역						
러시아	1,708만	1억 4,453만	연방국가	이원집정부제	양원제	28,918(2018)
우크라이나	60만	4,242만	단일국가	이원집정부제	단원제	9,125(2017)
벨라루스	21만	950만	단일국가	대통령제	양원제	19,198(2018)
몰도바	3만	300만	단일국가	내각제	단원제	5,657(2017)
에스토니아	5만	132만	단일국가	내각제	단원제	33,375(2018)
라트비아	6만	195만	단일국가	내각제	단원제	28,999(2018)

가운데 폴란드, 루마니아, 리투아니아 등은 내각제형에 가깝다고 볼 수 있고, 나머지 구소련 국가들에서의 이원집정부제는 대통령제에 더 가깝다고 볼 수 있다. 이원집정부에 대한 자세한 논의로는 Shugart and Carey(1992), Roper(2002) 참조.

국가	국토 면적 (km²)	인구(2016)	국가형태	통치형태	의회형태	1인당소득 (ppp)
리투아니아	7만	281만	단일국가	이원집정부제	단원제	34,074(2018)
조지아	7만	372만	단일국가	이원집정부제	단원제	10,644(2017)
아르메니아	3만	292만	단일국가	이원집정부제	단원제	9,098(2017)
아제르바이잔	9만	987만	단일국가	이원집정부제	단원제	17,857(2018)
카자흐스탄	272만	1,799만	단일국가	대통령제	양원제	26,071(2017)
우즈베키스탄	45만	3,300만	단일국가	대통령제	양원제	7,023(2017)
투르크메니스탄	49만	567만	단일국가	대통령제	단원제	18,771(2017)
타지키스탄	14만	873만	단일국가	대통령제	양원제	3,146(2017)
키르기스스탄	20만	602만	단일국가	내각제	단원제	3,653(2017)

※ 출처: https://en.wikipedia.org(각국 소개).

체제전환 국가들의 의회 형태는 19개국이 단원제를 채택하고 있고, 아시아 공산국가들을 제외한 나머지 11개 국가들에서 양원제를 채택하고 있다. 앞으로 본론에서 살펴 볼 체제전환 각국의 의회 선거에서는 상원과 하원으로 의회가 구분된 양원제 국가일 경우 국민 직선에 의해 선출되면서 정치적 권한과 역할이 더 크다고 볼 수 있는 하원 선거에 대해서만 초점을 맞추기로 하겠다.

이 글의 서술은 대상 국가들을 지리적 위치에 따라 묶어 진행하고자 한다. 그에 따라 2절에서는 아시아 지역, 3절에서는 동유럽 지역, 4절에서는 구소련 지역에 대해 서술하고, 마지막 절에서 아시아·동유럽 지역의 민주화 진전에 대한 종합적 논의를 하고자 한다.

II. 아시아 체제전환국 민주화와 정당 구도 변화

1. 동북아 3개국

아시아 지역의 체제전환국들을 전체적으로 보면, 중국, 북한, 베트남, 라오스에서는 여전히 공산당 일당 지배적 체제가 유지되고 있는 반면 몽골과 캄보디아에서는 각각 입헌군주정과 내각제로 정부 형태가 변모되었다. 공산체제가 유지되는 국가들에서는 다당제적 정치 과정이 부재한 상황에서 정권 교체를 위한 선거가 존재하지 않는 반면 몽골과 캄보디아에서는 선거가 정기적으로 실시되면서 정권 교체를 가능하게 하는 기제로 작동해 왔다. 중국에서도 기층적 수준에서 선거가 실시되고 있고, 5년마다 소집되는 인민대표대회 대의원 선출을 위한 선거가 전국적으로 실시되고 있기는 하다. 하지만 그러한 선거는 중앙 권력 교체를 위한 직접적 역할은 수행하지 못하고 있고, 이러한 현상은 베트남과 라오스 등 동남아 지역의 다른 공산국가들에서도 동일하게 나타나고 있다.[8]

이러한 상황은 동북아 체제전환 3개국의 민주화 관련 국가지표에서도 그대로 드러나 있다. 〈표 3〉에서 알 수 있듯이, 중국과 북한의 민주주의 지수, 언론자유 지수, 경제자유 지수 순위는 몽골에 비해 현격히 열악한 형편이다. 특히 북한은 세 가지 지표 모두에서 최하위를 기록할 정도

---

8   중앙권력 교체를 위한 선거의 부재한 상황에서 이들 공산 국가들에서 실시되는 기층 수준의 선거에 대해서는 국내외적으로 다양한 분석이 이루어지고 있는데, 근자의 연구로는 이문기(2012), 이홍규(2009), Wang(2017), Ma(2017), Koh(2012) 등을 꼽을 수 있다.

표 3 동북아 체제전환국들의 민주화 관련 주요 국가지표 순위

	민주주의 지수 (2017)	언론자유 지수 (2017)	경제자유 지수 (2018)
중국	139(Authoritarian)	176	110(Mostly Unfree)
북한	167(Authoritarian)	180	180(Repressed)
몽골	60(Flawed Democracy)	69	125(Mostly Unfree)

로 민주화 및 경제 자유화의 측면에서 최악의 수준으로 평가받고 있다. 또한 중국의 경우 오랜 기간 지속된 경제 개혁에도 불구하고 경제자유 지수에서 순위가 110위에 머무르고 있는데, 이것은 개혁에도 불구하고 중국 경제에서 국유기업의 비중이 높다는 점과 기업 활동에 대한 국가통제 경향이 강하다는 사실이 반영된 결과라고 하겠다. 반면 현재 몽골의 민주주의는 아시아 체제전환 국가들 가운데 가장 높은 수준인 것으로 평가 받고 있는데, 민주주의 지수와 언론자유 지수에서는 60위권에 위치하고 있다. 하지만 경제자유 지수에서는 125위에 머물면서 중국에 비해서 경제적 자유화 수준이 낮은 것으로 평가받고 있다.

각국의 상황을 좀 더 구체적으로 개관하자면, 중국에서는 1978년 이후로 시장 기제를 도입하는 경제개혁이 꾸준히 진행돼 오기는 했어도 공산당의 권력독점 체제의 개혁에는 별 진전이 없었고, 중국 국민의 기본권 신장도 상당히 제한적이었다. 중국에서는 비록 헌법에서 중국 인민의 기본권과 인권을 보장하고 있고 또한 경제적인 측면에서 재산의 사적 소유나 경제 활동의 자율성이 확대되기는 했지만 집회와 결사, 거주 이동, 언론, 종교 등의 영역에서는 기본권이 국가에 의해 크게 억압당하고 있고, 정부가 용인하지 않는 정치 활동 특히 공산당과 정부의 권력에 대한 비판과 저항은 철저히 봉쇄되고 있다. 이러한 상황에서 언론 기관 및 통신 매체에 대한 국가의 지배와 검열, 농민과 농민공에 대한 신분적 억압,

파룬궁 탄압으로 대표되는 종교 활동 억압, 사형 집행의 남용 등의 현상이 나타났고, 인권을 보장해 주는 포괄적 법체계의 부재와 사법기관의 국가종속화에 따른 공정한 재판 절차의 부재 등은 중국 인권 상황의 개선을 어렵게 하는 부가적 요인으로 작용하고 있다.[9]

　중국의 민주주의와 관련해서 한 가지 언급할 사항은 '중국 특색의 사회주의' 또는 '중국식 민주주의'에 관한 국내외 논의들이다.[10] 중국식 민주주의 주장의 핵심은 비록 중국이 서구 민주주의의 기본 요건인 다당제와 선거제도, 삼권분립 등을 갖추고 있지는 않지만 당내 민주주의의 강화에 바탕을 둔 전국적 차원의 협상 민주주의 또는 인민 민주주의를 실현함으로써 중국이 서구와는 이질적이더라도 민주주의의 기본 정신에 입각한 사회체제를 만들어 갈 수 있고 또 현재 그 방향으로 나가고 있다는 것이다. 이에 관해서는 다양한 의견이 제기될 수 있겠으나, 슘페터(Schumpeter, 1942)의 선거 민주주의적 관점이나 달(Dahl, 2000)이 제시한 다두정의 관점에서 보면 중국이 민주주의의 경로를 밟아 가고 있다고 볼 수는 없다. 이러한 맥락에서 김재관(2010: 167-168)은 "중국 특색의 민주개혁은 다분히 형식적 수준의 절차적 민주주의 단계에도 도달하지 못한 일정한 한계를 보여 주고 있다"고 평가하고 있다.

　북한은 정치경제적으로 중국에 비해 더더욱 과거 체제의 변화가 거부되고 있는 국가다. 물론 북한에서도 전 세계적 탈냉전 시점인 1990년

9　이러한 관점에서 중국 정치체제는 권위주의 체제라고 평가할 수 있는데, 중국의 권위주의적 체제가 지니는 특징에 대한 구체적 논의로는 김재관(2010) 참조.

10　이에 대한 국내 연구로는 조영남(2009), 장윤미(2009), 김재관(2010; 2012), 이희옥(2014a; 2014b), 박종우(2014), 이홍규(2017) 등을 들 수 있고, 최근의 국외 연구들로는 Keane(2017), Wang(2017), Liu(2018) 등을 들 수 있다.

을 전후한 시기 이후 부분적으로나마 체제 변화가 모색되기는 하였다. 1984년 '합영법' 제정, 1990년대 초반 외국인투자 유치를 위한 법령의 제정과 나진-선봉을 비롯한 자유경제무역지대 설립, 2000년대 들어서의 개성공단 및 금강산 관광과 같은 남북경제협력 사업 실시, 2001년 7.1 경제관리개선조치 등은 북한 경제개혁 노력의 대표적 사례들이라고 하겠다. 하지만 북한에서는 이러한 경제개혁의 시도가 체계적이거나 지속적이지 못했고, 그 결과 북한 경제체제는 국가 통제적 경제 운용이라는 과거의 체질에서 별반 벗어나지 못하고 있는 형편이다.

정치적인 측면에서는 북한의 제도적 변화는 더욱 미미하다. 김일성-김정일-김정은으로 이어지는 3대 세습이라는 강력한 권력 독점 구조가 변함없이 유지되고 있는 상황에서 북한에서는 체제 유지를 위해 주민들의 거의 모든 활동이 국가에 의해 통제되면서 정치 활동, 지리적 이동, 언론 자유가 부여되지 않고 있고, 언론 기관과 사회단체들도 국가가 온전히 통제하면서 체제 유지를 위한 수단으로 적극 활용되고 있다. 특히 체제 비판이나 도전에 대해서는 가혹한 처벌이 가해져 북한에 다수 존재하는 것으로 알려진 정치범 수용소에서의 인권 유린은 국제적 관심을 지속적으로 끌고 있기도 하다.[11]

북한 체제개혁의 이러한 한계는 무엇보다 기존의 지배 체제를 위협하지 않는 수준에서 체제 변화를 도모함에 그 근본 원인이 있다고 하겠다. 북한의 권력은 극도로 폐쇄적인 사회체제를 유지하는 가운데 북한 주민에 대한 강력한 물리적 통제 및 정보 통제를 통해 그 기반이 유지되

---

11 이러한 측면에서 이지수(2015)는 북한체제가 지니는 구소련의 스탈린 체제적 특징을 강조하고 있다. 북한 인권 상황에 대한 근자의 연구로는 이수석 외 (2012), Hong(2013), Lankov(2015) 등을 참조.

어 왔다. 이 같은 상황에서 어떤 식으로든 적극적으로 북한이 체제 개혁을 도모한다면 그에 따른 정보의 개방 및 사회관계의 다원화가 기존 권력구조 및 계층구조의 변형을 초래하면서 "최고 영도자"의 일인 지배 체제를 위협할 가능성이 높아질 수밖에 없다. 따라서 북한이 기존 권력 구조의 와해를 두려워하는 한 북한의 실질적 체제전환은 어떤 요인으로든 북한 내부 정치 과정의 급격한 변화가 발생할 때까지 지연될 수밖에 없을 것이다.

중국이나 북한과 달리 몽골은 1990년대 초반 공산체제가 붕괴되는 과정에서 다당제에 기초한 의회민주주의적 정치체제가 수립되고, 시장경제를 향한 경제개혁이 추진되었다. 이러한 점에서 몽골은 아시아 지역의 체제전환 국가들 가운데 폴란드나 헝가리와 같은 중유럽 국가들이나 구소련 지역의 발트 3국과 유사한 체제전환 경로를 밟은 유일한 국가라고 평가할 수 있다. 동유럽 공산국가들에서와 마찬가지로 몽골에서는 소련에서 진행된 개혁·개방의 움직임으로 인해 공산 집권세력의 정치적 입지가 급격히 약화된 상황에서 공산 지도부와 체제 저항 세력 사이의 정치적 협상을 통해 정치 개혁의 합의가 도출되고, 그에 기반한 체제전환 과정이 진행되었다. 가장 중요한 제도적 변화들로는 정당 설립 허용, 1990년 총선 실시, 1992년 신헌법 제정 등을 꼽을 수 있고, 이에 기초해 다당제와 내각제에 기반한 의회중심적 정치 질서가 새롭게 형성되었다. 또한 경제적으로도 1991년 울란바토르에 주식시장이 개설되는 등 시장경제를 지향하는 경제체제 전환의 과정이 추진되었다.

새로운 정치 제도 도입 후 몽골에서는 1990년부터 2016년까지 8차례에 걸쳐 총선이 실시되었는데, 2004년과 2008년 총선 과정에서 부정선거 논란과 그로 인한 폭력 시위가 발생하는 등 정치적 불안정이 야기되기도 했지만 전반적으로 볼 때 현재 몽골의 선거 제도는 안정적으로 정

표 4 몽골 의회 선거 결과, 2001-2016

	1990	1990	1996	2000	2004	2008	2012	2016
몽골인민당	358	70	26	72	36	45	26	65
민주당	17		50	1	34	28	34	9
몽골인민혁명당							11	1
시민의지-녹색당						2	2	
기타	55	6		3	6	1	3	1
합계	430	76	76	76	76	76	76	76

착되었다고 평가할 수 있다. 지금까지 실시된 선거 결과들 전체적으로 보면 구공산당인 몽골인민혁명당이 주도적 역할을 하는 가운데 신생 정당인 민주당이 권력을 분점 하는 양상을 보여 왔고, 8차례에 걸친 총선 결과 몽골인민당이 6번, 그리고 민주당이 2번 승리를 거두었다.

가장 최근의 두 총선인 2012년과 2016년 총선을 보면 두 가지 점에서 뚜렷한 특징을 보이고 있음을 알 수 있는데, 우선 2012년 총선에서는 민주당이 76개 의석 가운데 34석을 확보해 25석 확보에 그친 몽골인민당을 누르고 제1당의 지위를 확보하면서 정권 교체를 이루었다. 2012년 총선의 또 다른 특징은 이전 총선과는 달리 다당제적 구도가 의회 내에서 형성되었다는 점이다. 이 총선에서는 기존의 몽골인민당과 민주당 외에도 시민의지-녹색당과 몽골인민혁명당이 각각 23석과 11석을 획득하면서 의회 내에서 의미 있는 입지를 구축하면서 기존의 몽골인민당과 민주당의 양당구도를 무너뜨린 점 또한 특징적인 결과였다.

그런데 2012년 총선이 빚어낸 이러한 다당제적 정당 구도는 가장 최근인 2016년 총선에서 급격한 변화를 겪게 되어 현재 몽골 의회의 정당 구도는 몽골인민당의 일당 지배적 형태로 변모되었다. 이 총선에서 몽골인민당은 76석 가운데 65석을 획득하는 압승을 거둔 반면 민주당은 9석 획득에 그치고, 몽골인면혁명당은 겨우 1석만을 획득함으로써 몽골인민당이 의회 내에서 지배적 위치를 점하게 된 것을 알 수 있다. 최근 선거에서의 이러한 급격한 정당 구도의 변화는 몽골의 정당 체제가 아직도 견실하게 제도화 되어 있지 못한 점을 보여 주는 하나의 단면이라고 볼 수 있겠다.

2. 동남아 3개국

동남아 지역의 3개 체제전환 국가들의 민주화 관련 지표에서의 순위는 매우 낮게 평가되고 있어, 세 나라 모두 민주주의 지수, 언론자유 지수, 경제자유 지수 등에서 100위 안에 들지 못하고 있다(표 5 참조). 전체적으로 볼 때, 적어도 선거가 권력 창출의 기제로 작동되고 있는 캄보디아가 베트남이나 라오스에 비해 상대적으로 좀 더 나은 평가를 받고는 있지만, 앞서 살펴 본 몽골과 비교하면 민주화 수준을 비롯해 언론자유도와 경제자유도의 면에서도 그 수준이 상당히 뒤쳐져 있음을 알 수 있다.[12]

국가별로 개관하자면, 동남아 지역에서 정치적으로나 경제적으로 가장 비중이 높은 국가인 베트남에서의 체제전환은 중국과 매우 유사한 양상을 보여 왔다. 다시 말해 베트남도 중국과 마찬가지로 공산체제가 유지되는 가운데 시장경제를 도입하는 경제개혁을 꾸준히 진행해 왔다. 베

---

12   서경교(2016)는 체제전환국들을 포함한 동남아 지역에서 전체적으로 대중들의 자유민주주의에 대한 인식 수준이 낮다는 조사 결과를 보고하면서, 그 때문에 동남아 국가들에서 서구식 민주주의 체제가 단기간에 뿌리내리기는 힘들 것으로 진단하고 있다. 하지만 응우옌(Ngyuen, 2016)은 베트남에 작동하는 풀뿌리 민주주의가 향후 확대될 가능성에 대해 긍정적으로 평가하고 있다.

표 5 동남아 체제전환국 민주화 관련 국가지표 순위

	민주주의 지수 (2017)	언론자유 지수 (2017)	경제자유 지수 (2018)
베트남	140(Authoritarian)	175	141(Mostly Unfree)
라오스	152(Authoritarian)	170	138(Mostly Unfree)
캄보디아	124(Authoritarian)	132	101(Mostly Unfree)

트남 정부는 베트남 통일 이후 취한 여러 경제개혁 정책이 실패로 돌아가자 1986년 '도이모이'라는 급진적 경제개혁 정책을 추진함으로써 본격적으로 베트남의 경제체질을 바꾸기 위한 노력을 전개하였다. 도이모이 정책은 사기업 도입과 국유기업 개혁, 농업의 탈집단화, 가격자유화, 금융 및 재정부문에 대한 구조조정, 대외경제관계의 다변화와 외국투자유치 등 기존 베트남 사회주의 경제의 틀을 근본적으로 변화시키는 내용을 담는 것으로 그러한 정책은 지금까지 꾸준히 지속되어 오고 있다.

이러한 경제적 변화와는 대조적으로 베트남에서의 정치 개혁은 중국과 마찬가지로 거의 답보 상태에 머물러 있다. 그간 정치 제도적 차원에서 국민의회 선거에서 입후보자 확대, 자천후보자 허용, 후보 선발에서의 유권자 참여 확대 등 몇몇 민주적 제도나 절차를 도입하는 시도가 있긴 했지만 도이모이(Đổi mới) 개혁 이후 거의 30년 이상이 지난 현재까지도 베트남에서는 공산당의 권력 독점은 꾸준히 유지되고 있고, 당의 조직운영 방식과 의사결정 과정 및 당의 사회주도적 역할에는 근본적인 변화가 발생하지 않고 있다. 또한 공산체제에 기반한 사회통제의 골격이 유지되면서 베트남 국민의 기본권도 여전히 크게 제한 받고 있다. 대다수 공산국가들과 마찬가지로 베트남 국민들에게는 정부를 교체할 수 있는 권한과 수단이 부여되지 않고 있고, 정부 비판도 불허되고 있다. 언론, 집회, 결사의 자유가 크게 제한되는 가운데 언론기관은 엄격한 국가통제

하에 놓여 있고, 사법부도 국가권력에 종속되어 정치적으로 자유로운 공정한 재판이 불가능한 형편이다.[13]

중국과 베트남에서 진행된 체제전환의 양상은 인도차이나 지역의 또 다른 국가인 라오스에서도 나타나고 있다. 라오스의 경제적 침체가 계속 되자 베트남의 도이모이 개혁이 시작된 해인 1986년 라오스 정부도 '신 경제기제(NEM : New Economic Mechanism)'를 도입해 가격통제 완화, 농 민의 토지 소유 및 농산물 시장거래 허가, 국가기업 의사결정에서의 자 율성 확대, 무역에서의 국가통제 완화, 재정 및 금융 개혁 등을 추진하고 외국인투자 유치를 위한 제도적 장치도 마련하였다. 이와 함께 대외 정 책에 있어서도 독립 직후부터 유지했던 정치적·경제적 차원에서 베트남 의존 정책에서 탈피하려는 노력과 더불어 점진적 대외 개방 정책을 추진 하였다. 그 결과 1997년에는 ASEAN에 가입하였고, 2005년에는 라오스 에 대한 경제 제재를 철회한 미국과 정상적 무역 관계를 맺기도 하였다.

하지만 중국과 베트남과 마찬가지로 라오스에서도 경제개혁의 진전 과는 별개로 정치적으로는 기존의 공산체제가 견고하게 유지되고 있다. 1991년 채택된 신헌법에서도 국가지도적 역할을 부여 받은 라오인민혁 명당은 현재 라오스의 유일 정당으로 권력을 독점하고 있고, 국가의 핵 심 의사결정은 당의 중앙위원회와 정치국이 관장하고 있다. 구정치체제 가 견고하게 유지되면서 라오스도 아시아 지역의 여타 공산국가들과 마 찬가지로 국민의 자유와 기본권은 크게 제약을 받고 있는데, 현재 모든 언론이 국가통제 하에 놓여 있고, 인터넷을 포함한 통신매체는 엄격한

---

13 뷰빙(Vuving, 2013)은 베트남 국가체제의 이러한 성격을 지대추구 국가의 관점에서 바라보고 있다.

국가검열을 받고 있다(진승권, 2010).[14]

　베트남 및 라오스와 더불어 인도차이나 지역의 또 다른 체제전환국인 캄보디아는 공산체제의 국가적 상황과 체제전환 시작 이후의 정치 경로가 이웃 두 나라와는 상당히 다른 면모를 보였다. 우선 캄보디아는 베트남이나 라오스와는 달리 공산체제가 안정적으로 유지되지 못했다. 베트남 전쟁이 종료된 해인 1975년 폴포트(Pol Pot)가 이끄는 크메르 루주가 친미 론놀(Lón Nol) 정권을 밀어내고 '민주 캄푸치아'를 선포하면서 시작된 캄보디아 공산체제는 정권 수립 이후 극심한 정치적 혼란을 겪게 된다. 대표적 사건을 꼽자면, 1975년부터 1978년까지 진행된 폴포트 정권의 사회개조 과정에서의 자국민 대량 학살, 1978년 베트남과의 전쟁과 폴포트 정권 붕괴, 그리고 크메르루주 장교 출신으로 베트남으로 망명했던 훈센(Hun Sen)과 행삼린(Heng Samrin)의 정권획득을 획득과 1979년 '캄푸치아인민공화국-캄보디아국가' 건설 및 그 이후 1991년까지 진행된 내전을 들 수 있다.[15] 또한 캄보디아의 정치체제 전환은 베트남과 라오스와는 아주 다른 양상을 보였다. 다시 말해, 공산체제가 지속되었던 베트남과 라오스와는 달리 캄보디아에서는 UN의 중재 하에 1993년 새로운 헌법이 제정되면서 입헌군주체제가 수립되고 다당제에 기초한 의원내각제적 통치체제가 형성되었다.

14　라오스 사회체제의 현황에 대한 진단과 보고로는 Roberts(2012), High(2013) 참조.

15　폴포트의 크메르루주 세력은 당시 베트남과 갈등관계에 있었던 중국의 지원과 과거 국왕이었던 시아누크와의 공조 속에서 정부에 대한 무력투쟁을 이어갔고, 결국 이 내전은 국제사회의 개입을 통해 파리평화협정이 체결되는 1991년까지 장기간 지속되었다.

표 6 캄보디아 의회 선거 결과, 1993-2013

	1993	1998	2003	2008	2013
인민당	51	64	73	90	68
구국당					55
삼레인시당		15	24	26	
푼신펙당	58	43	26	2	
인권당	11			3	
라나리드당				2	
합계	120	122	123	123	123

　　신헌법에 기초해 1993년 캄보디아에서 최초로 의회 선거가 실시된 이후 지금까지 캄보디아에서는 총 5차례의 국민의회 선거가 실시되었는데, 1993년 선거를 제외하고는 현재 캄보디아 총리인 훈센이 이끄는 인민당이 줄곧 승리해 왔다(표 6 참조).[16] 인민당은 1993년 선거에서 시아누크(Norodom Sihanouk) 국왕의 아들인 라나리드가 이끄는 푼신펙(Funcinpec)당에 패하긴 했지만 국왕이 라나리드(Norodom Ranariddh)와 훈센을 공동총리에 임명함으로써 두 당이 캄보디아의 중앙과 지방정부의 권력을 분점 할 수 있었다. 이후 훈센은 주요 정파들의 극렬한 대립으로 정치적 불안정이 지속되는 가운데 1997년 무력 대결에서 승리하면서 정국의 주도권을 장악하게 되고, 2000년대 들어 실시된 세 번의 선거에서 모두 승리함으로써 장기 집권을 이어 오고 있다. 특히 2003년과 2008년 총선에서는 인민당이 123개 의석 가운데 각각 73석과 90석을 차지하면서 압도적 지위를 점했다. 가장 최근 선거인 2013년 총선에서는 삼레인시당(sam rainsy party)과 인권당(Human Rights Party)이 결합한 구국당(Cambodia

---

16　캄보디아 의회는 양원제로서 국민의회와 상원으로 구성되는데, 국민의회는 5년에 한 번씩 비례대표제 방식으로 선출되고 상원은 간선으로 선출된다.

National Rescue Party)이 55개의 의석을 획득해 68석의 인민당에 필적하는 정당으로 부상하면서 양당구도가 형성되었다. 하지만 2017년 9월 구국당의 대표가 반역혐의로 체포된 데다 그 해 11월에는 캄보디아 대법원이 구국당의 해산을 명령하면서 국민의회에서의 양당구도는 깨지고 다시금 인민당을 이끄는 훈센 총리의 독주 체제가 만들어졌다.

캄보디아에서는 훈센 총리가 지금까지 실질적으로 33년간 집권하고 있는 가운데 제1야당마저 해산되고 사실상 인민당의 1당 체제로 바뀜에 따라 캄보디아 민주주의는 근자에 와서 오히려 후퇴한 것으로 평가할 수 있다. 1990년대 이후 캄보디아에서는 다양한 형태의 결사체들의 등장으로 시민사회의 폭이 확대되고, 언론 자유도 신장되어 왔으나, 훈센 총리의 권력이 장기화되면서 정부를 비판하는 정치인과 언론인에 대한 억압이 강화되는 등 최근까지 캄보디아의 인권 상황이 점차 열악해 지는 성향을 보였다. 그 결과 캄보디아의 정치 및 경제활동 자유, 그리고 언론자유 수준은 중국, 베트남, 라오스와 같은 공산국가보다는 다소간 양호하긴 하지만 다당제와 정기적 선거에 기초한 의회민주주의적 체제를 채택한 여타 국가들에 비해서는 크게 뒤쳐지고 있는 형편이다.[17]

---

17 완전한 독재도 아니면서 그렇다고 온전한 자유민주주의 체제도 아닌 어중간한 성격의 캄보디아 정치체제에 관한 보고와 분석으로 Heder(2012), Un(2013) 등을 참조. 운(Un, 2013)은 캄보디아의 정치 체제가 권위주의적 발전국가의 성격을 띤다고 진단하고 있다.

III. 동유럽 체제전환국 민주화와 정당 구도 변화

1. 중유럽 4개국

폴란드, 헝가리, 체코, 슬로바키아로 구성되는 중유럽 국가들에서는 체제전환의 출발이 인근 지역의 다른 체제전환국들에 비해 순조로웠다. 폴란드에서는 1989년 공산 집권세력과 체제저항 세력 사이에 진행된 원탁협상(Okrągły Stół)을 통해 평화적으로 선거가 실시되고, 그 결과 공산체제 붕괴와 신정부 수립이 이루어졌다. 체코슬로바키아에서도 1989년 소수의 사상자 발생에도 불구하고 신속하고도 평화롭게 진행된 "벨벳혁명(Sametová revoluce)"을 통해 신체제가 등장하였고, 헝가리에서도 1990년 "협상혁명"을 통해 민주 정부가 수립되었다.

또한 이들 중유럽 국가들에서는 국가사회주의 경제체제를 시장경제 체제로 전환하는 경제개혁 작업의 진척도 상대적으로 순조로웠다. 물론 1990년대에 걸쳐 각국의 국민들이 개혁으로 인한 다양한 사회적 비용들, 예를 들어 경제적 침체, 고 인플레이션, 사회적 격차의 확대와 실업률 증가 등을 감내해야 했지만 꾸준히 경제적 자유화 및 개방화, 국가기업의 민영화, 그리고 시장경제를 향한 제도적 기반의 확충과 같은 경제개혁이 꾸준히 진행되면서 2000년대 들어 모든 중유럽 국가들은 과거 사회주의 계획경제의 모습을 완전히 탈피해 온전한 시장경제의 면모를 갖추게 되었다.

이러한 순조로운 정치경제적 체제 전환의 과정을 밟은 결과 중유럽 4개국은 현재 민주주의 관련 지표들에서 발칸 지역이나 구유고슬라비아 지역에 비해 상대적으로 양호한 순위를 점하고 있다. 〈표 7〉을 보면, 민주주의 지수의 경우 31위의 체코를 필두로 폴란드, 헝가리, 슬로바키아

표 7 중유럽 4개국의 민주주의 관련 국가지표 순위

	민주주의 지수 (2017)	언론자유 지수 (2017)	경제자유 지수 (2018)
폴란드	53(Flawed Democracy)	54	45(Moderately Free)
헝가리	57(Flawed Democracy)	71	55(Moderately Free)
체코	34(Flawed Democracy)	23	24(Mostly Free)
슬로바키아	44(Flawed Democracy)	17	59(Moderately Free)

등도 50위 내외의 민주주의 국가로 평가 받고 있다.[18] 언론자유 지수의 경우 헝가리에서 언론에 대한 국가적 통제가 다소 강한 것으로 평가 받지만, 폴란드는 헝가리에 비해 양호한 상황이고, 체코와 슬로바키아는 언론의 자유가 20위권 전후로 매우 높은 수준으로 평가 받고 있다. 경제 자유 지수 또한 가장 경제자유 수준이 높은 체코를 위시해 다른 중유럽 국가들도 50위권 내외의 양호한 평가를 받고 있다.

중유럽 4개국의 통치제도를 보면, 헝가리, 체코, 슬로바키아가 내각 제를 채택하고 있는 반면 폴란드는 이원집정부제를 채택하고 있다. 폴란 드는 공산체제가 붕괴되고 새로운 정부가 수립될 당시 이원집정부제적 인 통치 형태가 채택되었고, 1990년대 초중반까지 대통령과 총리 사이에 권력 행사를 두고 갈등을 겪는 과정에서 1997년 신헌법이 채택되어 총 리의 권한이 상대적으로 강화되었다.

폴란드에서는 공산체제 붕괴 이후 지금까지 8차례에 걸쳐 총선과 6

---

18 중유럽 지역의 최근 민주주의 현황과 관련해서는 Matthes(2016) 참조. 아흐(Agh, 2016)는 근자에 들어 중유럽 국가들의 민주주의가 후퇴하는 경향을 보이고 있고, 특히 헝가리에서 그러한 경향이 강하게 나타나고 있다고 진단하고 있다. 그런 관계로 2017년에 발표된 민주주의 지수에서도 헝가리가 가장 낮은 순위를 기록하고 있다.

표 8 폴란드 의회 선거 결과, 1991-2015

	1991	1993	1997	2001	2005	2007	2011	2015
법과정의당				44	155	166	157	235
시민광장				65	133	209	207	138
Kukiz'15								42
모던								28
폴란드민중당(농민당)	48	132	27	42	25	31	28	16
독일소수민족	7	4	2	2	2	1	1	1
팔리코트운동						40		
민주좌파연합	60	171	164	216	55	53	27	
자력보호당			0	53	56			
폴란드가족연맹			6	38	34			
솔리대리티선거운동			201					
민주연합	62	74	60					
노동연합	4	41						
독립폴란드연합	45	22						
가톨릭선거행동	49							
중도시민연합	44							
자유민주연합	37							
농민협약	28							
솔리대리티	27							
맥주애호가당	16							
기타	33	16						
합계	460	460	460	460	460	460	460	460

차례의 대통령 선거가 있었다. 지금까지 실시된 총선 결과를 종합적으로 볼 때 두 가지 점에서 뚜렷한 특징이 나타나고 있는데, 우선 폴란드에서는 총선에서 승리한 정당이 한 차례를 제외하고는 매번 바뀌어 왔고, 그로 인해 정권 교체도 수시로 일어났다는 점이다.[19] 이 점은 〈표 8〉를 보

---

19 이러한 경향은 대통령 선거에서도 나타나는데, 1995년 대선과 2000년 대

면 쉽게 확인할 수 있는데, 이는 폴란드 정당 체제의 불안정한 모습을 반영하는 것으로 볼 수 있다.[20]

폴란드 총선 과정에서 드러나는 또 다른 특징은 구공산당의 부침이 뚜렷이 나타나고 있다는 점이다. 공산체제 종식 후 당명을 민주좌파연합으로 바꾸며 서구식 좌파 정당으로 변신한 구공산당은 1990년대 초부터 2000년대 초반까지 실시된 총선에서 상당한 강세를 보이고 두 차례에 걸쳐 집권당의 지위에 오르기도 하였다. 하지만 민주좌파연합은 2005년 총선에서 의석이 이전 선거의 1/4 정도로 크게 줄어들어 군소정당으로 내려앉았고, 가장 최근인 2015년 총선에서는 한 개의 의석도 확보하지 못하면서 의회 진입에 실패하고야 말았다.

헝가리에서는 공산체제가 종식되어 가는 시점에 새로 제정된 신헌법에서 내각제가 채택되었고, 지금까지 7차례에 걸쳐 총선이 실시되었다. 헝가리 의회 선거의 특징을 보면, 우선 중도 우파적 성향을 띠는 현 집권 당인 민주청년연합의 당세가 지속적으로 확대되어 왔다는 점을 지적할 수 있다. 민주청년연합은 이미 1998년 총선에서 승리해 집권하였고, 2002년 총선에서도 집권에는 실패하였지만 제1당의 지위를 차지한 바가

선에서 민주좌파연합의 크바니에프스키가 연이어 승리하면서 대통령직에 오른 것을 제외한 나머지 대선에서는 당선자 및 당선자의 소속 정당이 바뀌어 왔다.

20   하지만 2000년대 들어 실시된 4차례의 총선에서는 우파적 성향을 띠는 두 정당인 법과정의당과 시민광장이 다른 정당들에 비해 훨씬 많은 의석을 획득함으로써 의회 내에서 양당 구도가 형성되는 경향이 나타나고 있다. 가장 최근인 2015년 총선에서는 야당이었던 법과정의당이 과반 의석을 획득하면서 안정적 집권이 가능하게 되었는데, 이 총선은 과반 의석을 획득한 정당이 등장한 최초의 폴란드 총선이기도 하였다.

표 9 헝가리 의회 선거 결과, 1990-2014

	1990	1994	1998	2002	2006	2010	2014
민주청년연합	21	20	148	188	141	227	117
사회당	33	209	134	178	186	59	29
헝가리발전운동(Jobbik)						47	23
기독민주민중당(KDNP)	21	22			23	36	16
다른정치(LMP)						16	5
자유민주연합	92	69	17	20	18		
헝가리민주연합	164	38	24		11		
독립소지주당	44	26	48				
기타	11	2	15		7	1	9
합계	386	386	386	386	386	386	199

있다. 2006년 총선에서 제1당의 지위를 사회당에 내주었던 민주청년연합은 가장 최근인 2010년과 2014년의 총선에서는 여타 정당을 압도하는 의석을 확보하였다. 2010년 총선의 경우 총 386개 의석 가운데 227개의 의석을 차지함으로써 58.8%의 의석 점유율을 기록하였고, 2014년 총선에서는 총 199개의 의석 가운데 117개의 의석을 확보하면서 역시 58.8%의 높은 의석 점유율을 유지하였다. 이로써 민주청년연합은 지난 7차례의 총선 가운데 4차례 승리를 거두고 그 가운데 3차례 집권함으로써 구공산당인 사회당과 더불어 공산체제 붕괴 이후 가장 많이 집권한 정당이 되었고, 현재 헝가리 정당 구도를 1당 주도적 형태로 이끌고 가는 역할을 하고 있다.

헝가리 총선과 관련해 또 하나 지적할 수 있는 사실은, 폴란드에서와 마찬가지로, 구공산당으로서 서구식 좌파 정당으로 탈바꿈한 사회당의 부침이 뚜렷하다는 점이다. 〈표 9〉에서 보는 바와 같이, 최초의 자유총선이었던 1990년 총선에서 참패한 사회당은 1994년 총선에서는 과반의석을 차지하는 제1당으로 부활해 다시금 집권하게 되었고, 다음 선거인 1998년 선거에서 민주청년연합에 패배하기는 했지만 2002년과 2006년 총선 이후 연속해서 집권당의 지위를 회복하였다. 하지만 2010년과 2014년 총선에서 사회당은 국민들의 약화된 지지 탓에 제1야당의 지위를 차지하긴 했어도 집권당인 민주좌파연합의 당세에는 한참 못 미치는 군소 정당의 수준으로 당세가 곤두박질치고 말았다.

한편 체코와 슬로바키아는 1993년 1월 1일자로 체코슬로바키아로부터 분리되었는데, 두 나라 모두 분리 독립 이후 내각제적 정치 제도를 채택하였다. 먼저 체코의 경우를 보면, 이 나라에서는 분리 독립 이전부터 지금까지 9번에 걸친 총선이 실시되었다. 그 총선 결과를 보여 주고 있는 〈표 10〉을 보면 몇 가지 점에서 두드러지는 특징을 발견할 수 있는데, 우선 지난 총선들에서 1990년 최초의 자유 총선을 제외하고는 과반을 넘

표 10 체코 의회 선거 결과, 1990-2017

	1990	1992	1996	1998	2002	2006	2010	2013	2017
ANO								47	78
시민민주당(ODS)		76	68	63	58	81	53	16	25
해적당									22
자유직접민주주의									22
공산당	32	35	22	24	41	26	26	33	15
사회민주당(CSSD)		16	61	74	70	74	56	50	15
기독민주연합	19	15	18	20	31	13		14	10
Top09							41	26	7
시장&무소속									6
공화당		14	18						
시민민주연합		14	13						
모라비아-실레시아사회	22	14							
시민연합	127								
기타		16		19		6	24	14	
총의석	200	200	200	200	200	200	200	200	200

기는 정당이 출현하지 않았다는 점이다. 가장 최근의 총선인 2017년 총선 결과를 보면 가장 많은 의석을 차지한 정당이 2012년에 창당된 우파 정당인 ANO2011(Akce nespokojených občanů)로 200개 의석 가운데 78석을 차지했지만 과반에 훨씬 미치지 못했고, 두 번째로 많은 의석을 차지한 시민민주당의 경우에는 불과 25석 확보에 그쳤다. 또한 2017 총선에서는 무려 9개나 되는 정당이 의회에 진출함으로써 의회 내 정당 구도가 매우 파편화된 양상을 보이고 있다. 이러한 체코 의회에서의 파편화된 정당 구도는 앞서 살펴본 폴란드나 헝가리와는 상당히 대조적이라고 하겠다.

〈표 10〉에서 발견되는 체코 정당 구도 변화와 관련한 또 하나의 특징은 2013년 선거까지만 해도 공산당과 사회민주당 등 좌파 성향의 정당들이 의회에서 차지하는 비중이 꽤나 높았다는 점이다. 특히 중도 좌파 정당인 사회민주당의 경우 1998년 총선에서 제1당으로 부상해 집권당이 되었고, 2002년 총선에서도 승리해 재집권에 성공하였다. 그리고 비록 2006년 총선에서는 중도우파 정당인 시민민주당에 1위 자리를 내주고 제1야당이 되긴 했지만 다시금 2010년과 2013년 총선에서 연이어 승리하면서 제1당의 지위를 차지하였다. 하지만 가장 최근인 2017년 총선에서는 중도우파 성향의 ANO2011이 승리하는 가운데 사회민주당은 군소정당으로 밀려난 상황이다.

체코와 마찬가지로 슬로바키아에서도 분리 독립 이전인 1990년부터 현재까지 9차례의 총선이 실시되었다. 1993년 분리 독립 이후 1994년 최초로 실시된 슬로바키아만의 총선에서는 이 지역에서 정치적 주도권을 행사한 메치아르가 이끄는 민주슬로바키아운동이 승리함으로써 집권에 승리하였다. 1998년까지 이어진 메치아르 총리의 통치는 그러나 권위주의적 성격을 띠었고 그로 인해 슬로바키아에서는 여타 중유럽 국가들에

표 11 **슬로바키아 의회선거 결과, 1990-2016**

	1990	1992	1994	1998	2002	2006	2010	2012	2016
사회민주당 (Smer-SD)					25	50	62	83	49
자유솔리대리티							22	11	21
보통사람당								16	19
국민당	22	15	9	14		20	9		15
대중당									14
연대당 (Most-Hid)							14	13	11
가족당									11
네트워크당									10
기독민주운동	31	18	17	42	15	14	15	16	
민주기독연합 -민주당					28	31	28	11	
헝가리인연합당	14	14	17	14	20	20			
민주슬로바키아 운동		74	61	43	36	15			
민주주의좌파당	22	29	18	24					
반폭력연대	48								
기타	13		28	13	26				
합계	150	150	150	150	150	150	150	150	150

비해 민주적 정치 질서의 정착이 지연되기도 하였다. 민주슬로바키아운동은 1998년과 2002년 총선에서도 최다 의석을 확보하기는 했지만 과반의석에는 훨씬 미치지 못하는 수준이었고, 결국 연립정부 구성에 실패하면서 야당으로 전락하였다.

2000년대 들어서의 슬로바키아 총선을 보면 1999년 창당된 중도좌파 성향의 사회민주당(Smer-SD)이 꾸준히 부상하는 모습을 볼 수 있다. 이 정당은 2002년 총선에서 제3당으로서 의회에 처음 진입하였고, 그 이후 실시된 3차례의 총선에서 연속적으로 승리해 제1당의 위치에서 연립 정부를 구성해 집권해 왔다. 가장 최근의 총선인 2016년 총선 결과를 보면, 슬로바키아도 체코와 비슷하게 8개나 되는 파편화된 정당들이 의회에 진출해 있는 상황을 알 수 있다. 제1당인 사회민주당이 총 150개 의석 가운데 49석만 확보한 상황이고, 나머지 7개 정당은 10~20개 내외의 의석을 차지한 군소 정당으로서 국민당, 연대당, 네트워크당이 사회민주당의 주도하는 연립정부에 참여하고 있다.

2. 발칸지역 3개국

중유럽 국가들에서의 공산체제 종식이 집권세력과 체제저항 세력들 사이의 협상을 거쳐 전반적으로 순조롭고 신속하게 이루어진 반면 루마니아, 불가리아, 알바니아 등 발칸 지역에 위치한 동유럽 국가들의 경우에는 공산체제의 몰락이 상대적으로 굴곡진 경로를 밟았다. 루마니아의 경우에는 한편으로는 차우셰스쿠(Nicolae Ceausescu)의 폭정에 항의하는 비조직화된 국민들의 시위 그리고 다른 한편으로는 일리에스쿠가 이끄는 구국전선(NSF)을 중심으로 한 집권 세력 내부의 쿠데타가 결합된 방식으로 1989년 12월에 장기간에 걸친 차우셰스쿠 통치체제가 급작스럽게 붕괴되었다.

불가리아에서는 1989년 11월, 수도 소피아에서 개혁을 요구하는 시위가 고조되는 가운데 공산당 지도부가 장기 집권한 지프코프(Todor Zhivkov)를 축출하고 공산당 권력 독점 포기, 사회당으로의 공산당 당명 교체, 대통령제 신설, 자유선거 실시 등 불가리아 권력 구도를 근본적으로 변화시키는 정치 개혁을 단행함으로써 체제전환의 계기가 마련되었다. 한편 알바니아에서는 1985년 41년간 통치한 호자(Hoxha) 사망 이후 권력을 이어받은 알리아(Ramiz Alia)가 1990년 초 복수정당제 도입, 외국 여행 제한 완화, 외국기업 설립 허용 등의 조치를 취하였지만 보다 진전된 정치 개혁에 대한 국민들의 요구가 거세져 갔고, 마침내 1991년 2월 대규모 반체제 시위가 발생하자 알리아가 타협책으로 과도내각을 구성해 임시헌법을 채택하고 자유총선을 실시하기로 하면서 공산체제가 허물어졌다.[21]

현재 이들 발칸 지역 동유럽 국가들의 민주화 관련 지표들을 보면 민주주주의 지수에서 불가리아가 50위 안쪽에 위치해 양호한 평가를 받고 있는 반면 루마니아와 알바니아는 각각 64위와 77위에 위치함으로써 민주화의 수준이 상대적으로 약간은 낮은 것으로 평가되고 있다.[22] 이와는 대조적으로 불가리아의 언론자유 지수는 상대적으로 매우 낮은 수준의 평가를 받아서 100위권 밖에 위치하고 있다. 하지만 경제자유도에 있어서는 세 나라 모두 양호한 평가를 받고 있음을 알 수 있다.

공산체제 종식 이후 이들 국가들의 정치 과정을 개관하자면, 우선 루마니아는 구소련 지역을 제외한 대부분의 동유럽 체제전환 국가들에서

---

21 공산체제 종식 이후 이들 국가들에서 진행된 정치경제적 개혁도 중유럽 국가들에 비해서는 다소 늦어져서 중유럽 4개국이 2004년에 모두 EU에 편입할 수 있었던 반면 루마니아와 불가리아는 2007년에 EU에 편입되었고 알바니아는 지금까지 EU에 가입하지 않은 상태다.

22 EU 가입 이후 루마니아와 불가리아에서의 민주주의 진전에 관해서는 Spendzharova and Vachudova(2012) 참조. 한편 엘바사니(Elbasani, 2016)는 이슬람교도가 전체 인구의 55%가 넘은 알바니아에서 점진적으로 서구식 의회민주주의가 강화되어 나가는 요인에 대해 다루고 있는데, 알바니아에서의 이러한 민주화의 진전은 카자흐스탄이나 투르크메니스탄을 비롯한 구소련 지역의 무슬림 국가들의 뒤처진 민주주의 수준과 비교할 때 흥미로운 현상이라고 하겠다.

표 12 발칸 3개국의 민주주의 관련 국가지표 순위

	민주주의 지수 (2017)	언론자유 지수 (2017)	경제자유 지수 (2018)
루마니아	64(Flawed Democracy)	46	37(Moderately Free)
불가리아	47(Flawed Democracy)	109	47(Moderately Free)
알바니아	77(Hybrid Regime)	76	65(Moderately Free)

의원내각제를 채택하고 있는 것과는 달리 러시아와 유사하게 대통령과 총리가 국가 권력을 상당 정도 분점 하는 이원집정부제를 채택하고 있다. 지금까지 진행된 루마니아의 대통령 선거와 의회 선거를 전반적으로 볼 때, 가장 특징적인 점은 공산체제 붕괴 과정에서 정국의 주도권을 쥐었던 일리에스쿠(Ion Iliescu) 정치세력이 현재까지도 루마니아 정치 과정에서 큰 비중을 차지하고 있다는 것이다. 일리에스쿠는 1990년, 1992년, 2000년 등 세 차례의 대선에서 승리해 총 10년간 대통령직을 차지하면서 루마니아 정계 핵심적 인물로 활동하였다.

또한 일리에스쿠를 중심으로 한 구국전선 세력은 이후 당명을 민주구국전선, 루마니아사회민주당, 사회민주당으로 바꾸어가며 차우셰스쿠 체제가 붕괴된 이후 실시된 총 8차례의 총선 가운데 6차례를 승리하면서 루마니아 의회에서 가장 강력한 정당의 역할을 해왔다(표 13 참조). 루마니아의 가장 최근 총선인 2016년 총선 결과를 보면, 사회민주당이 총 329개의 의석 가운데 154개의 의석을 차지하면서 제1당의 지위를 확보해 집권하게 된 가운데 중도자유주의적 보수 정당인 국민자유당이 69석으로 두 번째로 많은 의석을 차지하면서 제1야당의 위치를 차지하였다.[23]

---

23   국민자유당은 가장 최근의 대선인 2014년 대선에서 자당의 후보가 사회민

표 13 루마니아 의회 선거 결과, 1990-2016

	1990	1992	1996	2000	2004	2008	2012	2016
사회민주당	263	117	91	155	132	114	145	154
국민자유당	29			30	64	65	100	69
루마니아구국연합								30
헝가리인민주연합	29	27	25	27	22	22	18	21
자유민주연합								20
대중운동								18
민주자유당						115	56	
대중당							47	
대루마니아당		16	19	84	48			
민주당				31	48			
사회민주연합			53					
국민통합당		30	18					
민주연합		82	122					
기타	75	69	15	18	18	18	46	17
합계	396	341	343	345	332	334	412	329

불가리아는 공산체제 붕괴 이후 중유럽 국가들이나 이웃 루마니아에 비해서도 심한 정치적 불안정을 경험하였다. 불가리아에서는 1990년 6월 실시된 최초의 자유 총선에서 인근 동유럽 국가들과는 달리 구공산당인 불가리아사회당이 승리를 거두게 된다. 하지만 구체제의 지속에 대한 사회적 저항이 커지면서 1990년 말 대중 파업으로 인해 정부가 붕괴되고 임시정부로 대체되었다. 이듬해 내각중심제를 채택한 신헌법에 따라 실시된 총선에서 개혁 성향의 민주세력연합당(Съюз на демократичните сили)이 승리하여 터키계 소수민족이 중심이 된 권리자유운동당(Движение за права и свободи)과 연립정부를 구성하지만 1992년 말 다시금 정부가 붕괴

────

주당 후보에 승리하면서 현재 이오하니스가 대통령직을 수행하고 있다.

표 14 불가리아 의회선거 결과, 1990-2017

	1990	1991	1994	1997	2001	2005	2009	2013	2014	2017
유럽발전시민당							117	97	84	95
사회당	211	106	125	58	48	82	40	84	39	80
애국단결										27
권리자유운동	23	24	15	19	21	34	37	36	38	26
Volya										12
개혁블럭									23	
애국전선									19	
검열없는불가리아									15	
공격						21	21	23	11	
민주세력연합	144	110	69	137	51	37	15			
안정진보국민운동					120	53				
기업가연합			13	12						
국민연합			18			13				
기타	22			14			10		11	
합계	400	240	240	240	240	240	240	240	240	240

되면서 두 번째로 임시정부 체제가 들어섰다.

2년 후인 1994년 12월 총선에서는 불가리아사회당이 재집권하지만 또 다시 임기 4년을 채우지 못하고 1997년 조기총선을 통해 민주세력연합당이 주도하는 선거연합체인 통합민주세력으로 정권이 교체되었다. 마침내 1997년 총선을 통해 들어선 정부는 4년의 임기를 채우게 되지만 2001년과 2005년 실시된 총선에서도 모두 정권이 교체되었다(표 14 참조).

불가리아는 공산체제 붕괴 이후의 불가리아 정치 과정이 험난할 수밖에 없었던 것은 무엇보다 체제전환기 국민들이 겪게 되는 경제적 고통과 불만이 집권당에 대한 지지 철회로 이어졌기 때문이다. 특히 불가리아 경제는 헝가리, 폴란드, 체코 등 중유럽 국가들뿐만 아니라 인접한 루마니아에 비해서도 동유럽 공산체제 붕괴로 인한 타격을 크게 입었다. 과거 공산권 국가들 사이의 코메콘(CMEA: Council for Mutual Economic Assistance)역내 교역 비중이 동유럽 국가들 가운데 가장 높았던 불가리아였기 때문에 코메콘 체제의 붕괴는 불가리아 경제에 큰 타격이었고, 설상가상으로 1990년대 초반 국경을 맞댄 세르비아에 대한 UN 제재는 불가리아 경제에도 큰 악영향을 미쳤다. 이렇듯 불가리아는 1990년대 인접 동유럽 국가들에 비해서도 더욱 힘들고 험난한 체제전환 과정을 경험했지만 전체적으로는 민주적 절차와 제도가 유지되는 가운데 상대적으로 느리긴 했어도 시장경제를 향한 개혁이 꾸준히 도모되었다. 특히 1997년 경제적 파국을 겪은 이후 새로운 정부가 IMF의 지원 하에 경제적 안정화 정책과 더불어 국가기업, 농업과 토지, 사회보험 분야의 개혁을 포함한 종합적 개혁 프로그램을 시행하면서 경제적 불안정이 완화되는 가운데 경제개혁에 속도가 붙게 되었다. 이러한 체제전환의 가시적 성과 속에서 불가리아는 2004년에는 NATO에 가입하고, 2007년에는 루마니아와 함께 EU 회원국의 위치를 점할 수 있게 되었다(진승권, 2010).

한편 2007년 EU 가입 이후 처음 실시된 2009년 총선부터는 중도우파 성격의 정당으로 2006년에 창당된 유럽발전시민당(Grazhdani za Evropeisko Razvitie Balgariya)이 정치적으로 주도적 역할을 담당하게 된다. 유럽발전시민당은 2009년 총선에서 과반에 약간 못 미치는 의석을 획득해 제1당에 올라서면서 집권당이 되었다. 하지만 2013년 정부의 에너지 가격 인상에 저항하는 시위가 전국적으로 발생하면서 보리소프(Boyko Borisov) 총리가 이끄는 정부가 붕괴되고 만다. 그 결과 2013년 조기총선이 실시되는데, 이 선거에서 유럽발전시민당이 총 240개의 의석 가운데 97개 의석을 확보하면서 승리함으로써 유럽발전시민당은 공산체제 붕괴된 이후 실시된 총선에서 연달아 승리하는 불가리아 최초의 정당이 되었다. 그러나 총선 이후 연립정부 구성이 난관을 겪으며 결국 실패하면서 이듬

해인 2014년에 다시 한 번 조기총선이 실시되고, 이 선거에서 다시금 유럽발전시민당이 승리하면서 집권에 성공해 보리소프가 재차 총리직을 맡았다. 가장 최근에 실시된 2017년 총선에서도 유럽발전추구당은 95개의 의석을 획득해 연달아 4차례의 선거에 승리하면서 집권당의 지위를 유지하고 있다.

체제전환기 불가리아 정치 과정에서 주목할 만한 또 다른 사실은 몇몇 동유럽 국가들에서 과거 공산당이 체제전환기 정치과정을 통해 의회에서 완전히 소멸해 버린 것과는 달리 불가리아의 구공산당인 사회당이 지금껏 꾸준히 국민들의 지지 속에 의회에 진출해 왔을 뿐만 아니라 1994년과 2005년 총선에서는 제1당으로 올라서면서 집권당이 되기도 하였다. 그리고 가장 최근의 2017년 총선에서는 유럽발전시민당에 이어 두 번째로 많은 의석을 확보하면서 제1야당의 역할을 담당하고 있다.

알바니아의 정치적 민주화 수준은, 앞서도 언급했듯이, 구유고슬라비아 지역의 일부 국가들을 제외한 다른 동유럽 국가들에 비해 상대적으로 가장 낮게 평가 받고 있는데, 그 배경에는 선거의 공정성, 정부의 정책 수행 능력 등에서 알바니아가 상대적으로 많은 취약성을 노출하고 있기 때문이라고 볼 수 있다. 하지만 경제개혁의 측면에서는 공산체제 붕괴 이후 지금까지 꾸준한 개혁 정책을 통해 과거 국가사회주의 체제가 시장경제의 형태로 완연하게 변모되었다고 평가할 수 있고, 특히 2000년대 들어 서방사회로의 편입을 위한 노력을 경주한 결과 2009년 4월에 알바니아는 크로아티아와 더불어 나토에 가입함으로써 공식적으로 군사적 측면에서 서방 국가의 일원이 되었고, 비슷한 시점에 정식으로 EU 가입 신청서도 제출하였다. 〈표 12〉에서 드러나는 것처럼 그러한 상황이 최근의 경제자유 지수에 반영되어 다른 동유럽 국가들에 비해 약간 뒤지기는 해도 별반 큰 차이가 없는 평가를 받고 있다.

표 15 알바니아 의회 선거 결과, 1991-2017

	1991	1992	1996	1997	2001	2005	2009	2013	2017
사회당	169	38	10	101	73	42	65	65	74
민주당	75	92	122	29	32	56	68	50	43
통합사회주의운동						5	4	16	19
정의통합당							1	4	3
사회민주당		7		9	4	7			1
공화당		1	3	1	5	11	1	3	
인권연합당	5	2	3	4	3	2	1	1	
기독민주당				1		2		1	
국민전선당			2	1	3				
기타	1			9	20	15			
합계	250	140	140	155	140	140	140	140	140

총선을 중심으로 알바니아의 정치 과정을 개관하면, 알바니아에서는 지금까지 다룬 동유럽 국가들과는 대비되는 뚜렷한 특징이 발견된다. 그 것은 공산체제 종식 이후 지금까지 알바니아 정치 구도는 상당히 일관되게 양당제적 형태를 견지해 왔다는 점이다. 좀 더 구체적으로 말하자면, 최초의 자유총선이었던 1991년 총선부터 2017년 총선까지 실시된 총 9차례의 선거에서 구공산당인 사회당과 더불어 자유주의적 보수주의를 표방해 1990년 창당된 민주당이 뚜렷한 두각을 나타냈고, 집권당의 교체도 양당을 중심으로 이루어져 왔다. 〈표 15〉에 그러한 점이 나타나 있는데, 총 9차례의 총선 가운데 사회당이 5차례, 민주당은 4차례 승리하였고, 최근 4차례의 총선에서는 두 정당이 서로 번갈아 가며 연속 두 차례씩 승리하고 있다. 지난 두 차례의 총선, 즉 2013년과 2017년에서는 사회당이 승리하면서 현재 집권당의 위치를 점하고 있다.[24]

<hr>

24 〈표 15〉를 보면, 알바니아에서는 선거 과정에서 두 차례의 조기 총선이 실

3. 구유고슬라비아 지역 6개국

구유고슬라비아는 아시아와 동유럽의 체제전환국들 가운데 소련, 체코슬로바키아와 더불어 공산체제가 붕괴되면서 연방 국가를 구성했던 공화국들로 분열된 3개 사례들 가운데 하나다. 국가의 분열 과정에서 구유고슬라비아는, 소련과 체코슬로바키아와는 달리, 상당히 심각한 갈등 상황을 겪었다. 1991년 슬로베니아가 독립하는 과정에서 세르비아와 '10일 전쟁'을 겪었고, 크로아티아가 독립하는 과정에서는 역시 세르비아와 1991년부터 1995년까지 4년간에 걸친 전쟁이 벌어졌다. 또한 보스니아-헤르체고비나에서는 종교 및 인종 갈등으로 인한 집단 학살이 자행되기도 하였다. 구유고슬라비아의 중북부에 위치했던 이들 3개 국가와는 달리 남부 지역에 위치한 몬테니그로와 마케도니아는 상대적으로 평화로운 분리 독립 과정을 밟았는데, 마케도니아는 1991년에 독립을 선포하며 순조롭게 독립하였고, 몬테니그로는 1992년 세르비아와 함께 세르비아-몬테니그로연방공화국을 결성해 2006년까지 유지하다가 결국 국민투표를 통해 완전히 분리 독립하였다.[25]

시된 것을 알 수 있는데, 첫 번째인 1992년 조기 총선은 앞서 언급한 대로 사회당에 대한 국민적 저항으로 인한 결과였다. 또 한 번의 조기 총선은 1997년 조기 총선으로, 그것은 민주당 집권 하에서 수년간 진행된 전국적 차원의 피라미드 금융이 1997년 들어 파국적 결과를 초래하면서 발생한 무장 폭력 사태와 그로 인한 민주당 정부의 붕괴 때문이었다.

25 유고슬라비아에서는 연방을 이루는 공화국들 외에도 인구의 80%가 알바니아계로 이루어진 자치주였던 코소보가 1992년 독립을 선포하였는데, 독립을 둘러싼 대립과 폭력사태가 점차 악화되다가 급기야 1999년 NATO군이 세르비아를 공습하는 사태로까지 비화하였다. 코소보는 공습 이후 UN이 관할 하에 있

구유고슬라비아 지역에 위치한 6개 국가들은 지금까지 다양한 경로로 체제전환 과정을 밟아 왔는데, 특히 슬로베니아와 크로아티아는 각각 2004년과 2013년에 EU에 가입하면서 정식으로 서구 사회의 일원이 되었지만 나머지 국가들은 아직 EU 후보국 지위에 머물러 있는 형편이다. 슬로베니아와 크로아티아는 경제적 발전 수준이나 민주화 수준에서도 다른 국가들에 비해 앞서 나가고 있는데, 〈표 2〉에서 볼 수 있는 것처럼, 1인당 소득 면에서 슬로베니아와 크로아티아가 1, 2위를 차지하면서 다른 국가들에 상당히 높은 수준에 있다.

민주화의 수준에 있어서도 구유고슬라비아 지역 국가들은 어느 정도 격차를 보이고 있다. 물론 이들 국가들은 현재 공통적으로 과거 공산체제의 모습을 탈피해 다당제 및 자유선거에 기초한 의회민주주의의 기반을 갖추고 있긴 하다. 하지만 〈표 16〉에서 나타나 있듯이, 슬로베니아가 민주화 지수 순위가 36위로 제일 앞선 상황에서 크로아티아와 세르비아가 각각 58위와 66위로 'Flawed Democracy' 등급으로 분류되고 있는 반면 보스니아-헤르체고비나, 마케도니아, 몬테니그로 등은 100위권 내

표 16 **구유고슬라비아 지역 체제전환국들의 민주주의 관련 국가지표 순위**

	민주주의 지수 (2017)	언론자유 지수 (2017)	경제자유 지수 (2018)
슬로베니아	36(Flawed Democracy)	37	64(Moderately Free)
크로아티아	58(Flawed Democracy)	74	92(Moderately Free)
세르비아	66(Flawed Democracy)	66	80(Moderately Free)
보스니아-헤르체고비나	102(Hybrid Regime)	65	91(Moderately Free)
몬테니그로	84(Hybrid Regime)	106	68(Moderately Free)
마케도니아	88(Hybrid Regime)	111	33(Mostly Free)

다가 2008년 다시금 독립을 선포하였지만 세르비아는 여전히 독립을 인정하지 않고 있다.

표 17 슬로베니아 의회선거 결과, 1990-2016

	1990	1992	1996	2000	2004	2008	2011	2014
현대중앙당								36
긍정슬로베니아당							28	
민주당	6	4	16	14	29	28	26	21
연금자민주당			5	4	4	7	6	10
사회민주당	14	14	9	11	10	29	10	6
통합좌파당								6
신슬로베니아				8	9		4	5
ZaAB								4
헝가리&이탈리아민족	2	2	2	2	2	2	2	2
인민당	11	10	19	9	7	5	6	
국민당		12	4	4	6	5		
자유민주당	12	22	25	34	23	5		
기독민주당	11	15	10					
기타	24	11		4		9	8	
합계	80	90	90	90	90	90	90	90

외로 'Hybrid Regime' 등급으로 분류되고 있다. 언론 자유도에 있어도 37위를 기록하고 있는 슬로베니아의 상황이 제일 나은 상황이고, 크로아티아, 세르비아, 보스니아-헤르체고비나는 70위 내외를 점하고 있다. 이 표에서 한 가지 흥미로운 점은 구유슬라비아 국가들의 경제자유도가 민주주의 지수와는 다른 양상을 보이고 있다는 점인데, 민주주의가 낮게 평가되는 몬테니그로와 마케도니아가 경제적 자유도에 있어서는 상대적으로 높은 평가를 받고 있다.

각국별로 선거를 통한 정치 과정을 개관하자면, 우선 슬로베니아는 공산체제 붕괴 후 내각제를 통치 제도로 채택하였고, 1990년부터 2016년까지 8차례에 걸쳐 총선이 실시되었다. 〈표 17〉을 보면, 슬로베니아 의회가 군소 정당들로 상당히 파편화 되어 있다는 것을 알 수 있다. 과거 총선들에서 단 한 차례도 과반 의석을 차지한 정당이 등장하지 못한 가운데 중도 성향의 자유민주당이 1992년 총선부터 2000년 총선까지 세 차례에 걸쳐 제1당을 차지했고, 2004년 총선부터 2016년 총선까지 네 차례의 선거에서는 매번 새로운 정당이 제1당을 차지하는 불안정한 모습을 보이고 있다. 슬로베니아 정당 체계의 불안정한 모습은 신생 정당의 빈번한 의회 진출에서도 나타나는데, 최근의 2011년과 2014년 총선에서는 모두 신생 정당인 긍정슬로베니아당(LZJ)과 현대중앙당(Stranka modernega centra)이 제1당의 지위를 차지하였을 뿐만 아니라 2014년 총선에서는 의회에 진출한 8개의 정당들 가운데 3개가 최초로 의회에 진출한 신생 정당이었다.

크로아티아는 독립 후 양원제에 기초한 이원집정부제를 채택했었지만 2000년 내각제로 전환하고 2001년에는 의회를 단원제로 바꾼 경험이 있다. 총선은 1990년부터 2016년까지 총 9차례에 걸쳐 실시되었는데, 슬로베니아에서 제1당이 수시로 바뀐 것과는 대조적으로 크로아티아에서

표 18 크로아티아 의회 선거 결과, 1990-2016

	1990	1992	1995	2000	2003	2007	2011	2015	2016
민주연합당	205	85	75	46	66	66	44	51	57
사회민주당	73	11	10	43	34	56	61	42	38
독립다리당								19	13
인민당		6	2	2	10	7	14	9	9
농민당		3	10	17	10	6	1	1	5
사회자유당		14	12	25	2	2		2	1
BM365								2	1
연금자당					3	1			
권리당		5	4		8	1			
기타	73	14	14	18	18	14	31	25	27
합계	351	138	127	151	151	153	151	151	151

는 2011년 총선에서 중도좌파 성향의 사회민주당이 제1당을 차지한 것을 제외하고는 중도우파 성향의 민주연합당이 모두 제1당의 지위를 차지하였고, 2000년 이후 연립정부를 이끄는 총리도 이 들 두 정당에서 배출되면서 정국이 양당에 의해 주도되는 경향을 보였다.

1990년대에 걸쳐 구공산 지도자였던 밀로셰비치(Slobodan Milosevic) 대통령의 권위주의적 통치가 지속된 세르비아에서는 2000년 '불도저혁명'으로 불리는 국민적 저항을 통해 밀로셰비치 정권이 종식됨으로써 민주화를 향한 큰 도약이 이루어졌고, 2006년에는 헌법 개정을 통해 정부형태가 대통령제에서 내각제로 바뀌면서 보다 활성화된 정당 정치의 장이 마련되었다. 세르비아에서 공산체제 붕괴 후 지금까지 무려 11차례의 총선이 실시되었는데, 이렇듯 많은 수의 총선이 실시된 것은 수차례 조기 총선이 실시되었기 때문으로 세르비아 정치 상황을 불안정한 모습을 대변해 준다고 볼 수 있다.

선거 결과를 보면, 밀로셰비치가 집권한 1990년대 실시된 4차례의 총선에서는 모두 밀로셰비치가 이끈 사회당이 승리하고 있고, 2000년대 들어서는 2000년, 2003년, 2008년 등 세 차례 총선에서 급진당이 연속해서 제1당의 위치를 차지하였지만 최근 세 차례의 총선에서는 보수적 우파 정당인 세르비아진보당이 제1당의 위치를 점하고 있다. 이런 가운데 세르비아 총선에서는 많은 수의 정당이 의회에 진출하면서 의회 내 정당 구도가 매우 파편화된 형국인데, 가장 최근의 총선인 2016년 총선만 하더라도 무려 10개가 넘는 정당이 의회에 진출하고 있다. 의회 내 정당 구도가 파편화된 상황 속에서도 최근 2014년과 2016년 총선에서 세르비아진보당이 상대적으로 매우 높은 의석 점유율을 확보함으로써 일당 주도적인 양상을 나타내고 있다.

보스니아-헤르체고비나의 경우에는 전쟁의 종결 과정에서 민족적 갈

표 19 세르비아 의회 선거 결과, 1990-2016

	1990	1992	1993	1997	2000	2003	2007	2008	2012	2014	2016
세르비아진보당								21	58	128	93
급진당		73	39	82	23	82	81	78			22
사회당	194	101	123	110	37	22	16	12	25	25	21
Enough당											16
민주당	7	6	29		45	27	60	64	49	17	12
사민당								4	9	10	10
연금자당								5	12	12	9
세르비아민주당			7		45	53	33	21	21		6
통합세르비아당						2		3	7	7	6
신세르비아					8	9	10	9	8	6	5
세르비아부흥운동	19	30	37	45		13		4	4	5	3
자유민주당							15	13			
G17plus						33	19				
기타	30	40	15	13	92	11	14	16	57	40	47
합계	250	250	250	250	250	250	250	250	250	250	250

등을 해결하기 위한 방안으로 연방제와 내각제에 기초해 보스니아계, 세르비아계, 크로아티아계가 권력을 분점 하는 협의민주주의적 방식의 정치 제도가 마련되었고, 민족적 갈등을 최종적으로 조율할 국가기구로 서방국가들이 참여하는 '최고대표회'가 별도로 설립되었다. 내전 이후 보스니아-헤르체고비나에서는 1996년부터 2014년까지 총 7차례 연방의회 구성을 위한 선거가 실시되었는데, 총선 때마다 다수의 정당이 의회에 진출해 왔다(표 20 참조). 가장 최근인 2014년 총선에도 여러 군소 정당들이 의회에 진출해 이 있는 가운데 민주행동당(Party of Democratic Action)이 총 42개 의석 가운데 10석을 차지하면서 제1당의 위치를 점하고 있다.

2006년 세르비아-몬테니그로에서 분리되면서 구유고슬라비아연방 국가들 가운데 가장 늦게 독립한 몬테니그로 역시 내각제적 정부형태를 채택하고, 독립 이후 지금까지 4차례에 걸쳐 총선이 실시되었다. 이들 총

표 20 보스니아-헤르체고비나 의회 선거 결과, 1996-2014

	1996	1998	2000	2002	2006	2010	2014
민주행동당	16		8	10	9	7	10
독립사민연합			1	3	7	8	6
세르비아민주당	9	4	6	5	3	4	5
민주전선							5
나은미래연합						4	4
사민당		4	9	4	5	8	3
보스니아당	2	5	5	6	8	2	
크로아티아민주당	8	6	5	5			
단결민주연합		17					
기타	7	6	8	9	10	9	9
합계	42	42	42	42	42	42	42

선에서 중도좌파 성향의 사회주의민주당이 연속해서 승리하면서 집권 정당으로서의 지위를 유지해 오고 있다. 몬테니그로의 의회 내 정당 구도는 앞서 세르비아와 마찬가지로 매우 파편화된 양상을 보이는 가운데 하나의 정당이 주도권을 쥔 형국을 띠고 있다고 하겠다.

　1991년 구유고슬라비아연방에서 평화적으로 독립하면서 내각제를 채택한 마케도니아는 2001년 소수 민족인 알바니아인들의 반란과 같은 정치적 갈등을 경험하기도 하였다. 이 사건은 2004년 정부가 알바니아인들이 지배적인 지역에 대한 자치권을 확대해 줌으로써 평화적으로 해결되었다. 하지만 마케도니아에서는 정파 간 다툼으로 인한 정치적 불안정이 지속되었고, 급기야 2015~2016년에는 정부의 사찰 및 부패 스캔들로 인한 시위 사태가 발생해 결국 그루에프스키(Nikola Gruevski) 총리가 사임하고 조기 총선이 실시되는 사건이 발생하기도 하였다.[26]

26　이 사건은 시위대가 저항의 표현으로 다양한 색깔의 물감을 정부청사에 던

표 21 몬테니그로 의회 선거 결과, 2006-2016

	2006	2009	2012	2016
사회주의민주당	32	35	32	36
민주전선			20	18
핵심연합				9
민주몬테니그로				8
사민당	7	9	6	4
사회주의민중당	8	16	9	
사민주의자	1	3	3	2
보스니아당				2
알바니아당	1	1	1	1
크로아티아시민				1
기타	32	17	10	
합계	81	81	81	81

　　이러한 불안정한 정치적 상황을 반영하듯, 마케도니아에서는 1990년부터 2016년까지 세 차례의 조기 총선을 포함해 총 9차례의 총선이 실시되었다. 이 선거들을 전체적으로 보면, 가장 먼저 눈에 띄는 점은 중도우파 정당인 국민통합민주당(VMRO-DPMNE: Internal Macedonian Revolutionary Organization-Democratic Party for Macedonian National Unity)이 대다수의 총선에서 승리를 거두면서 정국을 주도해 왔다는 점이다. 국민통합민주당은 지난 9차례 총선 가운데 7차례나 제1당의 위치를 점하면서 두각을 나타냈고, 가장 최근인 2016년 총선에서도 120개 의석 가운데 51개 의석을 확보하면서 제1당이 되었다. 또 다른 특징은 중도좌파 정당인 사회민주연합(Social Democratic Alliance of Macedonia)이 꾸준히 다수의 의원을 배출하면서 국민통합민주당과 더불어 정국을 이끌어 왔다는 점이다. 이

진 일로 인해 "색채혁명(Colorful Revolution)"으로 불리기도 한다.

표 22 마케도니아 의회 선거 결과, 1990-2016

	1990	1994	1998	2002	2006	2008	2011	2014	2016
국민통합민주당	38		49	33	45	63	56	61	51
사회민주연합	31	87	27	60	32	27	42	34	49
민주통합연합				16	13	18	15	19	10
알바니아민주당				7	11	11	8	7	2
민주번영당	17	10	25	2					
개혁세력연합	11								
기타	23	23	19	2	19	1	2	2	8
합계	120	120	120	120	120	120	123	123	120

정당은 1994년과 2002년 총선에서 승리를 거두기도 했는데, 가장 최근 인 2016년 총선에서도 49석의 의석을 확보해 국민통합민주당과 함께 양 당 구도를 형성하고 있다.

IV. 구소련지역 체제전환국 민주화와 정당 구도 변화

1. 유럽 방면 4개국

구소련 지역의 국가들 가운데 발틱 3국을 제외한 유럽 방면의 4개국인 러시아, 우크라이나, 벨라루스, 몰도바 등은 민주주의 관련 지표들에서 전체적으로 동유럽 국가들에 비해 상대적으로 낮은 평가를 받고 있지만 국가 간 상당한 격차를 보이고 있다. 〈표 23〉을 보면, 러시아와 벨라루 스는 세 가지 지표에서 모두 매우 열악한 형편이고, 우크라이나와 몰도

표 23 유럽 방면 구소련 국가들의 민주주의 관련 국가지표 순위

	민주주의 지수 (2017)	언론자유 지수 (2017)	경제자유 지수 (2018)
러시아	135(Authoritarian)	148	107(Mostly Unfree)
우크라이나	83(Hybrid Regime)	102	150(Mostly Unfree)
벨라루스	138(Authoritarian)	153	108(Mostly Unfree)
몰도바	78(Hybrid Regime)	118	105(Mostly Unfree)

바의 경우는 민주주의 지수에서는 다소 나은 평가를 받고 있기는 하지만 언론자유 지수와 경제자유 지수에서는 모두 100위권 바깥의 낮은 평가를 받고 있다.

소련체제가 붕괴된 이후 러시아의 체제전환은 1991~1999년까지의 옐친(Boris Yeltsin) 통치 시기와 2000년 이후의 푸틴(Vladimir Putin) 통치 시기로 대별할 수 있는데, 양 시기는 국가 권력의 성격과 통치 형태에 있어 현격한 차이를 보이고 있다. 옐친 사임 후 임시로 대통령직을 승계했다가 2000년 대선에서 승리해 공식적으로 대통령직에 오른 푸틴은 그의 통치기에 달성된 경제 성장과 정치적 안정성 덕택에 옐친과는 달리 집권 기간 내내 국민들로부터 높은 지지를 받아 왔다. 푸틴의 통치 기간에 나타난 특징적 변화는 그의 권위주의적 통치를 바탕으로 옐친 시기의 "약한" 국가가 "강한" 국가로 변모되고, 국가를 중심으로 한 사회의 수직적 통합이 강화되었다는 점이다.[27] 이로 인해 옐친 집권기에 올리가르키(oligarchy)들이 누렸던 자율성은 약화되고, 시민사회 성장의 동력 또한 감소

---

27 자유롭고 활발한 시민단체 또는 비영리조직의 활동은 민주주의의 활성화를 위한 주요 요소 가운데 하나라고 볼 수 있는데, 최근 Ljubownikow and Crotty(2017)는 러시아의 '관리민주주의' 하에서 시민단체들이 국가에 수직적으로 통합되어 있는 상황을 밝히고 있다.

표 24 러시아 의회 선거 결과, 1992-2016

	1992	1995	1999	2003	2007	2011	2016
통합러시아당				223	315	238	343
공산당	65	157	113	52	57	92	42
자유민주당	70	51	17	36	40	56	39
공정러시아당					38	64	23
Rodina연합				37			
민중당				17			
Yabloko		45	20	4			
우파세력연합			29	3			
농민당	37	20		2			
단결			73				
조국러시아			66				
지리노프스키연합			17				
우리집러시아		55	7				
러시아공동체연합		5	1				
러시아선택	64	9					
러시아여성	23	3					
러시아통합조화	22	1					
Yavlinsky	27						
민주당	14						
시민연합	10						
무소속&기타	118	104	107	76			3
합계	450	450	450	450	450	450	450

하였다. 이에 반해 군부 및 정부기관 출신으로 정계에 진출한 "실로비키(siloviki)" 인사들의 권력과 사회적 영향력은 급격히 높아지고 언론에 대한 국가 통제 또한 강화되었다.

옐친 통치 시기와 푸틴 통치 시기는 러시아 의회인 두마 선거에서도 몇 가지 점에서 확연한 차이를 나타내고 있다(표 24 참조). 우선 옐친 통치 시기 의회 선거에서 나타나는 특징은 공산당이 여전히 의회에서 큰 비중을 차지하면서 주도권을 행사했다는 점을 꼽을 수 있다. 공산당은 1992년 최초의 자유선거에서 자유민주당에 이어 두 번째로 많은 의석을 획득했고, 1995년과 1999년 총선에서는 의석수가 더욱 늘어나 각각 157석과 113석을 획득하면서 제1당의 위치를 점하였다. 이러한 의회 내 정당 구도는 이원집정부제 하에서 옐친의 대통령 권력과 공산당이 주도하는 의회 권력 사이에 갈등이 지속되는 배경으로 작용하였다.

옐친 통치 시기 러시아 의회 정당 구도와 관련해 발견되는 또 다른 사실은 다수의 군소 정당이 의회에 진입하면서 정당 구도가 파편화되었을 뿐만 아니라 공산당과 자유민주당을 제외하고는 의회에 진출하는 정당의 교체가 활발히 이루어졌다는 점이다. 1992년부터 1999년까지 실시된 3차례의 총선에서 다수의 정당들이 신규로 의회에 진입했다가 다음 총선에서 탈락하는 양상을 보이고 있는데, 이러한 경향은 푸틴 대통령 초기인 2003년 총선까지 이어지고 있다. 하지만 2007년 총선부터는 통합러시아당, 공산당, 자유민주당, 공정러시아 등 4개의 정당이 안정적으로 의석을 확보하면서 정당 구도가 급속히 안정화되었다.

푸틴 통치 시기 의회 정당 구도에서 나타나는 또 다른 특징은 통합러시아당의 독주 체제가 형성되었다는 점이다. 푸틴의 지원 속에서 조국러시아당과 우리집러시아당(Наш Дом Россия)이 결합해 결성된 통합러시아당(Единая Россия)은 처음 참여한 2003년 총선에서 223석을 획득하며 52석 차지해 제2당으로 내려앉은 공산당과의 격차를 크게 벌리며 제1당으로 올라섰다. 통합러시아당의 독주 양상은 과반 의석을 차지한 2007년, 2011년, 2016년 총선에서도 계속되면서 러시아 의회 에서는 일당 우위의 정당 구도가 형성되었다. 가장 최근인 2016년 총선에서는 통합러시아당이 역대 가장 많은 무려 343석을 획득하면서 72.2%의 의석 점유율을 기록하였다.

우크라이나는 구소련에 속했던 국가들 가운데 가장 굴곡진 정치 과정을 겪어 온 국가라고 평가할 수 있다. 우선 통치 제도적으로 여러 차례의 변화를 겪었다. 1996년 제정된 신헌법에서 대통령과 총리가 권력을 분점 하는 이원집정부제적인 통치 제도를 채택하였는데, 4년 후인 2000년에는 국민투표를 통해 대통령의 권한을 좀 더 강화시켰다가 2006년 헌법에서는 다시 총리의 권한을 강화시키는 등 권력 구조의 설계를 두고 혼선을 경험하였고, 국회의원을 선출하기 위한 선거 제도도 수차례에 걸쳐 개정된 바 있다.

　하지만 이러한 정치 제도적인 측면보다도 더욱 근본적으로 우크라이나 정국을 혼란에 빠뜨린 요인은 민족 집단 간 갈등이었다. 전체 인구의 76%를 차지하면서 우크라이나 서부에 주로 거주하는 우크라이나인과 인구의 21%를 차지하면서 우크라이나 동부 지역에 밀집한 러시아인 사이에 존재하는 문화적 정치적 간극이 체제전환기 우크라이나 정치 과정을 민족 간 대립 상황으로 몰아갔고, 이러한 대립 상황은 서방과 러시아 사이에 놓인 우크라이나의 지정학적 위치로 인해 더욱 증폭되었다. 이러한 민족 간 갈등은 독립 이후 실시된 대통령 및 의회 선거들에서 강하게 표출되었는데, 2004년 대통령 선거 과정에서 발생한 '오렌지혁명(Orange Revolution)'이 그 대표적 사례다. 이 사건은 표면적으로 부정선거에 대한 시민적 저항의 형태를 띠었지만 실질적으로는 친 서방 노선을 표방하는 유셴코(Viktor Andriyovych Yushchenko) 후보와 친 러시아 노선을 표방하는 야누코비치(Viktor Yanukovych) 후보를 둘러싼 우크라이나 국내의 지역적 민족적 갈등 상황과 함께 서방 세계와 러시아 사이의 이해관계 대립이 빚어낸 사건이었다.

　이러한 정치적 갈등의 연장선상에서 2014년 우크라이나에서는 '유로마이단(Євромайдан)혁명'으로 불리는 또 다른 폭력적 반정부 시위 사태가 발발하였는데, 이 사건의 배경은 유셴코 대통령에 뒤이어 2010년부터 집권한 야누코비치의 친 러시아적 행보에 대한 친서방계 우크라이나 인들의 저항이었다. 이 사태로 결국 야누코비치 대통령이 러시아로 망명하면서 실권하고, 새로운 대통령 선거를 통해 친서방계 인사인 포로셴코(Petro Poroshenko)가 대통령직에 올랐다. 하지만 이후 우크라이나에서는 서부 지역의 우크라이나계와 동부지역의 러시아계 사이의 갈등이 증폭되면서 양자 사이에 폭력적 대립이 이어졌고, 급기야 우크라이나의 자치 공화국이었던 크림반도가 주민들의 투표를 통해 러시아에 합병되는 국제적 사건이 벌어지기도 하였다.

이러한 정치적 불안정에도 불구하고 민주주의의 진전이라는 측면에서, 〈표 23〉에서 보듯이, 우크라이나는 이웃인 러시아나 벨라루스보다 상당히 높은 평가를 받고 있다. 특히 2004~2005년 기간의 오렌지혁명은 우크라이나의 민주주의가 새롭게 도약하는 계기로 작용하였다. 현재 우크라이나에서는 러시아와는 대조적으로 정당의 설립과 정부에 대한 비판이 상대적으로 자유롭고, 선거 또한 상대적으로 공정하며, 시민단체 및 노조 활동이 활성화되어 있을 뿐만 아니라 소수 민족의 사회적 권리도 비교적 안정적으로 인정되고 있다. 그 결과 2016년 민주주의 지수에서 우크라이나는 현재 EU에 가입해 있는 발틱 3국을 제외한 12개 구소련 지역 국가들 가운데 몰도바와 조지아 다음으로 높은 점수를 받고 있다.

의회 선거에 초점을 맞춰 우크라이나 정치 과정을 좀 더 구체적으로 살피자면, 우크라이나에서 실시된 총선 결과를 보여 주는 〈표 25〉에서 나타나듯이, 우크라이나는 의회 내 정당 구도가 매우 불안정한 상황이다. 1990면부터 2014년까지 실시된 8차례의 총선에서 의회 진입하는 정당이 수시로 바뀌고 있을 뿐만 아니라 대다수 선거에서 신생 정당들이 다수 진입하고 있다는 것을 알 수 있다. 가장 최근인 2014년 총선만 하더라

표 25 우크라이나 의회 선거 결과, 1990-2014

	1990	1994	1998	2002	2006	2007	2012	2014
PPB								132
대중전선당								82
자생당								33
저항블럭								29
급진당							1	22
조국당							101	19
자유							37	6
지역당			2	31	186	175	185	
자유민주연합							40	
공산당	331	86	122	65	21	27	32	
대중당						20	2	
Tymoshenko블럭				22	129	156		
우리우크라이나				112	81	72		
사회당		14	35	22	33			
통합우크라이나				90				
사회민주당			17	27				
인민운동		20	46					
농민당		19	7					
기타	119	31	111	12			4	4
무소속		168	105	66			43	96
미선출		112	5	3			5	27
합계	450	450	450	450	450	450	450	450

도 총 11개의 정당이 의회에 진입하였고, 그 가운데 최초로 의회에 진입한 정당이 아닌 경우는 3개 정당에 불과하고, 의석수 1위부터 4위까지의 정당이 모두 새로이 의회에 진입한 정당이었다.

이러한 현상이 발생하게 되는 근본 요인은 우크라이나 정당들의 제도화 수준이 매우 낮은 상황에서 군소 정당이 난립하는 가운데 정치적 이해관계에 따라 정치인들과 정당들 사이의 이합집산이 활발하게 이루어지고 있기 때문이다. 이들 군소 정당들은 주로 특정 지역, 계층, 단체, 인물을 중심으로 결성된 정당들로, 2002년 총선의 경우 120개가 넘는 정당이 32개 정당연합을 구성해 서로 경쟁하기도 하였다. 2014년 총선에서 1위를 차지한 PPB(Petro Poroshenko Bloc)당을 보더라고, 이 정당은 총선 5개월 전에 실시된 대통령 선거에서 당선된 포로센코(Petro Poroshenko)의 이름을 딴 정당으로 총선이 실시되기 불과 2개월 전에 결성된 정당이었다. 사정이 이렇다 보니 정부를 구성하는 것도 쉽지 않아서 총선 때마다 여러 군소 정당이 어렵사리 연립 정부를 구성하고 있는 실정이다.

우크라이나 북쪽에 위치한 벨라루스는 서방국가들로부터 "유럽 최후의 독재국가"로 불릴 정도로 루카센코(Alexander Lukashenko)의 권위주의적 장기 집권이 이어지고 있는 국가다. 1991년 독립을 선포한 벨라루스에서는 1994년 제정된 신헌법에서 대통령중심제가 채택되었고, 그 해 실시된 임기 4년의 대통령 선거에서 루카센코가 당선되어 현재까지도 대통령직을 유지하고 있다. 루카센코는 1996년 헌법 개정을 통해 대통령 임기와 권한을 확대한 후 2001년부터 2015년까지 4차례 실시된 대통령 선거에서 매번 80% 내외의 압도적 득표율로 당선돼 집권해 왔다.

루카센코가 집권하는 동안 벨라루스에서는 국민의 기본권이 크게 억제되어 정치, 언론, 종교 등의 활동이 국가에 의해 철저히 통제되어 왔고, 일반인에 대한 감시 활동과 벨라루스 내 소수 민족인 폴란드인과 유대인에 대한 억압적 조치도 취해져 왔다. 그리고 선거에서도 신나치 운동원들을 동원해 야당을 탄압하는 등 불공정 행위가 끊이지 않았다. 2000년대 들어 벨라루스의 이러한 비민주적 통치와 인권 억압 정책은 국제사회로부터 비난의 대상의 되어 2002년에는 미국의 부시 대통령이 이란, 이라크, 북한과 더불어 '악의 축' 국가로 규정되었고, 2005년 4월 유엔은 벨라루스에 대한 인권결의안을 채택하기도 하였다.

벨라루스의 이러한 통치 상황에서, 2006년 대통령 선거 당시에는 수도인 민스크를 중심으로 선거 결과에 불만을 품인 시민들이 시위를 벌이기도 하였지만 루카셴코 대통령이 구축한 체제를 무너뜨리기에는 역부족이었다. 서방 국가들에서는 이 시위를 '청바지혁명'이라 부르는데, 2000년 세르비아에서의 '불도저혁명', 2004~2005년 우크라이나에서의 '오렌지혁명', 2003년 조지아에서의 '장미혁명(Revolution of Roses)', 2005년 키르기스스탄에서의 '튤립혁명(Tulip Revolution)' 등 체제전환기 인근 국가들에서 발행한 반체제 시위가 모두 성공한 반면 벨라루스에서의 반체제 시위는 결국 실패로 끝나고 말았다. 이렇듯 루카셴코 대통령에 의한 전체주의적이고 독재적 통치 체제가 지속되는 가운데 청바지혁명이 발생한 해인 2006년부터는 인권 탄압을 이유로 미국을 위시한 서방국가들로부터 정치경제적 제재를 받아 오고 있다.

루카셴코 대통령의 경제 정책적 측면을 보면, 그는 소련으로부터 분리 독립하는 것을 반대했을 정도로 친 소련 경향을 지녔던 관계로 집권 이후 구소련의 경제체제를 서방 국가들이 추천하는 시장지향 경제로 전환하는 것에 매우 소극적이었다. 1991~1994년 기간 동안의 과도기에 국가주석을 맡았던 슈스케비치(stanislav shushkevich)가 국가기업의 민영화와 각종 제도 개혁을 중심으로 시장경제를 향한 개혁을 적극적으로 추진했던 데 반해 루카셴코는 "사회 지향적 시장경제"를 주창하면서 오히려 과거 국가사회주의 체제의 유지에 힘썼다. 이렇듯 경제 개혁이 억제되는 가운데 벨라루스에서는 독립 이후 민영화되었던 은행들이 재 국유화되면서 80% 이상의 기업이 여전히 국가 소유로 남아 있다.

루카셴코의 독재가 이어지면서 벨라루스는 다당제를 표방하기는 해도 정당 정치의 활성화가 전혀 이루어지지 못한 형편이고, 대통령의 포고령이 입법과 동일한 효과를 지니기 때문에 의회의 정치적 역할은 극도

표 26 벨라루스 의회 선거 결과, 1995-2016

	1995	2000	2004	2008	2012	2016
공산당	42	6	8	6	3	8
노동정의공화당		2			1	3
애국당						3
통합시민당	9					1
자유민주당						1
농민당	33	5	3	1	1	
무소속	95	94	98	103	104	94
기타	19	3	1			
미선출	62				1	
합계	260	110	110	110	110	110

로 제한적일 수밖에 없는 상황이다. 벨라루스의 하원 선거를 보면, 1995
년부터 2016년까지 6차례 선거가 실시되었는데, 1995년 선거를 제외하
고는 모든 선거에서 당선자의 90% 내외가 무소속이고 정당 소속 당선자
는 10% 남짓에 머물렀다(표 26).

몰도바는 1991년 소련으로부터 분리 독립한 후 1994년 새로 제정된
헌법에서 다당제와 이원집정부제적인 정치 제도를 도입하였다가 2000
년에는 헌법 개정을 통해 내각제로 전환하였고, 대통령도 의회에서 선출
되도록 하였다가 2016년 대통령 선거부터는 직선제로 전환되었다. 몰도
바에서는 지금까지 8차례에 걸쳐 총선이 실시되었는데, 최초 1994년 선
거에서는 농민당이 승리하였지만 1998년 선거부터 2010년 선거까지는
공산당이 조기 총선을 포함해 무려 6차례 연속 승리함으로써 정국을 주
도하는 양상을 보였다. 특히 2001년, 2005년, 2009년 등 세 번의 총선에
서 공산당은 과반 의석을 확보해 정국을 독자적으로 주도할 수 있었다.

하지만 몰도바의 공산당 집권은 권위주의적 통치의 성격을 띠어 표
현의 자유를 비롯한 국민의 기본권 제한, 언론에 대한 통제, 야당 탄압

표 27 몰도바 의회 선거 결과, 1994-2014

	1994	1998	2001	2005	2009 (4월)	2009 (7월)	2010	2014
사회주의자당								25
자유민주당					15	18	32	23
공산당		40	71	56	60	48	42	21
민주당						13	15	19
자유당					15	15	12	13
우리몰도바정당연합					11	7		
민주몰도바선거블럭				34				
기독민주국민당			11	11				
Braghis연합			19					
민주광장선거블럭		26						
민주번영선거블럭		24						
민주세력당		11						
농민당	56							
사회당	28							
농민-지식인블럭	11							
기독민주대중연합	9							
합계	104	101	101	101	101	101	101	101

과 같은 억압적 통치를 수반하였고, 공산당 집권 이전에 추진된 경제 개혁도 후퇴하는 양상을 보이기도 하였다. 공산당 정부의 이러한 권위주의적 통치는 급기야 2009년 총선 직후 국민적 반발을 불러 왔다. 2009년 4월에 실시된 총선에서 공산당이 의석의 60%를 차지하며 다시금 승리를 거두자 반 공산, 친 루마니아, 친*EU* 지지자들이 주도하는 폭력적 저항이 발발하였고, 당시 의회에서 뽑도록 규정되어 있던 대통령 선출에 실패하면서 결국 의회가 해산되고 조기총선이 실시되었다.

2009년 7월 실시된 조기 총선에서도 공산당이 승리하기는 했지만 여전히 대통령 선출에 실패하면서 다음 해인 2010년 또 다시 조기 총선이 실시되었고, 이 선거에서도 공산당은 48%의 득표를 하면서 승리했지만 나머지 4개 정당이 유럽통합연합을 형성해 연립정권을 구성함으로써 공산당의 집권은 막을 내리게 되었다. 이렇듯 2009~2010년 기간 동안의 국민적 저항을 통해 이루어진 정권 교체는 당시 트위터가 시위대 조직에 중요한 수단이 되었던 관계로 국내외적으로 '트위터혁명'이라 불리고 있다. 가장 최근에 있었던 2014년 총선에서는 신생 정당인 사회당이 근소한 차로 승리함으로써 그간 공산당이 누려 왔던 제1당의 지위를 물려받았고, 공산당은 3위로 내려앉았다. 현재 몰도바 의회에는 5개의 정당이 의회에 진출해 있는데, 공산당이 주도했던 과거와는 달리 5개 정당이 의석을 균점하는 양상을 보이고 있다.

2. 발트 3국

1991년에 공식적으로 구소련으로부터 분리 독립한 에스토니아, 라트비아, 리투아니아 등의 발트 3국은 독립 과정 및 체제전환 과정에서 서로 간 유사한 경로를 밟아 왔다. 우선 소련으로부터의 독립 과정에서 서로 긴밀히 협력하는 양상을 띠어, 1989년 8월 독·소 불가침조약 50주년 기념일에는 100만 명 이상의 발트 3국 국민들이 참여해 리투아니아 수도 빌뉴스에서 라트비아를 지나 에스토니아 수도 탈린까지 총 620km에 걸친 '인간사슬' 시위를 벌이며 함께 독립을 주창하기도 하였다. 또한 발트 3국은 소련에서 분리된 국가들이 결성한 독립국가연합에 참여하지 않았고, 2004년에는 나토와 EU에 함께 가입하면서 현재 정치경제적으로나 군사적으로 서방 진영에 완전히 편입되었다.

  1990년대 초반부터 현재에 이르는 체제전환기 정치 과정에서 발트 3

국이 보여 준 특징 가운데 하나는 인근의 다른 구소련 국가들과는 달리 민주적 정치 관행이 일찍부터 확립되었다는 점이다. 대다수 구소련 국가들에서 공산체제 붕괴 이후 여러 형태의 권위주의적 정권이 들어서면서 민주화가 더디게 진척된 데 반해 발트 3국에서는 개혁 초기부터 정치 활동 및 언론의 자유가 보장되었고, 선거의 공정성도 높은 수준으로 유지되었다. 발트 3국은 또한 국내 경제면에서도 구소련 국가들에 비해 보다 적극적으로 시장경제로의 전환을 추구하였다. 물론 경제개혁 과정이 결코 순탄한 것은 아니었지만 현재 이들 국가들에서는 자본주의 시장경제의 기본 틀 속에서 경제 운용이 이루어지고 있다고 평가할 수 있다(진승권, 2010).

발트 3국의 이러한 정치경제적 상황은 이들 나라들에 대한 국제적 평가에서도 그래도 반영되어 있다. 〈표 28〉에 나타나 있듯이, 발트 3국은 민주주의 지수, 언론자유 지수, 경제자유 지수 등 세 측면에서 모두 유럽 선진국 수준의 평가를 받고 있다. 특히 에스토니아의 언론자유도와 경제자유도는 전 세계 최고 수준이고, 리투아니아의 경제자유도 또한 세계 10위권에 이르고 있다.

발트 3국은 독립 후 통치 제도상 약간의 차이를 보여서 에스토니아와 라트비아가 내각제를 채택한 반면 리투아니아는 이원집정부제를 채택하긴 했지만 정치 과정 및 정당 구도에 있어서도 상당한 유사성을 보이고

표 28 **발트 3국의 민주주의 관련 국가지표 순위**

	민주주의 지수 (2017)	언론자유 지수 (2017)	경제자유 지수 (2018)
에스토니아	30(Flawed Democracy)	12	7(Mostly Free)
라트비아	40(Flawed Democracy)	28	28(Mostly Free)
리투아니아	37(Flawed Democracy)	36	19(Mostly Free)

표 29 에스토니아 의회 선거 결과, 1992-2015

	1992	1995	1999	2003	2007	2011	2015
개혁당		19	18	19	31	33	30
중도당	15	16	28	28	29	26	27
사회민주당					10	19	15
Patria&Publica연합					19	23	14
자유당							8
보수대중당							7
국민연합				13	6		
공화당(Publica)				28			
온건국민당		6		6			
조국연합	29	8	18				
온건당	12		17				
에스토니아연합당	17	41	7				
기타	28	11	13	7	6		
합계	101	101	101	101	101	101	101

있다. 가장 특징적인 유사성은 세 나라 모두 의회 내 정당 구도가 파편화
된 양상을 보여 왔다는 점이다. 세 나라에서는 지금까지 실시된 총선에
서 특정 정당이 과반을 확보한 경우가 찾아보기 힘이 들었으며, 그에 따
라 정부 구성은 대부분 정당들 간의 협상과 타협을 통해 연립의 형태로
이루어질 수밖에 없었다. 또한 이들 세 나라에서는 2000년대 초까지 총
선 때마다 정당의 의회 진입과 퇴출이 활발하게 일어나는 것을 발견할
수 있는데, 2000년대 들어서는 의회에 진출하는 정당이 어느 정도 안정
화되는 경향을 보이고 있다는 점 또한 유사하다.

에스토니아의 경우를 보면, 매 총선에서 의회에 진출하는 정당이 크
게 달라지는 것을 알 수 있고, 가장 최근인 2015년 총선에서 의회에 진입
한 6개 정당 가운데 1990년대부터 존재한 정당은 개혁당과 중도당 두 정
당에 불과하다. 이 두 정당은 모두 중도적 성격을 지니는 정당으로 2015

표 30 **라트비아 의회 선거 결과, 1993-2014**

	1993	1995	1998	2002	2006	2010	2011	2014
조화					17	29	31	24
단합						33	20	23
녹색농민연합				12	18	22	13	21
국민연대						8	14	17
라트비아지역연합								8
라트비아위한당								7
자틀러개혁당							22	
민중당			24	20	23			
신시대				26	18			
라트비아제1당-제3의길				10	10			
조국자유	6	14	17		8			
라트비아인권연합				25	6			
라트비아의길	36	17	21					
국민조화당	13	6	16					
민주당		18						
대중운동		16						
농민연합-기독자유연합	12	8						
전국독립운동-녹색당	15	8						
기타	18	13	22	7		8		
총의석	100	100	100	100	100	100	100	100

년 총선에서 각각 제1당과 제2당으로서 에스토니아 정국을 이끌고 있다.

에스토니아와 마찬가지로 라트비아에서도 파편화된 정당 구도 속에서 대부분의 총선에서 정치적 이합집산이 이루어지는 가운데 매 선거마다 의회로의 진입과 퇴출이 활발히 이루어졌고, 2010년 총선부터 어느 정도 안정화되는 양상을 보이면서 2010년, 2011년, 2014년 등 세 차례의 총선에서 조화당, 단합당, 녹색농민연합, 국민연대당 등 4개의 정당 및 정당연합이 꾸준히 안정적으로 의석을 확보해 왔다. 하지만 2011년과

표 31 **리투아니아 의회선거 결과, 1992-2016**

	1992	1996	2000	2004	2008	2012	2016
농민녹색연합		1	4	10	3	1	54
조국연합		70	9	25	45	33	31
사회민주당	8	12	19	20	25	38	17
자유운동					11	10	14
질서정의				10	15	11	8
민주노동당	73	12	26	39	10	29	2
폴란드인선거운동	4	1	2	2	3	8	8
국가부흥당					16		
자유중도연합				18	8		
신 연합			29	11	1		
자유연합		4	34				
기독민주당	18	16	2				
중심연합	2	13	2				
Sajudis	30						
기타	5	7	11			7	3
무소속	1	4	3	6	4	3	4
합계	141	140	141	141	141	140	141

2014년 총선에서 조화당이 연달아 승리하기는 했어도 여러 정당이 의석을 균점하면서 어느 정당도 정국을 주도할 수 있는 만큼의 의석은 확보하지 못하고 있다.

리투아니아도 지금까지 실시된 총선 결과가 전체적으로 볼 때 에스토니아와 라트비아와 비슷한 양상을 띠고 있다. 하지만 리투아니아의 경우 의회에 진출한 정당의 수가 더 많고, 지금까지 실시된 7번의 총선에서 단 한 차례도 제1당의 지위를 연달아 유지한 정당이 없다는 점이 다소 특이한 점이라 하겠다.

3. 코카서스 3국

조지아, 아르메니아, 아제르바이잔 등 흑해와 카스피 해 사이에 위치한 코카서스 3국은 지리적으로는 서로 국경을 맞대고 있는 국가이지만 구 소련 붕괴 이후 체제전환의 양상과 정치 경로가 서로 상당한 차이를 보이고 있다. 현재 이들 국가들은 민주화 관련 국가지표에 면에서 전체적으로 발트 3국에 비해 큰 격차를 보이며 낮은 평가를 받고 있다. 각국을 개별적으로 보면, 민주주의 지수, 언론자유 지수, 경제자유 지수면에서 모두 조지아가 가장 앞선 평가를 받고 있는데 반해 아르메니아와 아제르바이잔은 100위권 밖에 위치해 상대적으로 열악한 평가를 받고 있다. 특히 아제르바이잔의 민주주의와 언론자유 수준은 매우 낮아서 전체 평가 대상국들 가운데 최하위 그룹에 속하는 수준이다.

조지아는 1991년 독립과 더불어 다당제에 기초한 의회민주주의 체제를 표방하고 이원집정부제적인 통치 제도를 채택하였다. 그런데 1991년 최초의 직선 대통령이 선출된 이후 조지아는 내전, 혁명, 소련과의 전쟁 등 수 차례의 심각한 정치적 불안정과 갈등을 경험하였다. 조지아의 정치상황을 불안정하게 만든 최대 변수는 러시아와의 국경 지역에 위치한 압하지야와 남오세티야 분리 독립 문제로서 이 문제는 1991~1993년 기간의 내전과 2008년 러시아-조지아전쟁으로까지 비화되었다.

표 32 **코카서스 3국의 민주주의 관련 국가지표 순위**

	민주주의 지수 (2017)	언론자유 지수 (2017)	경제자유 지수 (2018)
조지아	79(*Hybrid Regime*)	64	16(*Mostly Free*)
아르메니아	111(*Hybrid Regime*)	79	44(*Moderately Free*)
아제르바이잔	148(*Authoritarian*)	162	67(*Moderately Free*)

조지아가 겪었던 혼란스런 정치 과정을 개관하자면, 1991년 유혈 쿠데타가 발생해 대통령이 축출되고, 이어진 내전 상황에서 쿠데타에 가담했던 소련 외무장관 출신의 셰바르드나제(Eduard Amvrosiyevich Shevard-nadze)가 국가평의회 의장으로서 조지아를 이끌게 된다. 내전 종식 후 1995년 새로이 제정된 헌법에서 이원집정부제적인 통치 제도를 채택하고, 그 해 실시된 대통령 선거에서 셰바르드나제가 국민들의 압도적 지지로 대통령에 당선되었고, 그는 2000년 다음 대통령 선거에서도 부정선거 논란에도 불구하고 재선에 성공하였다. 하지만 2003년 총선에서 다시금 부정선거 논란이 불거지면서 결국 사카쉬빌리(Mikheil Saakashvili)를 비롯한 집권당의 주요 인사들과 크마라라는 시민운동 단체가 가담한 대중 저항을 통해 셰바르드나제가 사임하게 되고, 2004년 대통령 선거를 통해 사카쉬빌리가 새로운 대통령으로 선출되었다. 셰바르드나제를 축출한 2003년의 이 사건은 '장미혁명'으로 불리고 있다(진승권, 2010).

사카쉬빌리 대통령 집권기에도 정치적 불안정은 이어져서, 그가 2008년 대통령 선거에서 연임에 성공했음에도 불구하고, 2007년 정부 인사들의 부정부패에 항의하는 대중 시위가 수차례 발생하였고, 이원집정부제적인 통치 형태에서 대통령과 의회 권력의 배분을 놓고도 양자 간에 상당한 갈등과 혼란이 이어지기도 하였다. 대통령과 의회 사이의 권력 배분 문제는 2013년 새로이 선출된 마르그벨라쉬빌리 대통령이 2010~2013년 기간 동안 의회가 통과시킨 헌법 개정안에 동의해 대통령의 권한을 상당 부문 축소시키면서 해결되었다.

한편 조지아 의회의 정당 구도는 크게 불안정한 모습을 보여 왔다. 총선 때마다 많은 수의 정당들이 의회에 새로 진입하였고, 대다수 기존 정당들은 선거 후 의회에서 퇴출되었다. 그래서 대부분의 정당의 의회 존속 기간이 짧은데, 2016년 총선에서 의회에 진출한 정당들 가운데 가장

표 33 조지아 의회 선거 결과, 1992-2016

	1992	1995	1999	2003	2004	2008	2012	2016
조지아꿈							85	115
통합국민운동				32	135	119	65	27
애국연대								6
산업당			15					1
저항연합블럭						17		
우파저항					15			
신조지아				38				
조지아민주부흥연합				33				
노동당			2	20				
국민민주당	14	34		15				
신우파당				12				
시민연합		108	131					
부흥연합		31	58					
평화블럭	35							
10월11블럭	19							
단결블럭	15							
녹색당	11							
민주당	10							
차트91	10							
기타	51	31	12			14		
무소속	60	29	17					1
합계	225	233	235	150	150	150	150	150

오랜 기간 의석을 확보했던 정당은 과거 사카쉬빌리 대통령이 창당한 통합국민운동으로 2003년 총선부터 5차례 연속 의회에 진입하였고, 현재 제1당인 조지아꿈당은 불과 최근 2번의 선거에서만 의석을 획득한 정당이다.

조지아 총선에서 발견되는 또 하나의 특징적인 사실은 이원집정부하에서 대통령 소속 정당이 의회를 장악해 왔다는 점이다. 셰바르드나제

대통령 당시에 실시된 총선에서는 시민연합이 제2당과는 큰 격차를 보이는 압도적 제1당이었고, 사카쉬빌리 대통령 당시에는 그가 창당한 통합국민운동이 의회의 절대다수 의석을 확보하였다. 현재에도 현 대통령인 마르그벨라쉬빌리(Giorgi Margvelashvili) 대통령의 소속 정당이었던 조지아꿈당이 총 150개 의석 가운데 115개 의석을 차지해 압도적 제1당인 상태다.

아르메니아는 소련으로부터 독립한 후 이원집정부제를 채택하고 새로운 출발을 시작하였으나 1990년대 초반에는 이웃한 아제르바이잔 내의 아르메니아인 거주지인 나고르노-카라바크 지역을 둘러싼 갈등과 전쟁으로 인해 정치적 불안정과 심각한 경제적 타격을 경험하였다. 나고르노-카라바크 문제는 1990년대 후반과 2000년대 들어서도 아르메니아의 정치 과정에 영향을 미쳐서 1998년에는 테르-페트로시안(Ter-Petrossian) 대통령이 국제사회가 개입한 나고르노-카라바크 평화 방안의 추진 과정에서 사임하기도 하였다.

아르메니아에서는 대통령 및 의회 선거 과정에서도 불안정한 모습이 연출되어 2003년에 실시된 대통령 선거와 의회 선거 후 부정선거에 항의하면서 대통령의 재신임을 요구하는 국민들의 시위가 발생하였고, 2008년 대통령 선거 후에도 수도인 예레반에서 부정선거에 항의해 10만 명 이상이 참여하는 대규모 군중 시위가 발생하기도 하였다. 대통령 선거를 둘러싼 이러한 갈등을 겪고 나서 아르메니아에서는 2015년 국민투표를 통해 이원집정부제적인 통치 제도가 내각제로 바뀌었다. 이에 따라 대통령의 직무가 상징적이고 의전적 역할로 축소되고, 대통령 선출도 7년에 한 번씩 의회 간선으로 이루어지게 되었다.

체제전환기 아르메니아 총선을 보면, 전체적으로 보수 정당인 공화당이 일당 주도적인 지위를 이어 왔다. 1995년부터 2017년까지 진행된 6번

표 34 아르메니아 의회선거 결과, 1995-2017

	1995	1999	2003	2007	2012	2017
공화당	88	62	33	64	69	58
번영아르메니아				18	37	31
출구연합						9
아르메니아혁명연합	1	8	11	16	5	7
유산				7	5	
법지배		6	19	9		
정의당			14			
공산당	10	10				
전국민주연합	5	6				
기타&무소속	84	39	52	17	15	
미선출	2		2			
합계	190	131	131	131	131	105

의 총선에서 공화당은 모두 승리하였고, 특히 최근 지난 두 번의 총선에서 모두 과반 의석을 확보하고 있다(표 34). 이로써 아르메니아는 의회에 다수의 정당이 진출해 있긴 하지만 일당 주도적인 양상을 보이고 있다고 말할 수 있다.

아르메니아와 국경을 맞댄 아제르바이잔은 공산 지도자였던 헤이다르 알리예프(Geidar Ali Rza Ogly Aliyev)와 그의 아들 힐함 알리예프(Ilham Heydar oglu Aliyev)의 세습적 장기 집권으로 특징 지워진다. 독립과 더불어 아제르바이잔 공산당 서기장이었던 무탈리보프(Ayaz Mutalibov)가 초대 대통령을 맡게 되지만, 구 공산 집권 세력에 저항하는 인민전선당(Popular Front Party)이 정치적 주도권을 얻게 되면서 실시된 1992년 대통령 선거에서 인민전선당의 지도자인 엘치베이(Ebulfez Elcibey)가 2대 대통령에 당선되었다. 하지만 인민전선당이 주도하는 정부가 아르메니아와의 나고르노-카라바크 지역을 둘러싼 분쟁과 경제 상황 악화로 1993

년 쿠데타가 발생해 엘치베이가 축출되고 공산지도자였던 헤이다르 알리예프가 3대 대통령직에 올랐다.

1998년 76%의 지지율로 재선된 알리예프가 2003년 사망한 이후, 그의 아들 힐함 알리예프가 2003년과 2008년 연속으로 국민들의 압도적 지지 속에서 대통령에 당선됨으로써 알리예프 부자의 대를 이은 통치가 이루어지게 되었다. 알리예프 부자의 이러한 권력 독점에는 선거의 불공정성, 표현과 집회의 자유에 대한 제한, 언론 통제 등 정부의 비민주적 사회 통제가 그 배경에 자리 잡고 있다. 이런 연유에서, 앞서 언급했듯이, 민주주의 관련 국가지표들에서 아제르바이잔은 매우 낮은 평가를 받고 있다. 다른 코카서스 국가들과 비교했을 때도, 아제르바이잔은 조지아는 물론이고 아르메니아에 비해서도 그 평가가 낮다.

하지만 이러한 권위주의적 통치에도 불구하고 아제르바이잔이 지닌 풍부한 석유 자원은 아제르바이잔 경제가 소련 해체 이후 겪은 경제적 어려움을 극복하는 데 중요한 요소가 되었을 뿐만 아니라 정치적 안정성을 유지하는 데에도 긍정적 요인으로 작용하였다. 특히 2000년대 중반까지 세계 유가가 고공 행진을 거듭하는 속에서 아제르바이잔은 전 세계적으로 가장 빠른 경제 성장을 기록하기도 하였다. 이러한 경제적 성장에 따른 국민적 지지 속에서 아제르바이잔 정부는 2009년 실시된 국민투표를 통해 대통령의 임기 제한을 철폐하고 언론 자유를 더욱 제한하는 헌법 개정안을 통과시킴으로써 알리예프의 장기집권을 위한 제도적 기반은 더욱 공고화되었다(진승권, 2010). 알리예프 대통령은 2013년 대통령 선거에서도 84.5%의 압도적 득표율로 당선되어 집권을 계속하고 있다.

아제르바이잔 의회의 정당 구도를 보면, 1995년부터 2015년까지 5차례 실시된 의회 선거에서 신아제르바이잔당이 압도적 제1당의 지위를 지니고, 나머지 의석도 다른 정당들보다는 무소속 의원들로 채워져 있

표 35 아제르바이잔 의회 선거 결과, 1990-2015

	1995	2000	2005	2010	2015
신아제르바이잔당	59	75	61	71	69
시민유대당		3		3	2
조국당				2	
자유			6		
인민전선	4	6			
평등당		2			
공산당		2			
국가독립당	3	2			
기타	7	5	12	10	11
무소속	52	30	46	39	43
합계	125	125	125	125	125

다. 따라서 아제르바이잔은 공식적으로 다당제를 채택을 하고는 있지만 실제로는 신아제르바이잔당이라는 하나의 정당이 지배하는 국가라고 해도 무방할 정도다.

4. 중앙아시아 5국

구소련으로부터 분리 독립 후 카자흐스탄(Kazakhstan), 우즈베키스탄, 투르크메니스탄, 타지키스탄, 키르기스스탄(Kyrgyz) 등 중앙아시아 지역 5개 국가들의 정치 과정을 살펴보면 몇 가지 두드러진 공통점을 발견할 수 있는데, 우선 현재 내각제를 채택하고 있는 키르기스스탄을 제외한 나머지 모든 국가들이 대통령제를 채택하고 있다는 점을 들 수 있다. 아시아와 동유럽 지역의 국가들 가운데 정부 형태를 대통령 중심제로 채택하고 있는 국가는 이들 국가 외에 벨라루스에 불과하다.

표 36   중앙아시아 5개국의 민주주의 관련 국가지표 순위

	민주주의 지수 (2017)	언론자유 지수 (2017)	경제자유 지수 (2018)
카자흐스탄	141(Authoritarian)	157	41(Moderately Free)
우즈베키스탄	158(Authoritarian)	169	152(Mostly Unfree)
투르크메니스탄	162(Authoritarian)	178	169(Repressed)
타지키스탄	160(Authoritarian)	149	106(Mostly Unfree)
키르기스스탄	96(Hybrid Regime)	89	78(Moderately Free)

또 다른 두드러진 특징은 중앙아시아 지역의 민주화 진전이 전 세계 체제전환 지역들 가운데 가장 더디다는 점이다.[28] 중앙아시아 국가들에서는 특정 지도자의 권위주의적 장기 집권이 이어지면서 민주주의로의 체제전환이 이루어지지 않았거나 매우 미약한 수준에 머물러 있다. 이는 〈표 36〉에서 잘 드러나 있는데, 카자흐스탄, 우즈베키스탄, 투르크메니스탄, 타지키스탄 등의 민주화 관련 지표는 전 세계적으로 최하 등급 수준에 머물러 있고, 2005년 '튤립혁명'을 겪으며 기존 정치체제에 변화가 생긴 키르기스스탄 정도만 민주주의 지수, 언론자유 지수, 경제자유 지수 등이 100위권 살짝 안쪽에 위치하고 있을 뿐이다. 다만 카자흐스탄의 경우 정치적 민주화 또는 언론 자유화 정도에 비해 경제적 자유화의 수준은 상대적으로 매우 높게 나타나고 있다.

국가별로 개관하자면, 우선 카자흐스탄은 1991년 구소련 국가들 가운데 제일 마지막으로 분리 독립을 선포한 후 정부 형태를 대통령 중심제로 채택하고 그 해 대통령 선거를 실시하였다. 그 선거에서 공산체제 당시 지도자였던 나자르바예프(Nursultan Nazarbayev)가 당선되었는

---

28   중앙아시아 지역에서 민주화가 뒤처진 요인들에 대한 최근의 분석으로는 Sharshenova and Crawford(2017), Omelicheva(2015) 참조.

데, 그는 여러 차례의 새로운 헌법 제정이나 개정을 통해 지금까지도 대통령직을 수행해 오고 있다. 2007년에는 의회가 대통령 임기를 5년으로 단축하는 대신 임기 제한을 철폐함으로서 그의 집권은 더욱 연장될 수 있게 되었다. 그는 1991년 이후 실시된 4차례의 대통령 선거에서 모두 압도적으로 승리하였는데, 1999년 선거를 제외한 나머지 2005년, 2011년, 2015년 대통령 선거에서 모두 90% 이상의 득표율을 올렸고, 가장 최근의 대통령 선거인 2015년 선거에서는 무려 97.8%의 득표율을 기록하기도 하였다.

하지만 앞서 카자흐스탄의 민주주의 수준에 대한 평가가 매우 낮은 데서 유추해 볼 수 있듯이, 서방 국가들에서는 독립 이후 카자흐스탄에서의 선거가 자유롭고 공정하지 못하다고 평가하고 있다. 또한 카자흐스탄 정부는 언론 검열, 정보유통 제한, 특정 종교 활동 철폐 등의 정책을 지속해 왔고, 총리 및 14개 주지사 선정도 선거가 아닌 대통령에 의한 임명 방식을 고수하고 있다. 이러한 정부의 권위주의적 통치에도 불구하고 경제적으로는 체제전환기 동안 꾸준히 자유화 및 민영화 정책을 견지해 온 결과 화폐의 태환화, 임금 자유화, 경제 개방 등에서 현재 카자흐스탄에서는 시장경제를 향한 상당한 진척이 이루어졌고, 2000년대 들어서는 국내에 매장된 석유, 천연가스, 광물 등 다양한 천연자원을 바탕으로 괄목할 만한 경제 성장을 달성하기도 하였다(진승권, 2010).

카자흐스탄의 의회는 양원제인데, 하원의 경우 나자르바예프 대통령 주도하에 2006년 조국당, 시민당, 더불어당, 농민당 등 4개 정당을 결합해 결성한 찬란한조국당이 2007년 총선부터 의회를 지배해 왔다(표 37). 2007년 총선에서는 찬란한조국당이 88%의 득표율을 올리며 98개의 의석 전체를 독차지하기도 하였고, 가장 최근인 2016년 총선에서의 총 98개 의석 가운데 84개의 의석을 차지해 여전히 1당 지배적 정당 구도가 형성되어 있다.

표 37 카자흐스탄 의회 선거 결과, 1999-2016

	1999	2004	2007	2012	2016
찬란한조국당			98	83	84
조국당	23	42			
민주당		1		8	7
공산당	3			7	7
농산업노동자연합블럭		11			
시민당	13				
노조연합	11				
기타	4	5			
무소속	23	18			
합계	77	77	98	98	98

소련으로부터 분리 독립 후 우즈베키스탄에서는 소련 공산체제 붕괴 이전부터 공산당 서기장과 대통령직을 수행하던 카리모프(Islam A. Karimov)가 1991년 86%라는 절대다수 득표로 최초의 직선제 대통령으로 선출되었는데, 그의 통치는 2016년 그가 사망할 때까지 이어졌다. 카리모프의 장기 집권이 가능했던 것은 1995년 국민투표를 통해 그의 임기가 2000년까지로 연장되고, 2000년에는 92%의 득표로 7년 임기의 대통령에 당선된 데다가 2007년에는 연임 제한에 대한 논란에도 불구하고 자유민주당 후보로 출마하여 당선되었기 때문이다. 그는 2015년 대통령 선거에서도 90.4%의 득표율을 기록하며 다시금 대통령에 당선되었지만 임기 도중 사망하였다.

카리모프 대통령 사망 후 2016년 말에 실시된 대통령 선거에서는 임시 대통령이었던 자유민주당 소속의 미르지요예프(Shavkat Mirziyoyev) 후보가 88.6%의 득표율로 대통령에 당선되어 현재까지 집권하고 있다. 미르지요예프 대통령이 2003년부터 2016년까지 카리모프 대통령으로부터 임명받은 총리직을 수행한 인물이라는 점을 감안한다면 미르지요예프 대통령의 집권은 카리모프 대통령 집권의 연장선상에 있는 것으로 간주할 수 있다.

앞서 지적한 바와 같이, 우즈베키스탄은 민주화의 전반적 수준이 투르크메니스탄이나 타지키스탄과 더불어 중앙아시아 국가들 가운데서도 최악인 것으로 평가받고 있는데, 이렇듯 낮은 평가를 받는 데에는 선거가 공정하게 실시되지 못하고 있을 뿐만 아니라 언론, 집회 및 결사, 종교 등 국민들의 기본권이 보장되지 못하고 있는 것이 가장 큰 요인으로 작용하고 있다고 말할 수 있다. 특히 2005년 시위 당시 민간인 수백 명이 희생된 '안디잔학살'은 우즈베키스탄 인권 유린의 상징적 사건이 되고 있다. 또한 우즈베키스탄은 경제적 측면에서도 개혁이 매우 느리게 진행된 결과 여전히 관료적 통제가 강하게 남아 있고, 그에 따라 자율적 사적 경제 부분의 형성도 매우 제한되고 있다.

우즈베키스탄의 의회는, 〈표 38〉에 나타난 바와 같이, 카자흐스탄과는 다르게 의석이 여러 정당에 골고루 분포되어 있는 편이다. 과거 카리모프 대통령이 당원이었고 현 미르지요예프 대통령이 소속된 자유민주

표 38 우즈베키스탄 의회 선거 결과, 1995-2015

	1995	1999	2005	2010	2015
자유민주당	69		41	53	52
국가부흥민주당		10	11	31	36
인민민주당		49	28	32	27
정의사회민주당		11	10	19	20
환경운동					15
헌신민주당		34	18		
조국진보당	14	20			
무소속		16	12		
지방위원회 추천	167	110			
합계	250	250	120	135	150

당의 경우에도 의회 내에서 과반 의석을 차지하지는 못하고 있다. 하지만 우즈베키스탄에서 야당의 활동이 다른 중앙아시아 국가들에 비해 상대적으로 활성화되어 있긴 해도 지금까지는 다양한 정치적 제약으로 야당이 의회의 제1당으로 올라서거나 대통령 선거를 통해 정권을 교체하기에는 역부족인 상황이 지속되고 있다.

투르크메니스탄은 1991년 독립과 더불어 대통령제를 채택해 선거를 실시한 결과 독립 이전 공산당 지도자였던 니야조프(Saparmurat Niyazov) 후보가 당선되어 초대 직선 대통령이 되었다. 그는 1994년 국민투표를 통해 10개년 발전계획을 집행한다는 명목으로 대통령 임기를 2002년까지 연장하였고, 1999년에는 다시 의회가 그를 종신 대통령으로 선포하였다. 하지만 개인 우상화에 기초한 니야조프의 장기 독재 집권은 2006년 갑작스런 그의 사망으로 마감되고 말았다. 그러자 대통령직은 니야조프에 이어 2인자였던 베르디무하메도프(Gurbanguly Berdymukhammedov)가 이어받았고, 그는 지금까지 2007년, 2012년, 2017년 등 3차례에 걸친 대통령 선거에서 압도적 득표율을 기록하며 집권하고 있다.

앞서 언급하였듯이, 투르크메니스탄은 민주화의 진전, 언론자유, 경제자유 등의 측면에서 중앙아시아 국가들 가운데서도 가장 뒤처진 국가로서 언론은 정부에 의해 전적으로 통제되고 있고, 국가로부터 인정된 러시아정교와 수니파 이슬람 이외의 어떠한 종교 활동도 엄격히 제한되고 있다. 또한 5년 임기의 판사들도 대통령이 임명함으로써 사법부가 행정부에 종속되어 있고, 의회도 행정부로부터 독립적이지 못한 형편이다. 한편, 투르크메니스탄 국가통치의 재정적 기반은 석유와 천연가스와 같은 천연자원으로 니야조프는 1991년 포고령을 발표해 수도, 가스, 전기, 정제소금 등을 10년간 무료로 공급하도록 하고, 나중에 그것을 2020년까지로 연장하기도 하였다(진승권, 2010).

표 39 **투르크메니스탄 의회선거 결과, 2004-2013**

	2004	2008	2013
민주당	50	125	47
노조			33
여성연합			16
산업기업가당			14
청년당			8
시민그룹			7
합계	50	125	125

　니야조프 통치기간 중 투르크메니스탄에서는 오직 구공산당인 민주당만이 존재하다가 베르디무하메도프 대통령 집권 후인 2008년 신헌법이 인민위원회에서 채택되면서 기존의 인민위원회가 폐지되는 대신 의회의 규모가 확대됨과 동시에 다당제가 도입되었다. 신헌법이 채택되고 2008년 최초로 실시된 총선에서는 미처 야당이 제대로 형성되지 못한 상황에서 민주당이 총 125석인 의회 의석을 모두 차지하는 사태가 벌어지기도 하였다(표 39). 가장 최근인 2013년 총선에서는 민주당 외에도 다른 정당들이 의회에 진입하기는 했지만 그 정당들은 정권을 실질적으로 견제할 수 있는 역할을 한다기보다는 다당제의 구색을 갖추기 위해 정부의 주도하에 설립된 정당들이라고 볼 수 있다. 따라서 현재 투르크메니스탄은 공식적으로 다당제를 채택하고는 있지만 실제로는 일당제를 벗어나지 못하고 있는 상황이라고 하겠다.

　타지키스탄은 1991년 독립을 선포하고 새로운 통치 체제를 형성하는 과정에서 지역적, 종교적 갈등으로 인한 내전이 1992년부터 1997년까지 장기간에 걸쳐 발생하였다는 점에서 다른 중앙아시아 국가들과는 대조를 이룬다. 이 내전은 독립 이전 공산당 지도자였던 나비예프(Рахмон Набиев)가 1991년 대통령에 당선된 것에 대한 저항이 일면서 시작되었는데, 나비예프 정부에서 상대적으로 소외된 지역인들을 중심으로 결성된 타지크저항연합이 1992년부터 정부에 대한 무력 투쟁을 전개하면서 격화되었다. 10만 명에 이르는 희생자를 초래한 이 내전은 1997년 *UN*을 비롯한 국제사회가 개입한 평화협정이 체결됨으로써 종식될 수 있었다.

한편 내전 종식 이후 진행된 타지키스탄의 정치 과정도 다른 중앙아시아 국가들과 마찬가지로 독재적 장기 집권으로 특징 지워진다. 내전기에 1992년 쿠데타로 물러난 나비예프를 대신해 임시 대통령직을 맡았던 라모노프(Эмомали Шарифович Рахмонов)는 1994년 실시된 대통령 선거에서 승리함으로써 정식으로 대통령직에 올랐고, 그 이후 1999년, 2006년, 2013년 등 세 번의 대통령 선거에서 압도적으로 승리하면서 지금까지 집권해 오고 있다.[29]

타지키스탄의 정당 구도를 보면, 타지키스탄에서는 양원제 의회 제도 하에서 상하원 모두를 집권당인 인민민주당(Hizbi Demokrati-Khalkii Tojikston)이 지배해 오고 있다. 하원의 경우 2000년부터 2015년까지 실시된 선거에서 인민민주당이 모두 과반 의석을 차지하였고, 가장 최근인 2015년 선거에서도 총 65석의 의석 가운데 인민민주당이 51석을 차지하면서 압승을 거둔 가운데 몇몇 군소 정당이 소수의 의석을 나누어 가졌다. 따라서 타지키스탄도 형식적으로는 다당제를 채택하고는 있으나 실제적으로 일당제와 거의 다름없는 통치가 이루어지고 있다고 볼 수 있다.

키르기스스탄도 다른 중앙아시아 국가들과 마찬가지로 장기 독재를 경험하였다. 하지만 키르기스스탄이 다른 중앙아시아 국가들과 비교해

---

29   타지키스탄 대통령 임기는 2004년 대통령 선거 당시 5년이었으나 1999년 대통령 선거에서 7년으로 늘어났고, 2003년에는 국민투표를 통해 라모노프 대통령이 임기 후에도 2회 더 대통령 임기를 수행할 수 있도록 헌법이 개정되었다.

표 40 타지키스탄 하원 선거 결과, 1995-2015

	1995	2000	2005	2010	2015
인민민주당		36	49	55	51
농민당				2	5
경제개혁당				2	3
공산당	60	13	4	2	2
이슬람부흥당		2	2	2	
기타	8		3		2
무소속	113	10	5		
합계	181	61	63	63	63

한 가지 대조적인 점은 현재 장기 독재가 끝난 상황에서 다당제가 활성화되고 민주화의 진전이 이루어져 있다는 점이다. 키르기스스탄의 장기 독재는 1991년 독립 후 2000년대 초반까지 진행되었다. 기존의 공산당 지도자였던 아카예프(Askar Akayev)가 1991년 실시된 대통령 선거에 단독으로 출마해 95.4%의 지지율로 당선되었는데, 그의 권위주의 통치는 2005년 '튤립혁명'을 통해 그의 집권이 종식될 때까지 14년에 걸쳐 지속되었다. '제1차 키르기스혁명'으로도 불리는 이 튤립혁명은 2000년대 들어 아카예프의 권위주의 통치에 대한 산발적 저항이 이어지다가 2005년 의회 선거를 둘러싸고 시작되었다. 선거 직후 선거 부정에 항의하는 대규모 반정부 시위가 발생하였는데, 이 같은 정치적 혼란 속에서 결국 15년간 장기 집권했던 아카예프 대통령이 사임하고 러시아로 망명함으로써 이 정치적 사건은 종결되었다.

튤립혁명 이후 키르기스스탄의 정치 상황은 여전히 상당히 불안정한 모습을 연출하였다. 2005년 대통령 선거에서 바키예프(Kurmanbek Sali-yevich Bakiyev)가 새로운 대통령에 당선되었고, 그는 2006년 새로운 헌법을 제정해 대통령의 권한을 상당 부분 의회와 행정부로 위임하는 조치를 취하기도 하였다. 하지만 바키예프 집권 기간은 부정부패와 범죄, 다수의 유명 국회의원이 살해되는 사건, 경제적 혼란, 지속되는 반정부 시위로 등으로 얼룩졌다. 2009년 바키예프 대통령이 재선에 성공하기는 했지만 결국 2010년 발생한 대규모 반정부 시위 및 수천 명이 사망하는 키르기스인과 우즈베키스탄인 사이의 민족 집단 간 폭력적 대립이 발행하는 상황이 이어지면서 그의 통치는 종식을 고하지 않을 수 없었다. 이 사건은 '제2차 키르기스혁명'으로 불리고 있다.

바키예프가 축출된 제2차 키르기스혁명 이후 정치 제도적 변화가 이루어지는 가운데 키르기스스탄의 정치 상황은 점차 안정화되었다. 외무장관이었던 오툰바예바(Roza Otunbayeva)가 임시 대통령에 취임하고, 2010년 국민투표를 통해 신헌법이 제정돼 통치 형태가 대통령제에서 내각제로 바뀌면서 키르기스스탄 정치 활동의 중심은 의회로 넘어 왔고, 신헌법 제정 이후 2010년과 2015년 두 차례 실시된 총선에서 다당제적 정당 구도가 형성되었다. 그 두 번의 선거에서 5~6개의 정당이 의회에

표 41 **키르기스스탄 의회 선거 결과, 2007-2015**

	2007	2010	2015
사회민주당	11	26	38
공화당		23	28
키르기스스탄당			18
진보			13
Bir Bol			12
사회당		18	11
조국당		28	
존엄당		25	
하얀길(Ak-Zol)	71		
공산당	8		
합계	90	120	120

진출한 가운데 현재는 사회민주당이 제1당으로서 연립정부를 이끌고 있다. 이러한 변화가 이루어지면서, 앞서 보았듯이, 키르기스스탄은 민주주의와 관련한 주요 국가지표들에서 이웃 중앙아시아 국가들에 비해 훨씬 나은 평가를 받고 있다.

V. 결론적 논의

본 연구는 아시아와 동유럽 지역에 위치한 총 35개 체제전환국을 대상으로 두 가지의 목적을 가지고 진행되었다. 하나는 민주주의 지수, 언론자유 지수, 경제자유 지수 등 민주주의 관련 주요 국가지표를 중심으로 최근 이들 국가들의 민주화 상황을 개괄적으로 비교 검토하는 것이었다. 다른 하나는 공산 정부 종식 이후 이들 국가들에서 실시된 모든 의회 선거 결과에 대한 검토를 통해 체제전환기에 진행되어 온 정당 구도의 변천 과정을 추적함으로써 각국의 정치 과정과 현황을 좀 더 구체적으로 파악하는 것이었다.

이 연구를 통해 발견되는 주요 사실들을 정리하자면 다음과 같다. 우선 최근 시점에서의 민주화 수준에 있어 체제전환국들 사이에 큰 편차가 존재한다는 점이 확연히 드러난다. 2017년도 민주화 지수 하나만을 놓고 볼 때, 평가된 총 167개국 가운데 50위 안쪽에 위치한 체제전환국들이 있는가 하면, 100위권 바깥에 위치한 국가들도 다수 존재하고 있다. 50위권 안쪽에 위치한 국가는 총 7개국으로 구유고슬라비아 지역을 포함한 동유럽 지역에 속한 체코, 슬로바키아, 불가리아, 슬로베니아 등의

4개국, 그리고 구소련에 속했던 에스토니아, 라트비아, 리투아니아 등 발트 3국 등이 이에 해당된다.

　반면 100위권 바깥에 위치는 국가는 그 수가 더욱 많아서 총 14개국인데, 중국, 북한, 베트남, 라오스, 캄보디아 등 몽골을 제외한 아시아 체제전환국 5개국, 구유고슬라비아 지역의 보스니아-헤르체고비나 1개국, 그리고 구소련 지역의 러시아, 벨라루스, 아르메니아, 아제르바이잔, 카자흐스탄, 우즈베키스탄, 투르크메니스탄, 타지키스탄 등 8개국이 이에 속한다. 특히 100위권 바깥에 위치한 국가들 가운데 민주주의 지수 평가 기관에 의해 구분된 네 개의 등급 가운데 세 번째 등급인 'Hybrid Regime'으로 분류된 보스니아-헤르체고비나와 아르메니아를 제외하고는 나머지 모든 국가들이 마지막 등급인 'Authoritarian Regime'으로 분류되면서 민주화의 수준이 매우 낮은 것으로 평가받고 있다. 이들 국가들 중에서도 북한은 전체 167개 평가 대상 국가들 가운데 맨 마지막에 위치해 있는 상황이다.

　지역적으로 보자면, 전체적으로 아시아 대륙에 위치한 체제전환 국가들의 민주화 수준이 제일 낮은 수준이다. 현재도 공산체제를 유지하고 있는 동북아시아나 동남아시아의 국가들은 물론이고 튤립혁명을 통해 민주화의 진전을 경험한 키르기스스탄을 제외한 중앙아시아 국가들, 그리고 조지아를 제외한 아르메니아와 아제르바이잔 등의 코카서스 지역 국가들 모두 민주화가 가장 열악한 수준으로 뒤쳐져 있는 상황이다. 아시아 대륙에 속한 체제전환 국가들 가운데 민주화의 수준이 제일 앞선 국가는 민주주의 지수에서 60위를 차지해 'Flawed Democracy' 등급에 속한 몽골이고, 각각 79위와 96위를 차지해 'Hybrid Regime' 등급에 속한 조지아, 키르기스스탄이 그 뒤를 잇고 있다. 유럽 대륙에 속한 국가들 가운데 'Authoritarian Regime'에 속한 국가로는 러시아와 벨라루스 등

2개국에 불과하고, 대다수의 국가들이 2등급인 'Flawed Democracy'의 등급에 속한 가운데 알바니아, 보스니아-헤르체고비나, 몬테니그로, 마케도니아, 우크라이나, 몰도바 등 동유럽과 구소련 지역에 속한 6개국이 'Hybrid Regime' 등급으로 분류되고 있다.

이와 같은 민주화 수준의 차이는 평가의 핵심 기준 가운데 하나인 '선거 민주주의'의 작동 여부와 밀접히 연관되어 있다. 다시 말해 선거가 중앙 권력이나 의회 권력 교체 기제로 작동하는지의 여부는 민주주의의 수준을 가름하는 핵심 변수라고 볼 수 있다. 아시아 지역을 예로 들면, 아시아 지역 체제전환국 가운데 유일하게 민주주의 지수에서 상대적으로 높은 평가를 받고 있는 몽골은 체제전환기에 선거를 통한 정권 교체를 경험한 국가이고, 현재도 선거가 정권 교체의 유효한 수단으로 작동하고 있다.

이에 반해 중국, 북한, 베트남, 라오스 등 공산국가들에서는 선거가 중앙 권력 교체를 위한 수단으로 전혀 작동하고 있지 않기 때문에 이들 국가들에 대한 민주화 수준의 평가가 매우 낮은 상황이고, 그 결과 이들 국가들은 모두 'Authoritarian Regime'으로 분류되고 있다. 다당제와 내각제를 채택해 정기적으로 선거가 실시되는 캄보디아의 경우에도 훈센 총리의 권위주의적 통치로 인해 선거가 정권 교체의 실질적 역할을 못하고 있는 현실 속에서 민주주의 지수가 124위로 낮게 평가되면서 역시 'Authoritarian Regime'으로 분류되고 있다.

구유고슬라비아를 포함한 동유럽과 구소련 지역도 상황은 마찬가지다. 이 지역에서 현재 'Authoritarian Regime'으로 분류된 국가들은 모두 구소련 지역에 속한 국가들인데, 유럽 방면의 러시아와 벨라루스의 경우 2000년대 들어 선거를 통한 정권 교체의 경험이 없을 뿐만 아니라 푸틴과 루카셴코의 권위주의적 장기 집권이 계속되고 있다. 이들 국가들에서는 정당 정치의 기반이 매우 약하거나 부재한 상황 속에서 급격한 정치적 격변이 발생하지 않는 한 가까운 장래에 선거를 통한 정권 교체의 가능성은 거의 없다고 하겠다.

코카서스 지역에 위치한 아제르바이잔의 경우도 벨라루스의 상황과 매우 유사해서 알리예프 부자 대통령의 장기 집권과 의회 내 아제르바이잔당의 일당 지배적 구도가 지속되면서 현재로선 선거를 통한 정권 교체의 가능성이 매우 희박한 상황이다. 그리고 나자르바예프가 장기 집권하고 있는 카자흐스탄, 카리모프와 그의 후계인 미르지요예프의 장기 집권이 이어지고 있는 우즈베키스탄, 니야조프와 베르디무하메도프의 장기 집권이 계속되는 투르크메니스탄, 라모노프의 일인 장기 집권이 이어지고 있는 타지키스탄 등의 중앙아시아 국가들에서도 선거 기제를 통해 정권 교체를 이룬다는 것은 현재로선 난망한 형국이다.

체제전환국들의 민주화 수준의 차이와 관련해서 한 가지 흥미로운 사실은 통치 형태로서 대통령제를 채택하고 있는 국가들 가운데 민주화의 수준이 높은 경우는 단 한 사례도 없다는 점이다. 현재 대통령제를 채택하고 있는 국가들로는 구소련 지역의 국가들인 벨라루스, 카자흐스탄, 우즈베키스탄, 투르크메니스탄, 타지키스탄 등인데 앞서 보았듯이 이들 국가들은 민주화 수준이 최하 등급인 국가들이다.

이원집정부제를 채택하고 있는 국가들 가운데서도 대통령보다 총리의 권한이 큰 '내각제형 이원집정부제'보다는 대통령의 권한이 강한 '대통령제형 이원집정부제' 국가들의 경우에 민주화에 대한 평가가 낮은 편이다. 이 글의 제1절에서 언급했듯이, 현재 체제전환 국가들 가운데 이원집정부제를 채택하고 있는 국가들은 러시아와 우크라이나, 코카서스 3국인 조지아, 아르메니아, 아제르바이잔, 그리고 폴란드, 루마니아, 리투아니아 등이다. 이 가운데 현재 EU 가입국인 폴란드, 루마니아, 리투아니아 등이 채택하고 있는 이원집정부제는 내각제형에 가깝고, 나머지 구소련 국가들에서 채택하고 있는 이원집정부제는 대통령제형에 가깝다. 이들 국가들의 민주주의 지수를 비교해 보면, 내각제형 국가들이 대통령제형 국가들에 비해 상대적으로 훨씬 나은 평가를 받고 있다.

반면에 내각제를 채택하고 있는 국가들 가운데 민주주주의 지수에서 100위보다 낮은 평가를 받은 국가로는 동남아 지역의 캄보디아와 구유고슬라비아 지역의 보스니아-헤르체고비나 두 국가 밖에는 없다. 캄보디아에서는 훈센 총리가 이끄는 인민당이 지속적으로 의회 내에서 다수 의석을 확보하면서 훈센 총리가 장기 집권해 왔는데, 2013년 총선에서 급부상한 구국당을 최근 훈센 총리가 탄압해 해산시킴으로써 민주주의가 퇴보하는 양상을 보였다. 한편 보스니아-헤르체고비나는 1990년대 내전을 치른 후 1국가 2체제가 형성되어 조금은 특수한 환경에 놓여 있는 국가라고 볼 수 있다. 캄보디아와 보스니아-헤르체고비나를 제외한 내각제 국가 가운데 민주주의 진전이 늦은 국가로는 내각제로의 전환이 상대적으로 늦었고 비교적 근자에까지 정치적 혼란을 겪었던 키르기스스탄을 들 수 있는데, 키르기스스탄은 2017년 민주주의 지수에서 96위에 위치해 있다.

체제전환 국가들의 민주화와 관련해 발견되는 또 다른 특징적인 현상은 선거 기제가 제대로 작동하지 않는 권위주의 체제에서 보다 민주화된 형태의 체제로 이행한 모든 국가들이 그 이행 과정에서 대중의 폭력적 시위와 저항을 경험하였다는 점이다. '색깔혁명'으로 불리는 여러 정치적 사건들이 그것인데, 2000년 세르비아의 '불도저혁명', 2003년 조지아의 '장미혁명', 2004~2005년 우크라이나의 '오렌지혁명', 2005년 키르기스스탄의 '튤립혁명' 등이 이에 포함된다. 이들 국가들에서는 모두 권위주의적 통치자 또는 정부가 폭력적 저항을 통해 퇴진하면서 이후 선거에 기초한 정권 교체의 기반이 형성되었다는 공통점을 가지고 있다.

체제전환국들의 민주주의 수준은, 앞서도 언급했듯이, 선거 기제의 작동과 밀접히 연관되어 있고, 선거 기제의 작동은 다시 정당 정치의 활성화와 밀접한 관계가 있다. 따라서 민주화가 진전된 국가일수록 선거가 지니는 정치적 역할의 증대 그리고 정당 정치의 활성화를 기대할 수 있는데, 아시아와 동유럽의 체제전환 국가들에서도 그러한 경향은 뚜렷이 나타나고 있다. 중앙 권력 교체를 위한 선거가 부재한 아시아 지역의 공산국가들은 말할 필요도 없고, 다당제와 선거를 채택하고 있는 여타의 권위주의 국가들에서도 정국 운영에 있어 집권 세력이 조직한 정당 이외의 정당들이 지닌 정치적 역할은 실제적으로 전무하거나 매우 미약한 상황이다. 반면 민주화의 수준이 상대적으로 높은 대다수 동유럽 국가들과 구소련에 속했던 발트 3국의 경우에는 정당 활동이 활발히 이루어지고 있고, 각국의 의회 선거에 여러 정당들이 참여하면서 권력을 분점 하는 양상을 보이고 있다.

다당제에 기초한 선거 민주주의가 작동하는 동유럽과 구소련 지역의 국가들에서 공산체제 붕괴 이후 지금까지 실시된 의회 선거 결과를 전체적으로 볼 때 가장 눈에 띄는 점은 정당 구도의 불안정성이다. 체제전환 국가들의 정당 구도가 불안정한 것은 짧은 정당 정치의 역사가 짧고 체제전환이라는 급격한 사회변동이 진행되는 환경에서 각국 정당들의 제도화 수준이 낮을 수밖에 없었던 이유가 크게 작용했다고 볼 수 있다.

정당 구도의 불안정성은 몇 가지 점에서 두드러지는데, 우선 선거 때마다 기존 정당들의 이합집산과 더불어 정당들의 의회 진입과 퇴출이 활발히 이루어져 왔다는 점이다. 이러한 경향이 체제전환 기간 동안 이어지면서 대다수 국가들의 최근 정당 구도는 1990년대나 2000년대 초반의 정당 구도와는 큰 차이를 보이고 있다. 신생 정당이 출현하는 경향 또한

2000년대 들어서도 지속되면서 현재 각국에서 제1당의 지위를 차지하는 정당들 가운데 절반가량은 2000년대 들어 새롭게 조직된 정당들이다. 비교적 정당 구도가 안정화된 중유럽 지역 국가를 보더라도 폴란드와 체코의 현재 제1당이 모두 2000년대 들어 창당된 정당들로서, 폴란드 제1당인 법과정의당은 2001년, 체코의 제1당인 ANO당은 불과 6년 전인 2012년에 창당되었다.

정당 구도의 불안정성은 집권당 또는 집권연합의 잦은 변화라는 측면에서도 나타나는데, 동유럽에서 최초로 공산 정부가 붕괴되었던 폴란드의 사례를 대표적으로 꼽을 수 있다. 폴란드에서는 1991년부터 2015년 사이에 실시된 8번의 총선에서 7차례 제1당이 바뀌면서 정권 교체가 자주 발생하였다. 제1당이 자주 교체된 또 다른 국가들로는 슬로베니아, 우크라이나, 라트비아, 리투아니아 등이 있는데, 폴란드와 마찬가지로 이들 국가들에서도 한 차례 총선을 제외하고는 선거 때마다 제1당이 바뀌어 왔다.

동유럽과 구소련 지역의 선거 민주주의 국가들에서 형성된 의회 내 정당 구도의 또 다른 특징은 파편화된 의석 구도다. 이들 국가들에서는 영국이나 독일에서 나타나는 소수 정당 주도의 의석 구도보다는 다수의 정당이 의석을 나누어 가지는 의석 점유 형태가 일반적으로 나타나고 있다. 의석의 균점화 현상이 가장 강하게 나타나는 국가들로는 구소련 지역의 에스토니아, 라트비아, 에스토니아 등의 발트 3국과 몰도바, 그리고 중유럽의 체코와 슬로바키아 등을 들 수 있다. 이에 반해 폴란드, 헝가리, 알바니아, 조지아 등의 국가들에서는 가장 최근의 총선에서 제1당이 과반 의석을 차지하기도 하였다.

끝으로, 본고에서는 체제전환 국가들을 대상으로 공산체제 붕괴 이후 현재까지 진행된 민주화의 동향에 연구의 초점이 맞춘 관계로 국가

마다 민주화 수준의 차이를 유발하는 요인들에 대해서는 별도의 분석을 시도하지 않았다. 국내외 학계에서는 지금까지 민주화의 수준에 영향을 미치는 요인과 관련해 민주주의 제도에 대한 역사적 경험, 국가의 경제발전 수준과 사회계층 구조, 자원의 유무, 외부적 압력과 지원 등 다양한 요인들이 부각되어 왔다. 아시아와 동유럽의 탈사회주의 체제전환 국가들의 정치 변동과 민주화의 진전에 대해서도 이러한 이론적 논의를 적용한 다양한 연구들이 진행된 바 있다. 예를 들어, 쉐보르스키(Przeworski, 1991), 맥칼리스터와 화이트(McAllister and White, 2017) 등은 민주화에 대한 경제적 요인을 강조하고, 맥폴(McFaul, 2005), 화이트헤드(Whitehead, 1996), 레비츠스키와 웨이(Levitsky and Way, 2005) 등은 서구를 중심으로 한 국제적 압력과 지원을 민주주의 증진의 중요한 요인 가운데 하나로 꼽고 있다. 또한 피쉬(Fish, 1998), 프리즐(Prizel, 1999), 길(Gill, 2002), 맥폴 외(McFaul et al., 2004), 페트로비치(Petrovic, 2008) 등은 공산체제 수립 이전의 역사적 경험이 공산체제 붕괴 이후의 민주화 진전에 미치는 영향을 고찰하였다. 지금까지 진행된 이러한 연구들에도 불구하고 아시아와 동유럽 지역의 체제전환 국가들에서 진행되는 정치 과정에 대해서는 아직도 다양한 이론적 논의를 통해 이해를 심화시킬 여지가 많고, 민주주의의 진전과 관련해서도 그 이해의 폭을 넓히기 위해서는 그 기저에 작동하고 있는 사회적 기제나 요인들에 대해 보다 심도 있는 연구가 요구된다고 말할 수 있다.

참고문헌

김재관. 2010. "탈냉전기 중국과 러시아의 권위주의체제에 대한 비교연구." 『아시아문화연구』 20권, 137-176.

김재관. 2012. "현대화 과정의 중국특색적 민주주의에 대한 비판적 검토." 『민주주의와 인권』 12권 3호, 75-119.

박종우. 2014. "중국특색 민주주의의 논리와 특징: 강성정부와 민주사회의 공존 모색." 『중국학연구』 70권, 231-258.

서경교. 2016. "동남아시아 대중들의 민주주의에 대한 인식." 『국제지역연구』 20권 1호, 45-172.

이문기. 2012. "중국의 기층선거: 선거 민주주의인가 선거 권위주의인가." 『세계지역연구논총』 30권 3호, 37-68.

이수석 · 유병선 · 윤여상 · 정주신 · 김주삼 · 윤미량 · 오영달. 2012. 『북한인권의 실태와 해결방안』. 한국정치사회연구소.

이지수. 2015. "북한 정치체제에 드리워진 스탈린의 그림자." 『중소연구』 39권 3호, 351-377.

이홍규. 2009. "중국식 민주주의와 정치참여: 기층선거의 성과와 한계." 『세계지역연구논총』 27권 1호, 111-151.

이홍규. 2017. "'중국식 민주'의 역사적 형성과 의미: '사회주의민주'의 수용과 왜곡 사이에서." 『동아연구』 36권 2호, 1-45.

이희옥. 2014a. 『중국의 새로운 민주주의 탐색』. 성균관대학교 출판부.

이희옥. 2014b. "중국식 민주주의의 진화: 협상민주주의 도입의 의미와 한계." 『국제정치논총』 54권 2호, 207-241.

장윤미. 2009. "중국식 민주로 구축되는 신국가권위주의 체제: 비교사회주의 관점에서 본 중국의 정치체제전환." 『세계지역연구논총』 27권 1호, 153-187.

조영남. 2009. "'중국 특색의 민주주의': 내용과 평가."『중국과 중국학』8권, 1-40.

진승권. 2003.『동유럽 탈사회주의 체제개혁의 정치경제학』. 서울대학교출판부.

진승권. 2010. "아시아·동유럽 탈사회주의 체제전환과 민주주의." 민주화운동기
　　　념사업회연구소 편.『민주주의 강의 4: 현대적 흐름』. 민주화운동기념
　　　사업회.

Agh, Attila. 2016. "The Decline of Democracy in East-Central Europe Hun-
　　　gary as the Worst-Case Scenario." *Problems of Post-Communism*,
　　　Vol. 63, No. 5-6, 277-287.

Aslund, Anders. 2007. *How Capitalism Was Built: The Transformation of
　　　Central and Eastern Europe, Russia, and Central Asia*. NY: Cam-
　　　bridge University Press.

Coman, Ramona and Luca Tomini. 2014. "A Comparative Perspective on the
　　　State of Democracy in Central and Eastern Europe." *Europe-Asia
　　　Studies*, Vol. 66, No. 6, 853-858.

Dahl, Robert. 2000.*On Democracy*. New Haven, CT: Yale University Press.

Ekiert, Grzegorz, Jan Kubik and Milada Vachudova. 2007. "Democracy in
　　　the Post-Communist World: An Unending Quest?" *East European
　　　Politics and Societies*, Vol. 21, No. 1, 7-30.

Elbasani, Arolda. 2016. "State-Organised Religion and Muslims' Commitment
　　　to Democracy in Albania." *Europe-Asia Studies*, Vol. 68 No. 2,
　　　253-269.

Fish, Steven. 1998. "Democratization's Prerequisites." *Post-Soviet Affairs*, Vol.
　　　14, 212-247.

Gill, Graeme. 2002. *Democracy and Post-Communism: Political Change in
　　　the Post-Communist World*. NY: Routledge.

Heder, Steve. 2012. "Capitalist Transformation by Neither Liberal Democracy

Nor Dictatorship." *Southeast Asian Affairs*, 103-115.

Herrschel, Tassilo. 2007. *Global Geographies of Post-Socialist Transition: Geographies, Societies, Policies.* London: Routledge.

High, Holly. 2013. "Laos in 2012: In the Name of Democracy." *Southeast Asian Affairs*, 137-152.

Hong, Christine. 2013. "Reframiing North Koran Human Rights: Introduction." *Critical Asian Studies*, Vol. 45, No. 4, 511-532.

Huntington, Samuel P. 1991. *The Third Wave: Democratization in the Late Twentieth Century.* Norman, OK: University of Oklahoma Press.

Keane, John. 2017. *When Trees Fall, Monkeys Scatter: Rethinking Democracy in China.* New Jersey: World Scientific.

Koh, David. 2012. "Vietnam: A Glass Half Full or Half Empty?" *Southeast Asian Affairs*, 359-378.

Lankov, Andrei. 2015. *The Real North Korea: Life and Politics in the Failed Stalinist Utopia.* Oxford: Oxford University Press.

Levitsky, Steven and Lucan Way. 2005. "International Linkage and Democratization." *Journal of Democracy*, Vol. 16, No. 1, 20-35.

Liu, Yu. 2018. "Lessons of New Democracies for China." *Journal of Chinese Political Science*, Vol. 23, No. 1, 105-120.

Ljubownikow, Sergej and Jo Crotty. 2017. "Managing Boundaries: The Role of Non-Profit Organisations in Russia's Managed Democracy." *Sociology*, Vol. 51, No. 5, 940-956.

Ma, Deyong. 2017. "The Rise and Fall of Electoral Democracy: A Social Evolutionary Approach to Direct Election Experiments in Local China." *Journal of Chinese Political Science*, Vol. 22, No. 4, 601-624.

Matthes, Claudia-Yvette. 2016. "Comparative Assessments of the State of

Democracy in East-Central Europe and Its Anchoring in Society."
Problems of Post-Communism, Vol. 63, No. 5-6, 323-334.

McAllister, Ian and Stephen White. 2017. "Economic Change and Public Support for Democracy in China and Russia." *Europe-Asia Studies*, Vol. 69, No. 1, 76-91.

McFaul, Michael. 2002. "The Fourth Wave of Democracy and Dictatorship: Noncooperative Transisions in the Postcommunist World." *World Politics* 54.

McFaul, Michael. 2005. "Democracy Promotion as a World Value." *The Washington Quarterly*, Vol. 28, No. 1, 147-163.

McFaul, Michael. Nikolai Petrov and Andrei Ryabov. 2004. *Between Dictatorship and Democracy: Russian Post-Communist Political Reform.* Washington: Brookings Institution Press.

Moller, Jorgen and Svend-Erik Skaaning. 2010. "Post-Communist Regime Types: Hierarchies across Attributes and Space." *Communist and Post-Communist Studies*, Vol. 43, 51-71.

Nguyen, Hai Hong. 2016. *Political Dynamics of Grassroots Democracy in Vietnam.* Houndsmills. UK: Palgrave Macmillan.

Omelicheva. Mariya. 2015. *Democracy in Central Asia: Competing Perspectives and Alternative Strategies.* Lexington: Kentucky University Press.

Petrovic, Milenko. 2008. "The Role of Geography and History in Determining the Slower Progress of Post-Communist Transition in the Balkans." *Communist and Post-Communist Studies*, Vol. 41, No. 2, 123-145.

Prizel, I. 1999. "The First Decade after the Collapse of Communism: Why

Did Some Nations Succeed in Their Political and Economic Transformation While Others Failed?" *SAIS Review*, Vol. 19, No. 2, 1-15.

Przeworski, Adam. 1991. *Democracy and the Market: Political and Economic Reforms in Eastern Europe and Latin America*. New York: Cambridge University Press.

Roberts, Christopher. 2012. "Laos: A More Mature and Robust State?" *Southeast Asian Affairs*, 153-168.

Roper, Steven. 2002. "Are All Semipresidential Regimes the Same? A Comparison of Premier-Presidential Regimes." *Comparative Politics*, Vol. 34, No. 3, 253-272.

Schumpeter, Joseph. 1942. *Capitalism, Socialism and Democracy*. Virginia: Impact Books.

Sharshenova, Aijan and Gordon Crawford. 2017. "Undermining Western Democracy Promotion in Central Asia: China's Countervailing Influences, Powers and Impact." *Central Asian Survey*, Vol. 36, No. 4, 453-472.

Shugart, Matthew and John Carey. 1992. *Presidents and Assemblies: Constitutional Design and Electoral Dynamics*. Cambridge: Cambridge University Press.

Spendzharova, Aneta and Milada Vachudova. 2012. "Catching Up? Consolidating Liberal Democracy in Bulgaria and Romania after EU Accession." *West European Politics*, Vol. 35, No. 1, 39-58.

Un, Kheang. 2013. "Cambodia in 2012: Towards Developmental Authoritarianism?" *Southeast Asian Affairs*, 73-86.

Vuving, Alexander. 2013. "Vietnam in 2012: A Rent-Seeking State on the Verge of a Crisis." *Southeast Asian Affairs*, 325-347

Wang, Zhongyuan. 2017. "Playing by the Rules: How Local Authorities Engineer Victory in Direct Congressional Elections in China." *Journal of Contemporary China*, Vol. 26, No. 108, 870–885.

Whitehead, Laurence. 1996. *The International Dimensions of Democratization: Europe and the Americas*. Oxford: Oxford University Press.

2. 탈사회주의 체제전환과 군대:
군대 역할과 민군관계

김병조(국방대학교)

I. 서론

이 글은 탈사회주의 체제전환을 사회주의체제기, 체제전환기, 체제전환 초기로 구분하고, 사회주의체제기 및 체제전환초기에 대해서는 민군관계의 특성을, 그 사이에 있는 체제전환기에는 군대가 수행한 역할에 초점을 맞추어 사회주의체제에서의 군대와사회의 관계를 살펴보는 것을 목적으로 한다. 사회주의 체제전환국에서의 군대역할과 민군관계에 대한 분석은 향후 북한체제 변화과정에서 북한군이 어떤 역할을 수행할 것인지 예상하는 데 도움이 될 것이다.

　한국에서 사회주의 체제전환국의 군대를 분석하고 이를 북한군 및 북한 민군관계 연구로 이어간 학술연구는 희소하다.[1] 북한군에 대한 관

1　이대근(2009: 289-305)의 "향후 북한 체제 변화와 군부 역할에 대한 몇 가지 전망"이 있다.

심은 주로 남침, 도발, 군사위협 등 군사력 관점에서 이루어진다. 비록 당군 간 역학관계와 갈등관계 존재여부 등에 초점을 둔 정치학적 연구가 존재하지만(정영태, 1996; 한용섭, 1997; 김갑식, 2001; 정성장, 2001; 최진욱 2001; 김갑식 외, 2015 등), 결과적으로는 북한군대가 북한정권(당)과 마찬가지로 사회주의체제를 수호하는 데 적극적인 역할을 한다고 보는 경우가 대부분이고, 때로는 북한군대의 사회주의체제에 대한 애착이 북한정권보다 커서 북한정권을 강경책으로 이끈다고 상정하기도 한다.

하지만 사회주의 체제전환 국가를 살펴보면 군대가 주도적으로 체제전환을 저지하지 않았고, 체제전환 후에 군대가 다시금 사회주의체제로 회귀하려는 시도를 한 경우도 없었다. 따라서 왜 그렇게 되었는지 체제전환기를 중심으로 체제전환이전과 체제전환이후 민군관계와 군대의 역할을 분석해서 그 이유를 찾아 볼 필요가 있을 것이다,

선군사상과 핵무기 개발을 이용해서 체제를 유지하는 북한을 중부 및 동유럽 국가와 비교하는 것이 적절하지 않다는 이견이 있을 수 있다. 북한군대와 중부 및 동유럽사회주의국가의 군대는 서로 간에 비교할 수 없는 큰 차이가 있다는 것이다. 그러나 탈사회주의 체제전환국에서 나타난 공통의 특징에 더하여 북한체제의 독특한 역사적 경험을 고려하여 분석한다면, 향후 체제전환 시기 북한군의 역할 및 민군관계의 특성, 나아가서는 관련된 대북정책에 대한 시사점을 도출하는 것이 가능하다는 생각이다.

개별 국가의 입장에서 보면, 사회주의 체제전환국들도 내부적으로 큰 편차가 존재하였다.[2] 그래서 사회주의국가들의 체제전환 초기에는 군대

---

2 벱러(Bebler, 1997: 66)는 사회주의국가의 다원성을 설명하기 위해 체제전환이전 1990년까지 사회주의국가를 민군관계에 기초하여 '민간우위 독재체제

에 대한 연구가 대부분 개별국가에 대한 사례연구였다. 이는 각 나라가 처한 상황의 독특함을 중시하였기 때문이고, 또한 체제전환 초기에는 체제전환국가가 향후 어떻게 발전될 것인지 예측하기 어려웠기 때문이기도 하다. 추가적으로 체제전환 이전과 체제전환 과정에 군대가 공산주의 체제를 지키기 위해 강압적인 방법으로 개입할 것이라는 두려움이 있었다(Edmunds, Cottey and Forster eds., 2006: 3). 즉, 모든 국가는 아니라 할지라도 일부 국가에서는 군대가 체제전환을 전복시켜 사회주의로 회귀하는 경로를 취할 가능성을 상정했다는 점이다.

하지만, 시간이 흐르면서 사례연구를 넘어서 체제전환국 군대 역할 및 민군관계에 대한 일반화가 시도된다.[3] 탈사회주의체제로 전환한 국가가 다시금 사회주의체제로 회귀한 경우가 없었고, 군대가 뭉쳐 체제전환 전복을 시도한 국가도 없었다.[4] 오히려 체제전환국의 군대를 분석한

(루마니아, 불가리아(~1989), 유고슬라비아(~1980))’, ‘민간우위 과두체제(알바니아, 헝가리, 불가리아(1989~))’, ‘군대우위체제(폴란드, 1981~1989)’ 등으로 구분한다. 하지만 폴란드의 경우 군인 출신이 수상과 당제1서기기를 역임하였지만, 당 전체를 군대가 장악한 것이 아니라는 점에서 군대우위로 분류하는 데는 논란의 여지가 있다한다(Barany, 1993: 594).

3   하지만 동유럽에 대한 모든 논의는 그 지역 개별 국가별로 특수성이 있다는 관례적인 경고로 부터 시작되었다.

4   예외적인 사례로 소련과 유고연방을 거론할 수 있다. 소련의 경우 1991년 8월 일부 고위 장성이 고르바초프 대통령에 대한 쿠데타를 시도하였고, 유고국방군(Yugoslav National Army)은 1990년대 유고연방 해체에 반대하는 전쟁을 주도하였다. 그러나 두 경우 모두 체제전환에 대한 군대의 반대가 사회주의체제 회귀로 이어지지 않고 연방해체로 귀결되었다. 군 전체가 반대했다기보다는 일부 장성 내지 특정 민족과 연계하여 체제전환에 저항한 것으로 보아야 한다. 군

결과 일반화할 수 있는 보편적인 특징을 추출하는 단계로 발전하게 되었다. 물론 일반화할 수 있는 보편적인 특징이 있다 하여도 국가별로 편차는 존재하고, 국가별 독특성을 간과해서는 곤란하다는 인식은 여전히 유지되고 있다.

한편 이 글은 탈사회주의 국가의 군대에 대해 1차 자료를 기반으로 한 새로운 연구는 아니다. 사회주의체제기 민군관계와 군대의 역할에 대한 연구는 소련의 민군관계에 대한 연구(대표적으로 Herspring and Volgyes eds. 1978; Herspring, 1996)를 기초로 정리하였다. 사회주의체제에서 민군관계는 최초의 사회주의국가이자 종주국인 소련의 영향력을 크게 받아 형성되었기 때문에 소련에 대한 분석에서 사회주의체제에서의 민군관계 및 군대 역할에 대한 원형(prototype)을 찾을 수 있기 때문이다. 이는 중부 및 동유럽 사회주의 국가뿐만 아니라 아시아 사회주의체제국가인 몽골이나 북한에도 마찬가지로 적용된다(Mendee, 2013).

세기적인 사건이라 할 수 있는 사회주의 체제전환에 대해서는 수많은 논의가 있다. 개별 국가의 체제전환과정에 대해서 다수의 사례연구가 있지만, 이 글에서는 체제전환 국가를 '당'주도 국가와 '대중'주도 국가로 구분하고, 각 국가에서 군대의 역할은 어떠하였는지에 초점을 맞추어 간략하게 서술하였다.

사회주의국가의 체제전환 후 민군관계에 대한 주요 연구로는 다이

대 자체의 특징으로는 이들 국가의 군대가 다른 사회주의체제국가의 군대와 비교했을 때 상대적으로 군직업전문주의(military professionalism)가 발전했다는 점을 들 수 있다. 사회주의국가에서의 군전문직업주의 발전이 민군관계에 의미하는 바에 대한 구체적인 논의는 2절을 참조할 수 있다.

어몬드와 플래트너(Diamond and Plattner eds., 1996)[5], 쿨만과 칼라한(Kuhlmann and Callaghan, 2000), 2002년 *Armed Forces and Society* 특집호(vol 28, no.3)와 코티, 에드문트, 포스터(Cottey, Forster and Edmunds eds., 2002a; 2002b; 2003)가 문민통제, 군대개혁, 군인과 사회에 초점을 맞추어 편집한 탈공산주의 유럽 군대에 대한 3부작, 그리고 이를 다시금 민군관계라는 관점에서 재정리한 편저(Edmunds, Cottey and Forster eds., 2006)가 있다.[6]

그러나 체제전환국 민군관계와 군대 역할을 시기별로 구분하여 정리한 논문은 찾기 힘들었다. 바라니(Barany, 1997)가 '후기공산주의시기(1980년대)', '체제전환기(1989년)', '공고화시기(1990년 이후)' 3단계로 구분하고 군대 특성과 민주주의공고화 간의 관계를 분석한 연구를 찾을 수 있었고, 이 글을 준비하는 데 많은 도움이 되었다.

한편 글의 서술방식에 있어서는 시기별로 차이가 있는데, 사회주의 체제시기와 체제전환초기의 민군관계 분석은 각국의 개별적인 특징보다 체제전환 국가에서 일반적으로 나타나는 특징을 중심으로 서술하고, 체제전환기는 국가별로 체제전환이 이루어지는 주요 계기가 무엇이고 체제전환기 군대가 어떤 역할을 하였는지 서술하였다.

그리고 개념적으로 어떤 국가가 사회주의체제인가 하는 것 자체가

---

5 '민주주의연구 국제포럼에 대한 국가기금(National Endowment of Democracy's International Forum for Democracy Studies)'과 '안보연구를 위한 조지 마샬 유럽센터(George C. Marshall European Center for Security Studies)'가 1995년 공동으로 개최한 국제회의 발표문을 엮어 책으로 만든 것이다.

6 줄리안(Zulean, 2007)은 연구방법론 관점에서 사회주의 체제전환국의 군대 역할 및 민군관계를 정리하였다.

논란이 될 수 있는데, 이 글은 코르나이(Kornai, 1992)를 따라 특정 사회가 이데올로기적으로 사회주의를 지향하는 정당(대체로 공산당)에 의해 상당기간 안정적인 지배가 이루어지는 경우를 사회주의체제라고 지칭하고자 한다. 사회주의체제는 정치적으로 공산주의를 지향하는 지배정당에 의해 통치행위가 이루어지고, 경제적으로 명령경제 또는 계획경제를 중심으로 경제발전을 추진하는 특징을 갖는다. 그리고 체제전환이란 논리적으로 정치 및 경제 양면에서 사회주의체제의 특징을 벗어나는 경우를 말하는데, 정치적으로는 공산당 일당 독재에서 벗어나 정치세력이 다원화되고, 경제적으로는 명령경제 중심에서 시장경제 중심으로 경제체제 운영의 중심축이 바뀌는 것을 말한다.[7]

II. 사회주의체제에서의 군대 역할과 민군관계

최초의 사회주의체제국가인 소련은 맑스주의 이론에서 가정했던 것처럼 성숙된 자본주의에서 이행한 것이 아니라, 저발전 자본주의 사회에서 사

---

7 사회주의체제의 체제전환은 1989~1991년 사이 소비에트 연방의 해체과정에서 그리고 중부 및 동유럽 사회주의국가의 사회변동 과정에서 대규모로 이루어졌다. 한편, 베트남이나 중국의 경우는 냉전시대 전형적인 사회주의체제 운영방식과 비교하면, 경제정책 면에서는 크게 변모하였지만, 정치적으로 여전히 당-국가 체제가 유지되고 있다는 점에서 이 글의 체제전환국가 범주에 포함시키지 않았다.

회주의체제로 전환하였다. 이 때 군대(Military)으로 통칭되는 '무장세력(Armed Forces)'이 구체제를 무너뜨리고 새롭게 사회주의 체제를 성립하는 과정에서 결정적인 역할을 한다. '권력은 총구에서 나온다'는 모택동의 주장은 사회주의체제에서의 군대 역할 및 민군관계의 특성을 집약적으로 나타낸다.

사회주의 혁명을 추진할 때는 당원 대부분이 군사적 역할을 수행하였기 때문에, 당과 군대 사이에 일치성이 높았다. 그래서 군대가 강한 정치세력이 된다고 해도 체제를 유지하는 데 문제가 될 것으로 생각하지 않았다. 하지만 사회주의체제가 확립되고 당과 군대의 기능 및 역할이 분화되면서, 정치를 주도하는 지배정당은 군대에 대해 모순적인 관점을 갖게 된다. 사회주의체제가 확립되면 민주주의체제 이상으로 '지키는 자를 누가 지킬 것인가?(Who guards the guardian and how?)'하는 민군관계의 고전적인 질문이 등장하게 된다.

정치를 주도하는 당의 입장에서 보면, 체제를 유지하는 데 군대의 역할이 중요하면 중요할수록, 군대의 '무장력(military power)'은 내·외부에 존재하는 적의 힘을 감당하는 것 이상으로 강해야 하지만, 군대의 '정치적인 힘(political power)'은 어디까지나 당의 명령에 복속할 정도로 약해야 한다. 군대는 지배정당의 '정치적 수단(political means)'에 머물러야 한다. 그리고 사회주의체제에서 군대가 차지하는 사회적 비중이 민주주의체제보다 크기 때문에, 사회주의체제는 민주주의체제보다 훨씬 더 정교하게 군대를 통제할 수 있는 방법을 고안하려고 하였다.[8]

---

8 사회주의체제는 선거나 여론과 같은 수단을 통해 시민사회의 동의를 확보하여 체제를 유지하는 방법을 사용하지 않고, 이념에 의한 정치사회화와 무력에 기초한 체제 억압능력을 통해 체제를 유지한다고 볼 수 있다.

사회주의체제에서 당이 군대를 통제하기 위해 설정한 대표적인 기제는 다음과 같다. 첫째, 권력구조면에서 당이 군대를 지배하는 구조를 만든다. 당 대표가 최고사령관이며, 당내에 군대를 통제하는 기구, 즉 당군사위원회를 운영하고, 승진을 비롯한 군인 인사를 당에서 관장한다.

둘째, 당과 군대의 역할이 구분되지만, 인적인 면, 특히 고위직에서 당료와 군인을 명백하게 구분하지 않는다. 당료(민간인)와 군인의 명확한 구분은 사회주의체제 내에서 권력집단 사이에 갈등을 야기한다고 간주하기 때문이다.[9] 당료가 계급을 달고 군인이 되기도 하고, 군인이 계급장을 떼고 당료가 되기도 한다. 어느 면에서 고위군인은 '군복을 입은 당료(the party in uniform)'이다(Purlmutter and LeoGrande, 1982).

셋째, 당의 영향력을 행사할 수 있도록 군대 내에 당 조직을 두고 정치위원을 파견한다. 각급 군대 내에 군사조직과 구분되는 당위원회를 구축하고, 당을 대표하는 정치위원이 지휘관을 견제토록 한다. 정치위원의 지휘관에 대한 견제는 '이중명령체제(dual command system)'로 구체화되는 데, 지휘관의 명령은 정치위원의 부서가 있어야 효력을 발휘한다(Herspring, 1996). 이때 둘 사이 의견이 갈라지는 경우 정치위원의 의견이 결정적이다.

넷째, 군대가 당의 통제 하에 있어야 한다는 인식을 각급 군 교육기관에서 주입한다. 헌팅턴(Huntington, 1957)이 구분한 군에 대한 주관적 통제(subjective control)를 철저하게 실행하고자 하는 것이다.

앞에서 언급하였지만 당이 군대에 대한 정교한 통제기제를 마련하는 것은 역설적으로 사회주의체제에서 군대의 역할이 매우 중요하기 때문이다. 민주주의체제에서 군대는 외부 위협으로부터 국가를 방어하는 것

─────

9 기본적으로는 당료가 군인에 우선한다는 인식이 있다.

이 가장 핵심적인 역할이지만[10], 사회주의체제에서 군대는 체제외부로부터의 군사적 위협에 대한 체제수호[11] 역할 이상으로, 체제 내부의 반혁명세력을 단속하여 사회주의체제를 유지하는 대내적 역할이 매우 중시된다. 군대는 강력한 무력집단으로 사회주의체제를 수호하는 데 가장 필요한 집단이다.

동시에 사회주의체제를 발전시키는 데도 매우 중요한 역할을 수행한다.[12] 사회주의체제가 생산재 생산에 의한 급속한 경제발전을 추진하기 때문에, 군수산업은 사회주의체제에서 최우선 산업이 되고, 군대는 국가에서 가장 많은 자원을 할당받는 부문이 된다. 또한 사회주의체제가 저발전국가에서 출발하였기 때문에 군대가 국가 내 가장 조직화된 동원세력으로서 경제발전 과정에 직접 투입되는 경우가 많다.

이상과 같이 군대가 사회주의체제를 지탱하는 가장 강력한 집단이기에, 지배정당인 공산당은 군대에 대해 높은 관심을 보이고 군대를 우대하는 정책을 편다. 사회주의체제에서 군대의 사회적 지위는 비교적 높고, 일반주민은 군대의 역할을 긍정적으로 평가한다.

하지만 사회주의가 정착하는 과정에서 군대는 '혁명군(revolutionary army)'적 성격을 벗어나 점차 '전문직업군(professional army)'으로 변모하

---

10 대내적 역할도 분명 존재한다. 여기서는 사회주의체제에서의 군대역할과 비교했을 때, 상대적인 평가이다.

11 실제와 무관할지라도 사회주의체제에서는 외부 자본주의체제가 자신의 체제를 끊임없이 붕괴시키고자 한다는 외부위협론이 팽배해 있다.

12 군부독재정권(praetorianism)나 권위주의체제(authoritarianism)하에서의 군의 역할이나 기능보다 사회주의체제에서 군대의 역할이나 기능의 범위가 넓고 그 폭도 깊다.

게 된다. 사회주의체제가 공고화되면서 군대의 전문직업화가 진행되고 군대가 대규모 관료조직으로서의 특성이 부각된다. 군대가 '이익집단(interest group)'과 같은 특성을 지니게 된다는 점이다. 사회주의가 정착하고 군대가 전문 직업군으로 변모했을 때 나타나는 당군관계에 대해서는 다양한 관점이 제시되고 있다.[13] 하지만 군대가 사회주의체제를 거부하거나, 당의 권위와 중요성을 부정하는 것은 아니다. 전체적으로 보아 사회주의체제에서 당과 군대의 관계는 항상 협력적인 관계를 유지하는 것은 아니지만, 체제유지에 합의하는 가운데 상황에 따라 체제 내적 갈등이 있을 수 있다고 정리할 수 있을 것이다.[14]

한편 사회주의체제가 확립되고 군대의 전문화가 진행되는 군대의 이

13　콜코비츠(Kolkowicz, 1967; 1978)는 군대가 전문화되면서 군 내부 업무를 자체적으로 처리하려고 하는 반면, 당은 여전히 군 전문가의 모든 행동을 당이 통제하려하기 때문에 정치장교와 지휘관 간에 불협화음이 발생하고, 당·군간에 갈등관계가 형성된다고 주장한다. 반면에 오뎀(Odem, 1978)은 군대와 당은 높은 동질성을 갖고 있어서 사회주의체제가 공고화된 시기에도 콜코비츠의 주장처럼 대립적인 관계를 형성하지 않고 공생관계를 유지하는 '제도적 합치(institutional congruence)' 관계를 유지한다고 한다. 한편, 콜튼(Colton, 1978)은 당군관계가 상호간에 제도적으로 침투하는 '참여 모델(participatory model)'이라고 주장한다. 군인이 일정부분 당에 참여하고, 또한 당은 군대 내부 업무 일부를 군인에 위임한다. 그 결과 군대는 사회주의체제유지에 대한 책임감을 공유하면서, 정치에 개입할 수 있는 물리적 힘을 보유하고 있음에도 정치에 개입하지 않는다는 것이다.

14　융통성 면에서는 콜튼의 참여모델이 활용 폭이 넓지만, 스탈린시대는 오뎀의 합치모델이 적합한 듯하고, 고르바초프 시기 군대가 정치에 적극적으로 관여한 사례를 보면 콜코비츠의 이익집단 모델도 부분적으로 유용하다.

익집단화와는 별개로 군대(armed forces) 내에 역할분화가 나타난다.[15] 군대는 외부 위협에 군사적으로 대응하는 '정규군(regular army)', 정권을 유지하기 위해 반정권 활동을 탐지하는 '보안군(security troops 또는 intelligence services)', 사회질서를 유지하는 '내무군(public safety personnel 또는 police)', 국경을 수비하는 '국경수비대(border guards)' 등으로 분화된다.[16] 이때, 정규군은 국방부에서 관장하지만, 보위군은 정보기관(예컨대 소련의 KGB)이 내무군과 국경수비대 등은 또 다른 기관이 관장한다. 사회주의체제에서 군대의 분화는 역할분화 내지 기능분화라는 자연법칙을 반영하는 측면도 존재하지만, 무력이 '하나의 통합된 무력'으로 존재하기보다 '여러 개의 분산된 무력'으로 존재해야 분리된 무력이 서로를 견제하게 하여 군대에 의한 위협을 감소시키는 당의 '분리통치(divide and conquer)' 전략에 따른 것이기도 하다.

그리고 당은 분화된 군대 모두와 동등한 관계를 유지하는 것이 아니라 당이 중시하는 역할을 수행하는 무력에 보다 강한 힘을 실어준다. 특히 정권유지를 위해 반정권활동을 탐지하는 보위군이 당과 직접 연계되어 있으면서 가장 강력한 힘을 발휘하는 데, 보위군은 정규군 등 다른 무력 기관을 포함하여 사회 전체를 감시 통제하는 역할을 한다. 보위군은 정권과 밀접한 관계를 유지하기 때문에, 사회주의체제에서 가장 힘센 무력이지만, 감시활동을 주로 하기 때문에 주민과 보위군 간의 관계는 주

---

15 개별 국가별로 차이가 존재하지만, 여기서는 대표적인 예를 들었다. 북한군의 역할분화에 대해서는 해당부분에서 제시하고자 한다.

16 정규군을 제외한 나머지 무력을 준군사(paramilitary)로 구분하기도 한다. 하지만 통상 준군사에는 예비군(reserves) 또는 민방위대(civilian defense corps)가 포함되므로 여기서는 준군사로 구분하지 않았다.

로 갈등적이라 할 수 있다.

한편, 경찰 역할을 하는 내무군과 국경을 수비하는 국경수비대 등은 관련분야에서 시민들의 활동이나 이동을 통제한다. 이들 내무군, 국경수비대는 상황에 따라 일반 주민과 협력관계가 유지되기도 하고 갈등관계가 형성되기도 한다. 즉 사회가 안정적인 시기는 내무군과 국경수비대 등이 치안과 질서를 유지하는 데 주력하기 때문에 주민과 협력관계가 유지된다. 하지만 사회불안이 높아지면 이들이 주민에 대한 단속을 강화하고, 간혹 시위 등이 발생하거나 하면 이들이 가장 먼저 사태진압에 투입된다. 따라서 국가위기 시에는 이들과 주민 간에 갈등관계가 형성된다.

반면에 정규군은 기본적으로 외부 위협에 군사적으로 대응하는 임무를 맡는다. 따라서 일상 업무로 주민을 억압하거나 통제하는 역할을 수행하지 않는다. 또한 사회주의체제가 외부위협을 강조하기 때문에, 주민과 외부위협으로부터 체제를 보위하는 긴밀한 유대관계를 유지하게 하는 국가정책을 채택한다. 주민들은 어려서부터 군대와 유사한 조직생활을 경험하며, 사회주의체제가 대중군(mass army)을 유지하기 위해 징병제를 택하고 있었기 때문에 주민들의 가족이나 친지가 정규군에 복무하는 경우가 많다. 그리고 군복무 과정에서 당원이 되거나 대학에 진학할 수 있는 기회가 부여되기 때문에 군대는 사회이동 가능성을 제공해 주는 조직으로 인식된다. 또한 정규군은 사회기반시설 건설에 동원되고, 자연재해가 발생하면 구호활동에 나선다. 그 결과 주민과 정규군 간에는 우호적인 관계가 형성되어 있는 경우가 많다.

군대 전체가 사회주의체제를 유지하기 위해 억압적 국가기구 역할을 수행하는 것은 맞지만 민군관계 측면에서 보면 무력이 수행하는 역할에 따라 주민과 형성되는 관계가 달라진다. 따라서 확립된 사회주의체제에서는 무력을 단일 집단으로 간주하기보다 역할에 따라 나타나는 민군관계의 차별성에 주목해야한다. 보위군이 지배집단의 이해관계와 가장 많이 일치하고, 정규군은 상대적으로 주민과 이해관계를 공유하는 부분이 많다고 할 것이다.

그리고 중부 및 동유럽 사회주의국가의 군대 역할 및 민군관계와 관련해서 추가적으로 고려해야 할 점이 있는데, 이는 군대(정규군)가 소련으로부터 정치군사적 영향력을 어느 정도 받고 있느냐 하는 문제이다. 소련은 서구의 북대서양조약기구(NATO: North Atlantic Treaty Organization)에 대항하기 위해 1955년 바르샤바조약기구(WTO: Warsaw Treaty Organization)를 창설하였다.[17] 소련은 이들 국가에 군대를 주둔시키고, 이들 국가의 군대로 하여금 해당 국가의 당보다 소련이 주도하는 바르샤바조약에 우선적으로 충직할 것을 요구하였다. 소련은 군대를 주둔시켰을 뿐만 아니라 이들 국가의 장교를 소련군사교육기관에서 교육시킴으로서 정치적으로 교화시키고자 노력하였다(Barany, 1991). 이는 해당 국가 군대의 국가/민족에 대한 영향력을 감소시키는데 작용한다.

하지만 특정 국가가 어느 정도 강한 민족주의를 유지하고 있느냐에 따라 소련의 정치군사적 영향력은 달라진다. 루마니아는 1960년대 후반 자주노선을 추구하면서 소련의 정치군사적 영향력에서 멀어지고, 군대는 민족주의적 성격이 강하게 갖게 된다. 그리고 전통적으로 민족주의 전통이 강했던 폴란드에 대해서는 소련의 정치군사적 영향력이 상대적으로 작았다.[18] 한편 헝가리, 체코슬로바키아, 불가리아 군대는 소련의

---

17 조약체결국은 소련, 폴란드, 헝가리, 체코슬로바키아, 루마니아, 불가리아, 동독, 알바니아 8개국이다. 이중 알바니아는 1968년 탈퇴하였고, 1990년 독일이 통일하면서 동독이 탈퇴하고, 체제전환이 이루어진 1991년 7월 완전히 해체된다.
18 또한 폴란드는 사회주의 국가임에도 전통적으로 카톨릭 교회의 영향력이

정치군사적 영향력을 크게 받았다. 루마니아와 폴란드의 군대의 사회적 역할이나 영향력이 헝가리, 체코슬로바키아, 불가리아 군대의 사회적 역할이나 영향력보다 크다고 할 수 있다.

III. 사회주의체제 전환기 군대 역할

사회주의국가의 체제전환은 각국이 갖는 역사적 특수성을 반영하여 매우 다양하게 이루어졌다. 여기서는 체제전환과정에서 군대의 역할이 어떠했는지에 초점을 두고 살펴보고자 한다. 사회주의국가 체제전환은 누가 주도했느냐에 따라 '당'주도와 '대중'주도로 구분할 수 있는 데, 당에서 체제전환을 주도한 국가로는 소련과 헝가리를 들 수 있고, 대중이 체제전환을 주도한 국가로 폴란드, 체코슬로바키아, 불가리아, 루마니아가 있다.[19]

매우 강했다.

19   바라니(Barany, 1997)는 체제 전환 시 군대 역할에 대해 '최소한의 역할(least active role)'을 한 국가로 헝가리와 폴란드를, '적극적인 역할(active role)'을 한 국가로 체코슬로바키아, 불가리아, 루마니아를 구분한다. 군대의 '최소한의 역할'은 공산주의 엘리트의 자발적인 권력포기와 '전문화'된 민군관계에서, '적극적 역할'은 공산당 엘리트의 준비부족과 '정치화'된 민군관계에서 비롯되었다고 주장한다. 하지만 폴란드의 체제전환에 대해서는 '노동자 중심형'이라는 평가도 존재한다(조한범 외, 2013). 또한 바라니가 체코슬로바키아, 불가리아 군대가 체제전환에서 적극적 역할을 했다고 평가하지만, 군사력이 동원되지

사회주의체제 국가에서의 군대 역할이나 민군관계 특성을 소련에서 원형을 찾아야하는 것처럼, 사회주의체제전환에서의 군대 역할이나 민군관계도 소련의 예로부터 논의하지 않을 수 없다. 소련의 경우 당권을 장악한 개혁파가 기존체제가 갖는 문제점을 극복하고자 체제개혁을 시도하였다. 개혁파의 개혁은 군대의 기득권을 침해하는 것이다. 따라서 군대, 특히 '특권 계급(privileged class)'에 속하는 상층부 군인에게 체제전환은 바람직한 변화로 간주하기 어렵다. 이에 일부 보수파 군부지도자들이 1991년 8월 국가비상사태위원회를 구성하고 고르바초프를 감금하는 쿠데타를 감행하였다. 그러나 이는 군부 내 몇몇 지도부의 모험이었을

않았다는 데도 '적극적 역할'을 했다고 평가하는 것은 지나친 평가라고 생각한다. 한편, 이대근(2009)은 체제전환기 군대의 역할을 '적극적 중립 역할', '소극적 중립 역할', '결정적 역할'로 구분하고 폴란드, 헝가리 군대가 적극적 중립 역할을, 체코슬로바키아와 동독 군대가 소극적 중립 역할을, 소련, 루마니아, 불가리아 군대가 결정적 역할을 했다고 평가한다. 이대근의 구분은 바라니(Barany, 1993: 599)가 헝가리와 폴란드는 '비개입(non-involvement)', 체코슬로바키아는 '제한된 행위(limited action)', 그리고 불가리아와 루마니아에 대해 '결정적 역할(determinant role)'을 했다는 평가를 참고한 것으로 보인다. 바라니(Barany, 1993)는 군대 역할에 차이가 나는 원인으로 동/중앙유럽(헝가리, 폴란드, 체코슬로바키아)과 남동유럽(불가리아, 루마니아)간에 나타나는 구분하는 지정학적 특성을 강조하였다. 그리고 이대근(2009)은 그 원인으로 자유화, 군대의 정치화, 파벌갈등, 대외관계를 들고 각국의 사례에 적용하고자 하는데, 적합한 설명변수가 되는지는 명확하지 않다. 이 글에서는 사회주의체제가 기본적으로 당이 군을 통제하고자하는 체제라고 보고, 체제전환을 당이 주도했느냐 아니면 대중이 주도했느냐를 기준으로 구분하였다. 또한 몇몇 군인의 정치적 개입을 '군대'의 개입으로 해석하지 않으려 하였다. 군사력이 체제전환과정에 동원되었느냐가 군대역할을 가장 극명하게 보여주는 관건이라고 생각하였다.

뿐, 군대 전체의 도전은 아니었다. 군대 내의 지지가 없고, 보다 강한 개혁을 내세운 옐친 등 당내 개혁파의 득세, 대중들의 냉담한 반응 등으로 인해 쿠데타는 3일 만에 실패로 돌아간다. 군 지도자의 참여는 있었지만, 당이 주도하는 개혁에 군사력을 동원하여 반기를 든 것이 아니다. 대부분의 군대는 당권을 장악한 집단의 의도를 따랐다. 당에 의한 군대의 통제력이 유지되었다고 보아야 한다.

헝가리도 위로부터 탈사회주의 체제전환이 시도되었다. 헝가리는 1950년대 당내 개혁파 주도의 정치·경제적 자유화 시도가 소련의 군사 개입으로 좌절되기는 했지만 사회주의체제국가 중에서 시장경제요소가 가장 많이 도입된 국가였다. 1980년도 중반 소련의 영향력의 약화되고 경제위기가 심화되면서 당내 세력사이에 개혁의 속도와 범위를 둘러싸고 갈등이 강화된다. 결과적으로 외부 지식인들의 지원을 받은 당 개혁파가 보수파에 승리하여 당권을 장악하면서 체제전환이 이루어진다. 이때, 군대는 방관자적인 입장을 취했다. 군 지도부는 정치에 간여할 의도가 없다고 천명하였으며, 이를 준수했다.

폴란드 체제전환 과정은 대중으로부터 시작되었다. 1980년대 바웬사(Lech Walesa)가 이끄는 자유노조(Solidality)가 대규모 파업을 이끌면서 시작되어, 1989년 총선에서 공산당이 패배할 때까지 10년이라는 장기간에 걸쳐 이루어진다. 노동자의 시위와 파업을 계기로 1980년 자유노조가 결성되고, 1981년 자유노조 주도의 전국 총파업이 진행되자, 폴란드 공산당은 야루젤스키(Wojciech Jaruzelski) 장군을 내세워 계엄령을 선포하고 시위를 무력으로 진압한다.[20] 하지만 이후 자유노조를 중심으로 민주화

---

20 1981년 2월 야류젤스키(Jaruzelski) 장군이 수상이 되고, 10월 당제1서기가 되어 1989년까지 정권을 장악했으며, 체제전환기 잠시(1989.7~1990.12) 대

운동이 계속되었고, 1989년 원탁회의(Polish round table agreement)를 통해 공산당과 자유노조가 자유노조 합법화, 공산당의 지도적 역할 폐기, 자유총선 실시를 합의한다. 그리고 1989년 총선거에서 자유노조가 상하원 모두 압승을 거두면서 공산당 독재체제가 붕괴된다.

외견상 폴란드의 경우 군대가 체제전환에 반대한 것처럼 보인다. 하지만, 1980년대 군대가 당의 전면에 나선 것은 군대가 당에 대항한 것이 아니라 당의 위기를 수습하기 위해 당을 대표해 나섰다는 점이다.[21] 군대와 당의 이해관계가 일치한 것이지 군대와 당이 적대관계를 형성해서 군대가 당을 대체한 것이 아니다. 그리고 1988년부터 1990년까지 권력이 공산당에서 자유노조로 권력이 넘어가는 일련의 과정에서 공산당 출신 시비키(Florian Siwicki)가 국방장관으로 있었지만, 군대는 정치와 분리된 채 정치에 개입하지 않았다. 당이 체제전환을 수용하자 군대도 수용한 것이다.

체코슬로바키아에서는 1968년 '프라하의 봄'이라고 불리는 민주화 개혁이 있었고, 1977년 '77헌장 그룹'이라는 지식인들의 저항단체가 있었지만, 이후 1989년까지 비교적 견고한 사회주의체제를 유지하고 있었다. 그러나 독일 베를린 장벽이 붕괴되고, 헝가리, 폴란드 등 주변국에서

통령을 역임한다.

21   바라니(Barany, 1997: 25)은 폴란드의 체제전환을 군대가 최소한의 역할을 한 사례에 포함시킨다. 하지만 폴란드 군대의 역할에 대해서는 이견이 있을 수 있다. 폴란드 군대는 사회주의시기에도 여러 번 노동자 시위를 진압하는데 동원되었다. 하지만 폴란드 군대는 사회주의이전에도 국내정치에 관여하는 경우가 많았다. 민족주의적 성향이 강한 폴란드 군대는 국민들로부터 존경을 받아왔다(Onyszkiewicz, 1996).

체제전환이 진행되는 것에 영향을 받아 정치개혁을 요구하는 대규모 시위가 1989년 11월 발생한다. 시위발생 초기에 내무군(경찰)이 시위를 강경 진압하였으나 시위가 전국으로 확산되자 진압을 포기한다. 이에 공산당은 보안군과 민병대에 시위진압위해 출동할 것을 명령하고 국방장관 바클라비크(Milian Vaclavik)도 무력사용 지시를 하달한다. 그러나 공산당 내에서 무력동원을 반대하는 의견이 나오면서 출동은 취소된다. 이후 당 지도부가 교체되면서 새로운 국방장관 바섹(Miroslav Vacek)은 군대의 민주화 지지를 확인하고 군대가 국민에 맞서지 않을 것을 천명한다. 체코슬로바키아의 경우 당의 결정에 의해 내무군이 시위진압에 동원되었고, 자칫 보안군과 민병대가 시위진압에 동원될 수도 있었다. 그러나 일시적으로 정규군을 동원하려는 시도가 있었지만, 당 내 이견이 나오고, 종국에는 군대 동원을 취소한다. 군대는 당의 명확한 지시를 기다렸고, 군대가 적극적으로 시위진압에 가담하겠다는 의지를 나타내지도 않았다. 결국 정규군은 체제전환과정에 개입하지 않았다.

불가리아는 지속되는 경제난으로 체제에 대한 주민들의 불만이 높았지만, 1954년부터 1989년까지 지브코프(Todor Zhivkov)가 권력을 독점하고 있었다. 하지만 체코슬로바키아와 마찬가지로 불가리아에서도 1989년 10월부터 인권운동가와 시민단체를 중심으로 시위가 시작되어 그 규모가 점차 확산되었다. 이에 공산당 개혁파가 1989년 11월 지브코프를 하야시키고, 공산당의 지도적 역할 폐기, 자유로운 정당 설립허용 등 개혁조치를 실시한다. 지브코프 실각이후 불가리아는 1990년 6월 총선을 통해 야당세력이 연합한 민주세력연합과 공산당의 후신인 사회당 간의 연립내각이 출범하지만, 사회당이 참여하는 연립내각에 반대하고 보다 급진적인 개혁을 요구하는 대중시위가 계속되었다. 이에 1991년 1월 사회당과 야당 간의 원탁회의가 시작되고 신헌법에 기초한 10월 총선거에서 야당이 다수당이 되면서 체제전환이 이루어진다.

지브코프가 실각하는 데는 국방장관 쥐로프(Dobre Dzhurov)가 지브코프를 지지하지 않고 개혁파를 지지한 것이 중요하게 작용했다. 쥐로프가 군인이라는 점에 초점을 맞추면 군대가 정치에 관여한 것으로 해석될 수 있다. 하지만 쥐로프가 군사력을 동원하여 정치에 개입한 것이 아니라는 점을 강조할 필요가 있다. 쥐로프는 당 정치국원이었고, 군인으로 군대 이익을 대표한다기보다 정치국원으로서 당내 파벌정치에 개입했다고 볼 수 있다. 또한 1989년 10월부터 공산당 후신인 사회당이 총선에서 패배한 1991년 10월까지 대중들의 폭력적 시위가 계속되었음에도 불구하고 군대가 시위진압에 동원되지 않았고, 군대 역시 체제전환에 저항하지 않았다.

루마니아는 1947년 소련의 지원 하에 공산화가 이루어졌지만, 1965년 차우셰스쿠(Nicolae Ceausescu)가 당서기장으로 집권한 이후 독자노선을 표방한다. 소련에 대한 군사적 종속을 벗어났다는 점에서 루마니아 군대는 앞에서 제시한 헝가리, 폴란드, 체코슬로바키아, 불가리아 군대와 구분된다. 군사적으로 소련에 의존하지 않기 때문에, 군대의 역할은 사회주의체제 전반을 유지하는 것보다 민족국가를 지키는 데 강조점이 있었다. 하지만, 1980년대 후반 차우셰스쿠가 군대(정규군)보다 국내질서 유지를 담당하는 보안군을 중시하고, 군대에 대해서는 자율성 약화, 특권축소, 장교지위격하를 시도한다. 또한 차우셰스쿠는 정권에 충성하는 보안군의 군대감시활동을 강화하였으며, 심지어 1989년에는 군인승진을 동결하기도 한다. 그래서 군대는 차우셰스쿠에 대해 불만을 갖게 된다.

그런 상황에서 1989년 12월 14일 서부 작은 도시 티미쇼아라에서 차우셰스쿠를 비난한다는 협의로 보안군이 헝가리계 신부를 체포하여 추방하려하자, 이에 반발하여 헝가리계 주민을 물론 인근 주민들이 동참한

항의시위가 발생한다. 차우셰스쿠는 이를 난동으로 규정하고 강경진압을 지시하였고, 경찰 발포에 의해 2,000여 명의 사상자가 발생하였다. 이후 12월 21일 수도 부쿠레슈티에서 차우셰스쿠 주재로 티미쇼아라 시위진압을 자축하는 관제집회가 개최되는 도중, 한 청년이 차우셰스쿠를 비난했다는 이유로 현장에서 체포되자 군중들이 반(反)차우셰스쿠 시위대로 돌변하게 된다.

이때 당 총서기이자 군 최고사령관인 차우셰스쿠는 시위대를 진압하기 위해 군대(정규군)에 동원명령 및 발포명령을 내린다. 하지만 밀리아(Vasile Milea) 국방장관이 발포명령을 거부하고 자살하자, 군대가 차우셰스쿠에 반기를 들고 시위대에 합류한다. 이후 며칠 동안 시위대를 보호하려는 군대와 차우셰스쿠를 지지하는 보안군 간에 시가전이 진행되어 수천 명의 사망자가 발생하는 가운데 군대와 무장한 반정부시위대가 공산당 본부 및 방송국 등을 차례로 점거한다. 차우셰스쿠는 12월 22일 헬기를 타고 탈출을 시도하였지만, 군대에 체포되어 12월 25일 군사재판에서 대량학살 및 부정축재 혐의로 부인과 함께 총살된다. 그리고 12월 26일, 공산당 내 반 차우셰스쿠 세력과 시위대로 구성된 민족구국전선(NSF: National Salvation Front)이 주도하는 과도정권이 발족되면서 공산당 일당독재가 붕괴된다.

루마니아는 12월 14일 시위가 시작된 지 2주가 지나지 않은 매우 짧은 시간에 체제가 전환되었다. 그 과정에서 루마니아 군대(정규군)는 민중 혁명을 진압하라는 독재자의 명령을 어기고 시위대를 보호하는 한편, 친 정권 무력세력인 보안군과 교전하고 차우셰스쿠를 체포, 처형하는 등 체제전환 과정에서 핵심적인 역할을 수행하였다. 루마니아 군대가 차우셰스쿠 정권을 옹호하지 않고, 시위대 편에 선 것은 민중봉기가 일어나기 오래 전부터 차우셰스쿠가 정규군보다 보안군에 의존해서 정권을 유지하려 했고, 그 과정에서 정규군이 상대적 박탈감을 갖게 되었기 때문으로 해석된다.

이상에서 소련을 포함하여 동구사회주의 국가에서의 체제전환과정과 군대의 역할을 간략하게 살펴보았다. 분석을 통해 나타난 사회주의 체제전환에서 군대의 역할을 다음과 같이 요약할 수 있다. 첫째, 체제전환한 모든 사회주의 국가에서 군대가 체제전환을 주도한 경우는 없다. 다시 말하면 사회주의체제에서 군대는 기본적으로 개혁성향을 지니는 집단이 아니라는 점이다. 사회주의체제에서 군대를 상대적으로 우대하였기 때문에, 이들에게는 체제를 개혁하고자하는 의지가 없는 것으로 파악된다.

둘째, 당이 체제전환을 주도한 경우, 군대는 당의 의지를 거스르지 않고 체제전환에 순응하는 경향이 있다. 예를 들어 헝가리의 경우 체제전환과 관련해서 당내 개혁파와 보수파 간에 갈등이 있었는데, 군대는 방관자적 입장을 취하다가 당내 주도권을 갖게 된 개혁파에 순응하였으며 체제전환과정에서 군대의 정치적 역할은 미미했다. 한편 소련의 경우 체제전환초기 일부 군부가 체제전환에 반기를 들어, 당 노선에 반대하는 군대라는 인상을 주었지만, 당 개혁에 군 전체가 반대한 것이 아니라는 점에 유의해야한다. 체제전환과 관련해서 당내에서 개혁파와 보수파가 구분되고, 보수파를 지지하는 일부 군부가 개혁파에 반기를 든 것이다. 하지만 당내 권력투쟁이 개혁파의 승리로 끝나자 군 전체는 큰 저항 없이 당권을 차지한 집단의 노선을 따랐다.

셋째, 당이 아니라 대중이 체제전환을 주도한 경우는 당이 대중들의 체제전환 요구를 수용한 국가(폴란드, 체코슬로바키아, 불가리아)와 당이 대중들의 체제전환 요구를 억압하고자 했던 국가(루마니아)로 구분해서 군대역할을 살펴볼 수 있는데, 중간에 우여곡절이 있다 하더라도

당이 대중의 체제전환 요구를 수용한 국가에서는 체제전환과정에서 군대의 역할은 크지 않은 것으로 나타난다. 당이 대중들의 체제전환 요구를 수용한 국가에서, 당이 군대를 시위진압에 동원하지 않는 한, 군대는 정치와 분리된 채 정치에 개입하지 않는다(폴란드). 당내 보수파가 대중들의 체제전환 요구를 거부하고 대중시위를 진압하려하지만 처음부터 정규군을 동원하는 경우는 없고 초기에는 내무군이나 보안군이 통해 대중시위를 진압하려 한다.[22] 하지만 대중들의 체제전환 시위가 진행되는 동안, 개혁파가 당원을 장악하게 되면서 정규군을 시위진압에 동원하려는 계획은 취소된다(체코슬로바키아, 불가리아).

마지막으로 당이 대중들의 체제전환 요구를 억압하고자 했던 국가(루마니아)에서의 군대 역할을 정리하고자 한다. 대중들의 체제전환 요구에 반대하는 당은 초기에 정규군을 동원하지 않고 내무군과 보안군을 동원하여 대중시위를 억압하려한다. 이때 대중시위가 진압되고 대중들의 체제전환요구가 잠재되었다면, 비록 정규군이 시위진압에 가담하지 않았더라도 정규군은 체제전환을 진압한 당의 군대로 남게 되었을 것이다. 하지만 루마니아의 경우 당을 대표하는 차우셰스쿠가 동원한 내무군과 보안군이 시위를 진압하지 못하고 마침내 정규군을 시위진압에 동원한다. 이 때 차우셰스쿠는 정규군이 자신을 지지할 줄 알았지만, 정규군이 당의 지시를 따르지 않고 시위대 편에 선다. 그리고 정규군이 반당으로 돌아서 시위대에 합류하는 체제전환이 성공하는 결정적인 계기로 작용한다. 하지만 루마니아 정규군이 당보다 대중을 지지하기 때문에 당의

---

22   사회주의국가에서는 시위진압에 정규군을 동원하는 것을 매우 거북해했다. 시위진압에 정규군을 투입하는 것은 내무군이나 보안군이 시위를 진압하지 못한 경우에 고려된다.

지시를 거부한 것으로 보는 것은 지나치게 단순한 해석이다.[23] 민족주의적 성향이 강한 루마니아 군대가 인민에 대한 애착심이 강하다고 하지만 자신들의 이해관계와 무관하게 체제전환을 원하는 주민들의 편을 들었다고 보기는 힘들다. 당이 평소 보안군과 같은 특수 무력집단을 특별 대우하는 과정에서 정규군을 소외시켰다. 그로 인해 상대적 박탈감이 갖게 된 정규군이 당에 대한 반감을 갖게 되었기 때문이다.

전체적으로 보면 사회주의 군대는 체제전환과정에서 당권을 장악한 집단에 종속되는 경우가 대부분이다. 단지 당의 군대에 대한 대우 소홀, 군대의 사회적 위상저하, 군대 내 상대적 박탈감의 팽배 등이 결부되면, 군대가 당의 명령을 따르지 않는 경우가 발생하고, 그 경우에 체제전환과정에 결정적인 역할을 하게 된다. 그러나 당에 반대하는 경우에도, 대중들의 체제전환 요구를 적극적으로 선도하는 역할을 수행하기보다는 수동적으로 반응한다. 따라서 군대의 정치적 역할을 최소화하고자 했던 사회주의체제의 기본적인 운영원리가 군대에 강하게 침윤되어 있다고 할 것이다.[24]

---

23 그런 점에서 사회주의 군대가 자신들의 이해관계와 무관하게 체제전환을 원하는 주민들의 편을 드는 경우는 없었다고 할 수 있다, 군대가 무조건 시위대를 지지한 것이 아니라, 당에 대한 반발이 커서 시위대 편을 들게 된 것이다.

24 사회주의국가에서 '군대의 정치화'와 '군대의 정치적 역할 최소화'는 동전의 양면과 같은 것이다, '군대의 정치화'는 군대가 정치(당)에 종속되어야한다는 측면을 강조한 것이고, '군대의 정치적 역할 최소화'는 군대는 정치(당)의 수단이기 때문에 독자적으로 정치적 행위를 하지 말아야 한다는 것이다. 한편, 북한의 '선군정치'는 군대에 당과 구분되는 정치적 역할을 부여한다는 입장이다. 단, 이 경우에 북한군대는 '수령의 군대'로 군대의 정치적 역할은 어디까지나 수령의 명령을 따르는 것을 전제로 한다, 이에 대해서는 '북한의 민군관계와 군대 역

한편, 중부 및 동유럽 사회주의 국가의 체제전환과정에서 군대의 역할이 미약한 데는 군대에 대한 당의 우위성 외에 추가적으로 외부요인을 고려해야한다. 이는 군대가 소련 '의존형' 군대인가 아니면 '자립형' 군대인가 하는 점, 다른 측면에서 말하면 해당 국가의 군대가 민족주의적 전통이 강한 군대인가 아니면 민족주의적 전통이 약한 국가인가 하는 점이다. 소련의 제외하고, 앞에서 제시한 동구사회주의 국가 중에서 루마니아 군대와 폴란드 군대가 소련으로부터 정치 군사적 영향력을 적게 받았고, 민족주의적 색채가 가장 강했다. 소련이 체제전환과정에 들어서면서 소련 의존형 국가에서 소련의 정치군사적 영향력이 줄어들고, 동시에 군대가 국내에서 갖고 있던 정치적 영향력도 줄어든다. 그런 점에서 소련 의존형 국가의 경우 체제전환과정에서 군대의 역할이 보다 미미할 수밖에 없었을 것이다. 반대로 자립형 군대인 폴란드 군대는 1980년대 폴란드 공산당에서 결정적인 역할을 할 수 있었고, 마찬가지 자립형 군대인 루마니아 군대도 체제전환기 당에 대한 지지를 철회함으로써 체제전환을 가속화하는 데 결정적으로 기여할 수 있었다.

IV. 체제전환초기 군대 역할과 민군관계

사회주의 체제가 전환되면서 사회주의 군대가 직면한 가장 큰 변화는 군대를 통제하던 공산당이 사라졌다는 것이다. 하지만 전환된 체제에서도

할'에 대한 절에서 자세히 논하고자 한다.

군대는 여전히 가장 강력한 무력집단이었기 때문에, 체제전환을 주도한 입장에서 보면 군대가 체제전환을 뒤집을 수 있는 가장 위협적인 잠재세력이라고 생각되었고 빠른 시기에 군대를 정치세력의 통제 하에 두는 장치를 마련하고자 하였다.

가장 먼저 해야 할 작업은 지배정당이었던 공산당과 군대를 분리시키는 것이다. 여기에 포함되는 과제를 거론하면 다음과 같은 것들이다. 헌법과 법률에서 국방과 관련된 규정 전면 재정비, 군대와 특정 정치집단과의 연계 폐지, 군대 내에 있는 공산당독점과 특권 폐지, 군대 정치장교의 권한 삭제, 군대 내의 당 조직 해체, 군대의 업무 중 정당과 관련된 업무 삭제, 군복무를 통한 당원 자격 부여 제도 폐지, 군대내 보직 및 승진 규정 수정, 군대 교육제도 및 교육내용 변화, 군대내 정치학교의 폐지, 군사학교 입학자격 변경 등이다. 이는 매우 복잡하고 방대한 과제이지만, 체제전환으로 권력교체가 이루어지면서 공산당과 군대 간의 형성되어있던 구질서의 해체는 상당히 빠른 속도로 진행되었다.

우선 기존의 당-군대 관계를 청산하고 대신 체제전환에 적합한 민군관계를 형성해야 했다. 이때는 다음과 같은 조건이 충족될 것이 요청된다. 민주적인 문민통제체제 확립, 국방정책의 투명성 확보, 국방부장관의 민간인화, 군 상층부의 교체, 군대 역할의 재정립과 군대재배치, 군조직 재정비 등이다. 하지만 새롭게 민주주의적 민군관계를 수립하는 것은 구질서를 해체하는 것보다 훨씬 어려운 과업이었다. 새로운 체제에서의 군대 통제와 관련해서 모델 역할을 한 것이 서구의 문민통제모델, 소위 군에 대한 민주주의적 통제모델이었다.

이상과 같은 과제를 수행하기 위해서는 가장 먼저 해야 하는 작업이 군대를 지휘하는 명령체제를 확립하는 것이다. 체제전환 국가는 의원내각제, 이원집정부제, 대통령제의 3가지 형태를 기본으로 군대 지휘체제,

명령체제를 구축하였다.[25] 소련의 후신이라 할 수 있는 러시아는 강력한 대통령제를 선택하고 대통령과 대통령이 지명한 국방부장관이 군대를 통제하는 체제를 선택하였다. 헝가리, 폴란드, 체코, 불가리아는 의원내각제를 선택하였고 의회에서 선출된 수상, 국방부장관이 군대를 통제한다. 한편, 루마니아와 슬로바키아는 대통령과 의회가 선출한 수상이 역할을 분담하여 군대를 통제하는 제도를 채택하였다.[26] 그리고 이들 군대에 대한 어떤 명령체계를 구축했느냐에 따라 국가별로 민군관계의 양상이 다른 양상으로 전개된다.[27] 하지만 어떤 명령체계를 택하건 사회주의체제와 달리 군대가 특정 정당의 수단이 되지 않는 방식으로 제도화되었다.

하지만 군대에 대한 명령체제 확립보다 어려운 것이 민주주의적으로 군대를 운영하기 위한 군대 통제체제를 구축하는 것이다. 이는 크게 두 가지 정책 방향으로 추진되었다. 한 방향은 의회에 의한 군대 통제(parliamentary oversight)를 강화하는 것이고(대표적인 것이 국방예산과 조직에 대한 의회의 승인제도), 또 다른 방향은 군대를 탈정치화(depolitization)하고 전문군(professionalization)으로 육성하는 것이다. 하지만 두 가지 방향이 제대로 작동하기 위해서는 많은 시간을 필요로 한다. 왜냐하면 의회가 군대를 통제하려면, 의회가 군대를 통제할 수 있는 전문성과 관련

---

25 군대에 대한 명령체계를 보다 정확히 다루려면, 최고사령관(대통령 또는 수상)과 국방부장관과의 관계, 그리고 국방부장관과 최고선임 장교(예컨대 합참의장)와의 관계를 추가적으로 분석해야한다.

26 체코슬로바키아는 체제전환이후 1993년 체코와 슬로바키아로 분리되었다.

27 한편 군대에 대한 어떤 명령체계가 보다 원활한 민군관계를 형성하고 유지하는 가에 대한 논의는 여기서 하지 않으려 한다. 어떤 제도가 효율적인가에 대해서는 본 외(Born et al., 2006)를 참고할 수 있다.

된 제도를 갖추어야하는데, 사회주의체제에서는 의회에서 군대를 통제하는 기능이나 역할이 없었기 때문이다. 마찬가지로 군대를 탈정치화하고 전문 군으로 육성하는 것도 매우 힘들다. 왜냐하면, 군대가 체제전환을 주도하지 않았기 때문에, 군대 내부에서 새로운 체제에 적합하도록 군대를 어떻게 변모·발전시켜야할 것인지에 대한 구상을 갖고 있는 집단이 없었기 때문이다. 따라서 민주주의적 민군관계를 수립해야한다는 생각은 있었지만, 실제로 민주주의적 민군관계를 수립하기 위한 준비는 되어 있지 않았다고 평가할 수 있다.

또한 실제 과정에서 민주주의적 민군관계 정립을 어렵게 하는 가장 결정적인 요소는 민간인 국방전문가의 부족이었다.[28] 의회, 국방부 및 기타 국방과 관련된 기관, 그리고 언론부문에 필요한 민간인 국방전문가가 크게 부족하였다. 형식적으로는 헝가리, 폴란드, 체코, 슬로바키아, 불가리아, 루마니아는 체제전환초기 10년 내에 한사람 이상의 민간인 출신 국방부 장관을 기용한 바 있다. 또한 헝가리 같은 국가에서는 국방부에 민간인과 군인 비율을 50 : 50으로 하는 목표를 세워 추진하기도 하였다. 그러나 전체적으로 보면 체제전환초기 국방정책의 수립과 집행은 군인 아니면 군 출신이 독점에 가까운 역할을 수행한다. 민간인 전문가가 부족하기 때문에 실질적으로는 군인이 주도하여 국방정책을 수립하고 집행하는 관행이 계속된 것이다.

그런데 군인 및 군 출신은 과거 사회주의체제에서와 마찬가지 방식으로 군대를 운영하고자 하였다. 국방과 관련된 의사결정은 비밀주의와 관료주의가 지배했다. 또한 의회는 물론이고, 정부 내 타 부처와 협력관

---

28   모든 체제전환국에서 초기 민주주의적 민군관계를 정착시키기 어려웠던 요인으로 공통적으로 지적된다(Jones and Michajlyszyn, 2002).

계를 구축하는 데에 소홀했으며, 주민들에게 국방과 정보를 공개하려 하지도 않았다, 그럼에도 민간인 국방전문가가 태부족했기 때문에 국방관련 이슈가 시민사회에서 논의되지 못하였다.

한편, 민주주의적 문민통제를 하는데 필요한 군의 탈정치화도 쉽게 이루어지지 않았다. 군대가 특정 당의 수단이 되지 않도록 민주주의적 문민통제 '제도'는 만들었지만, 군인들은 민주주의적 가치를 내면화하지 못하고 사회주의체제의 군대문화를 여전히 유지하고 있었다. 군대는 쉽게 집권 정당이나 집권자의 정치적 수단으로서의 역할을 수행하였다.[29]

거시적으로 보면 체제전환국가가 처한 안보환경자체가 이들 국가로 하여금 민주주의적 민군관계를 수립하는 것이 중요한 국가정책이라는 점을 망각하게 한 측면이 존재한다. 사회주의국가가 체제전환을 하면서 자본주의체제와의 체제대결이 사라졌다. 체제를 위협하는 외부적 위협이 줄어들면 군대에 대한 관심을 자동적으로 줄어들게 마련이다. 그리고 탈사회주의로 전환할 때 군대가 핵심적인 역할을 수행하지 않았기 때문에 정치세력은 물론 군인 스스로 군대에 대한 정책을 중시해달라는 요구를 할 수 있는 입장이 되지 못했다. 또한, 일단 대통령제건 의원내각제건 명령체계가 구축되면 앞에서 언급한 것처럼 군대는 명령체계에 순응하는 경향이 있었다. 즉, 군대가 체제전환을 저해하는 내부적인 위협으로 등장하지 않았다는 점이다.

체제전환 국가의 최우선 정책은 '경제'에 있었다. 체제전환 초기 군대의 역할은 명확하게 정립되지 못하였고, 군대의 위상은 다음과 같이 크

---

29 나토는 체제전환국 군대에 자유주의적 문화를 확산시키기 위한 방법으로 다수의 장교를 나토 군사학교(미국, 독일, 영국 등)에 입교시켜 교육하고 또한 체제전환국가와 연합훈련(PfP: Partnership for Peace)을 실시한다.

게 저하된다. 첫째, 국가를 수호하는 집단이라는 정체성이 상실된다. 사회주의체제에서 군은 체제를 성립시키는데 일등공신이었다. 또한 끊임없는 외부 자본주의세력으로부터의 위협으로부터(실제건 아니면 가상적이건) 체제를 수호하는 역할을 수행하였다. 그러나 사회주의체제가 멸망함으로써 체제대립이 사라지고 자연스럽게 외부위협이 없어져버렸다. 극단적으로 표현하면 군대가 할 일이 없어져 버린 것이다. 특히 사회주의가 정착하면서 군대(정규군) 역할이 외부위협에 대응하는 데 초점이 맞추어졌기 때문에 체제전환 후에 군대가 경험한 역할 상실감은 매우 컸다.

둘째, 군대가 핵심 사회세력이라는 자긍심을 잃게 된다. 사회주의체제를 허무는 데 군대의 역할이 크지 않았고, 군대가 새 체제를 정립하거나 발전시키는데 필요한 역할이 무엇인지 쉽게 찾지 못하였다. 그리고 체제전환이 이루어지자 집권세력은 군대를 하찮게 다루고 무시하기까지 한다. 정치인에 의한 군대 평가 저하는 군대로 하여금 불신감과 패배감을 갖게 한다. 그 결과 군대가 사회에 필요한 핵심집단이라는 자긍심을 갖지 못하고 의기소침에 빠지게 된다.

셋째, 군대에 대한 예산 및 인력이 크게 삭감되었다. 위협의 상실은 군대의 존재 기반을 흔들어버린다. 위협이 낮아지면 자연스럽게 군대를 지원할 필요성이 낮아지고 군대에 배당하는 예산을 크게 줄이기 마련이다. 이는 인력규모에도 마찬가지로 적용된다. 보수 수준이 낮아지고 인력 감축이 감축되면 젊은이들은 군대를 떠나고, 군대의 사기는 저하되고, 군대 기술수준은 낙후되며, 군대내 부정과 부패가 증가한다.

체제전환초기 민군관계는 사회주의 시기의 민군관계와 비교했을 때 악화되었다고 평할 수 있다. 첫째, 정치가 체제개혁을 추진하는 한편, 군대는 보수적이고 반개혁적인 성향을 갖는다. 권력 엘리트의 입장에서 보면 군대는 개혁의 걸림돌이 되고, 주민의 입장에서 보면 군대는 기피대상이 된다. 둘째, 사회가 서구가치를 수용하는데 앞장선다면, 군대는 서구가치의 수용을 주저한다. 주민의 입장에서 보면 군대는 고루하고 침체되어 있으며 사회발전을 저해하는 집단으로 보인다. 셋째, 그 과정에서 군대의 사회적 지위는 낮아지고 군대는 내부적으로 분열된다. 군대 내에서는 엘리트부대만 선호하고 야전을 기피하는 현상이 나타난다.

체제전환 초기 군대 역할이 모호해지고 민군관계가 악화되었다. 이에 체제전환 국가는 군대개혁과 군대전문화를 추진하게 된다(대표적인 연구가 Cottey, Foster and Edmunds eds., 2002b). 하지만, 군대의 정치개입을 방지하고 문민통치를 확보하는 1세대 민주적 문민통제는 달성되어 가지만, 정치, 시민사회, 군대 3자가 모두 민주주의이념을 내면화하면서 군대에 대한 민주적 통제를 제도화하는 2세대 민주적 문민통제를 이루기는 쉽지 않았다.[30] 그 과정에서 2세대 민주적 문민통제를 확보하기 위해서는 군대(정규군)개혁 만으로는 부족하다는 인식에 이르게 된다. 사회주의체제에서 무력은 분화되었고, 보안군(정보기관)이나 내무군(경찰 등) 역시 군대(정규군) 이상으로 개혁이 필요한 집단이다.[31] 그리고 시민사회가 보다 적극적이고 광범위하게 안보 및 국방 분야에 참여하는 방안을 모색하게 된다.

---

30 2세대 과제를 '국방 및 안보분야에 있어서의 민주적 거버넌스'(Cottey, Edmunds and Foster, 2002)라고 지칭한다.

31 이에 군대개혁이 아닌 안보부문개혁(SSR: Security Secter Reform)으로 개혁 범위가 확장된다.

V. 북한의 민군관계와 군 역할: 현 상태와 전망

이상에서 체제전환국의 민군관계와 군대의 역할에 대해서 살펴보았다. 그렇다면 북한은 어떠한가? 북한의 민군관계와 군 역할에 대해 분석은 사회주의 군대의 역할을 규정하는 1차적인 요인인 당-국가체제의 일반적 특성에 더하여 북한체제의 특수성을 고려하여야 한다.[32] 당이 아닌 수령에 의한 '유일지도체제', 그리고 체제 몰락에 대처하기 위해 고안한 '선군정치' 등에서 사회주의체제 국가의 군대와 구분되는 북한 군대의 특수성이 드러날 것이다.

북한이 일제로 부터 해방될 수 있었던 것은 소련이 북한지역을 군사적으로 점령하였기 때문이다. 소련의 정치군사적 영향력 하에서 김일성이 북한에 사회주의체제를 수립하고자 했다. 김일성은 소련의 후원 하에 '보안대'라는 치안기구 설치했으며, 이를 바탕으로 1948년 2월 북한군대 (조선인민군)을 창설하게 된다. 하지만 이때는 북조선노동당이 북한에 존재했던 여러 정당 중 하나였고, 북조선노동당내에서도 김일성이 당권을 확실하게 장악한 시기도 아니었다. 군대는 당과 유기적인 연대 없이 수립되어 군대 내부에 특정 당의 영향력을 인정하지 않았고 군대 내부에 당 조직도 없었다.[33] 그래서 김일성은 군대창설 연설에서 북한군대는 '인민의 군대'라고 선언한다. 그리고 군 지휘체제 역시 사회주의체제 전형적인 모습인 정치위원이 지휘관을 견제하는 '이중명령체제'가 아니라 군

---

32 북한군대의 성격과 역할에 대해서는 이대근(2009), 백학순(2011)을 많이 참고하였다.

33 그 이유는 '통일전선전략' 때문이었다.

사지휘관이 단독으로 책임지고 운영하는 군사유일관리제였다.[34]

그러나 김일성이 6.25전쟁, 8월종파사건 등을 거쳐 정권을 확실하게 장악하면서 군대에 대한 당적 지도를 강화한다. 특히 김일성을 축출하고자 계획했던 1956년 8월 종파사건에 군대와 직업동맹의 일부 간부가 관여했기 때문에, 1958년 3월 김일성은 군사유일관리제를 폐지하고 군대에 '당위원회'설치를 설치한다. 이에 북한군대에도 최고사령관에서 총참모장을 거쳐 각급 지휘관으로 이어지는 '군명령체계'와 당중앙군사위원회에서 총정치국과 각급 정치부로 이어지는 '당명령체계'가 병존하는 사회주의군대 특징인 이중명령체계가 구축되고, 북한군대가 완전히 '당의 군대'로서 역할을 하게 된다.[35]

이후 김일성은 개인지배체제를 강화해서 1967년 5월 당 중앙위 제4기 제15차 전원회의에서 '당의 유일사상체계' 확립을 선언한다.[36] 이 때 당 유일사상은 '김일성 혁명사상', '김일성주의'라고 요약할 수 있는 데, 온 사회의 김일성주의화를 조선노동당의 최고 강령으로 선포하면서, 군대는 '당의 군대'인 동시에 '수령의 군대'라는 성격을 갖게 된다. 그리고

---

34 어떠한 경우에도 국가폭력을 독점적으로 관리하는 군대에 대한 정치적 통제를 포기할 수는 없는 것이 상식이다. 이에 '문화부'라는 정치사상교양 전담부서를 통해 군대에 대한 정치교육을 실시하였다. 하지만 당시 문화부의 임무는 지휘관의 방침을 정치적으로 지원하는 것으로 제한되어서 아직 군대를 감시 통제하는 조직은 아니었다.

35 총정치국은 당정치사업을 조직하고 수행하는 인민군 당위원회를 집행기구로서 사실상 인민군 당위원회를 대표한다(이대근, 2009: 145).

36 동시에 소련의 정치군사적 영향력으로 부터 벗어난 '자립형' 군대를 추구한다.

군대에 대한 수령의 영도가 당을 통해서 이루어진다고 주창됨으로써, 현실적으로는 '당의 군대'라는 특성보다 '수령의 군대'라는 특성을 우선시하게 된다.

이후 김일성의 항일유격대 활동을 북한군대의 정당성을 담보하는 유일한 역사로 간주하면서, 1978년 북한군(조선인민군) 창설일을 기존의 1948년 2월 8일에서 김일성이 항일무장투쟁을 위해 반일인민유격대를 창설했다는 1932년 4월 25일로 바꾸어버린다.[37] 북한 사회주의체제 역사에서 김일성의 항일유격대를 강조하는 것은 북한에서 군대의 중요성을 강조한 것이다. 하지만 동시에 북한군대가 수령의 군대라는 특징을 각인시키기 위한 방법이기도 하다.

또한 북한은 체제를 유지하기 위해 지속적으로 미국으로부터의 군사적 위협을 강조하였다. 북한에서 군대는 김일성 항일혁명전통의 계승자이자, 수령을 따르는 면에 있어 사회의 여타 부문이 배워야할 모범적인 집단인 동시에, 외부의 군사적 위협으로부터 체제를 수호하는 가장 중요한 집단이다. 그 결과 북한은 소련이나 중부 및 동유럽 사회주의국가보다 당중앙위원 같은 당고위직에서 군인이 차지하는 비율이 상대적으로 높은 특징을 갖고 있다.[38]

하지만 북한체제가 견고해지는 과정에서 다른 사회주의국가와 마찬

---

[37] 이로서 북한은 통상적인 사회주의체제와 달리 '당' 창건보다 '군' 창건이 앞서는 특이한 성격을 지닌 체제가 되었다. 하지만 김정은이 집권하고 2017년 북한군 창건일을 다시 2월 8일로 환원시킨다. 이는 지나치게 군대 역할을 강조했던 군중시 편향을 정상적인 당-국가체제로 환원하고자하는 시도로 보인다.

[38] 오랜 내전이나 게릴라전 등을 거쳐 공산화된 국가인 쿠바, 중국, 베트남 등에서 고위직 중에서 군인 이 차지하는 비율이 높다.

가지로 북한 무력(armed forces)도 역할분화가 이루어진다. 초기에는 대외위협에 대응하는 정규군(인민무력성)[39]과 대내위협(치안유지 및 반당·반국가행위자 색출·검거와 주민 이동사항 통제) 제거를 관장하는 사회안전부로 대별되었다. 그러나 점차 대내위협을 담당하는 사회안전부가 호위군(호위사령부)[40], 보안군(국가보위성)[41], 인민내무군(인민보안성)[42], 국경수비대(국경경비총국)[43] 등으로 세분화된다.

　　그리고 정규군보다 호위군, 보안군이나 내무군이 주민들의 실생활에 큰 영향력을 발휘한다.

　　전선(前線)에 주로 배치된 정규군은 군사력 면에서는 타 무력을 압도

39　북한내부 조직개편 등으로 명칭이 자주 바뀌었다. 1948년 민족보위성에서 출발하여, 1972년 인민무력부로 개칭되었다가 1998년 인민무력성으로 개칭된다. 이후 2000년 다시 인민무력부로, 2016년 다시 인민무력성으로 재개칭된다.

40　호위군은 수령을 호위하는 조직으로 한국의 대통령 경호실 역할을 수행한다. 1950년 경 호위국이 사회안전부에서 분리되었으며, 1960년대 후반 호위사령부로 확대되었다, 1980년대 호위총국으로 개칭되었다가 1992년 호위사령부로 증편되었으며, 인민무력성에 속하지 않은 최고사령관 직속 부대이다.

41　보안군은 반당·반국가행위자 색출·검거가 주된 임무이다. 사회안전부 정치보위국에서 1973년 국가정치보위부로 분리되었으며, 1982년 국가보위부, 1993년 국가안전보위부로 명칭이 바뀌었고, 2016년 국가보위성으로 개칭되었다.

42　대내위협 제거를 담당하는 사회안전부에서 호위군이나 보안군 역할을 담당하는 무력이 별도 조직으로 분리되고, 주로 주요시설 경비나 치안, 주민감시를 담당하는 병력이다.

43　국경수비는 초기 사회안전부에서 담당하다가, 김정일 시기 인민무력부 산하에서 국경경비사령국 또는 국경경비총국이었다가 김정은 집권후 국가보위성 산하로 소속이 변경되었다,

할 만큼 강할지라도 정치적 영향력은 크지 않았다. 또한 정규군이 갖고 있는 압도적인 무장력은 군 내부 이중명령체계를 통해 감시, 통제되었다. 따라서 북한체제는 중부 및 동유럽 사회주의국가보다 체제의 '군사적 성격은 강하지만, 군대가 지배하는 국가는 아니었다'고 할 수 있다.

그럼에도 군대가 막강한 무력집단이라는 것은 북한에서도 변하지 않는 현실이기에 통치자들은 늘 군대가 잠재적인 위협이라고 간주하게 된다. 그래서 체제가 위기에 닥칠 때 마다 통치자는 군대가 자신의 통제 하에 있음을 확인하고, 또한 군대가 보유하고 있는 무력에 기대어 체제를 유지하려고 한다. 사회주의체제 통치자에게 발생하는 가장 대표적인 위기가 통치자의 승계/계승 시기에 나타날 수 있는 권력엘리트의 모반 가능성과 체제능력이 떨어졌을 때 나타날 수 있는 대중들의 반체제 행동이다. 이는 북한체제에서도 마찬가지이다. 그래서 북한은 김일성에서 김정일에게, 마찬가지로 김정일에서 김정은에게 권력을 이양할 때, 최고사령관이라는 군사적 지위 계승을 매우 중요시하고, 군인을 중용한다.

여기에 덧붙여 김정일은 소련 등 사회주의체제가 전환되는 과정에서 군대의 체제수호의지가 미력했음을 반면교사로 삼아 '선군정치(military policy first)'를 내세운다. 사회주의 체제전환 과정에서 '군대의 불복종(루마아)', '반혁명의 도구화(소련)', '반사회주의 폭동외면(폴란드)' 등이 있었는데, '군부가 흔들리지 않고 사회주의배신자들에게 단호하고도 무자비한 총소리를 울리었다면 사태는 달리되었을 것'(김철우, 2000: 2-3)이라는 인식이 북한이 선군정치를 주창하게 된 배경이다. 그러면서 군대를 '비정치화된 집단'으로 만든 것이 군대가 체제전환에 저항하지 않은 이유라고 설명한다.[44] 따라서 김정일이 내세운 선군정치란 북한군으로

---

44 민주주의체제에서는 군대를 '탈정치화'하려하지만, 사회주의체제에서는

하여금 수령의 군대로서 철저하게 수령의 명령, 당의 명령에 복종케 하는 것으로 볼 수 있다.[45]

군대로 하여금 수령의 명령에 복속시키기 위해 김정일이 실시한 가장 특징적인 조치는 군대에 '혁명의 주력군'이라는 지위를 부여했다는 점이다. 통상 공산주의혁명이론에서 혁명의 주력은 노동자, 농민이고 군대는 혁명적 폭력의 '수단'이다. 그런데 북한은 2009년 헌법을 개정하면서 노동자, 농민, 근로인테리에 있다는 기존 헌법조항을 수정하여 군대를 추가하였다. 선군정치를 통해 군대는 노동자, 농민, 근로인테리와 구분되는 별개 범주로 동등한 주권을 갖고 있는 집단이 된 것이다.

비록 김일성, 김정일을 거치면서 북한통치자가 군대로 하여금 '인민의 군대'에서 '당의 군대', '수령의 군대'로 변용하고자 했지만, 북한주민의 입장에서 보면 어디까지나 '군대'는 자신들의 아들·딸로 구성된 인민의 군대라는 인식이 강하게 남아있었을 것이다. 하지만 이렇게 군대를 노동자, 농민 등과 구분하면, 논리적으로 노동자 농민 등이 수령 등에 반기를 들었을 때, 군대를 노동자, 농민을 탄압하는 데 동원하는 것이 정당화된다.[46] 2009년 헌법에서 '공화국 무장력', 즉 군대의 사명을 과거의

군대를 (당의 지시를 따르도록) '정치화'한다. 따라서 북한은 사회주의국가 군대가 당의 지시를 따르지 않는 이유를 군대의 탈정치화에서 찾는다.

45 '선군정치'는 사회구성원 중 무력관리자인 '군대(armed forces)'를 중시하겠다는 것과 국가정책 중 '군사(military affair)'을 우선하겠다는 것으로 내용분화가 나타난다. 국방위원회 강화 등은 두 가지를 모두 실현하기 위한 조치로 해석된다. 여기에서는 국방위원회에 대한 논의를 생략하고자 한다.

46 비록 김일성, 김정일을 거치면서 북한통치자가 군대로 하여금 '인민의 군대'에서 '당의 군대', '수령의 군대'로 변용하고자 했지만, 북한주민의 입장에서

'혁명의 전취물을 보위'하는 것에서, '선군혁명로선을 관철하여 혁명의 수뇌부를 보위'하는 것으로 수정한 것도 군대가 '수령의 군대'라는 것을 보다 확실하게 하려는 같은 목적에서 개정한 것으로 해석할 수 있다. 김정일이 선군정치를 주창한 주요 이유 중 하나는 북한군대를 '수령의 군대'로 제도화시킨 것이다.[47]

하지만, 북한에서는 중부 및 동유럽 사회주의국가에서와 달리 체제를 전환하려는 움직임이 '당' 주도나 '대중' 주도 어디에서도 발생하지 않았다. 북한은 기존의 사회주의 체제 운영원리를 그대로 유지한 채, 김정일(2001)의 '강성대국 건설의 요구에 맞게 사회주의경제관리를 개선 강화할 데 대하여'와 같은 지침을 바탕으로 시장 운영을 일부 허용하는 등 경제관리 면에서 부분적인 개선조치를 취한다.

그리고 대중들은 시장을 활용하여 생계를 유지하는 데 급급하였고, 그중 일부는 시장을 매개로 새로운 방식으로 부를 축적하기도 하였다. 또한 소수는 북한지역 외부로 탈출한다. 북한 대중들이 체제가 전환되어야 한다는 인식을 갖기보다 개인수준에서 생존방법을 찾는 방식으로 적응한 것이다. 물론 북한당국의 변덕스러운 시장정책이나 갑작스러운 화폐개혁에 대해서 일부 주민들이 불만을 표시하고 때로 소규모 시위로 발전하기도 하였지만 대규모 시위로 확대되지는 않았다. 시위는 자연적으

보면 어디까지나 '군대'는 자신들의 아들·딸로 구성된 인민의 군대라는 인식이 강하게 남아있었을 것이다.

47 또 다른 이유로 들 수 있는 것이 1990년대 들어와 심각한 경제침체로 배급제가 와해되면서 주민통제가 이완되고 주민동원이 어려워졌다는 점이다. 당시 북한통치자들이 경제건설 등 다양한 목적을 실현하기 위해 체계적으로 동원할 수 있는 유일한 집단이 군대였을 것이다.

로 사그라지기도 하고, 내무군이 쉽게 진압할 수 있는 정도였다.

대중으로부터 체제전환 움직임이 없다면, 시위진압을 위해 '군대'를 동원할 이유가 없고, 군대로 하여금 수령을 보위하는 데 충실하도록 강제할 필요가 없을 것이다. 왜냐하면 군대는 사회주의 체제에서 기득권 집단에 속해있기 때문이다. 따라서 아래로부터의 체제전환 움직임이 보이지 않는 경우, 군대를 지나치게 우대하는 것은 체제를 운영하는 입장에서는 오히려 부담이 된다. 김정일은 당의 능력이 약화된 상태에서 수령이라는 개인적인 영향력을 최대한 발휘하여 군대를 통제할 수 있었다.

하지만 김정일 사망 후 김정은이 체제를 이어받았을 때, 군대는 김정일의 선군정치 영향으로 사회적 위상이 높아지고 그만큼 사회적 이권을 많이 차지한 집단으로 과잉 성장한 상태였다. 권력세습 기간이 짧았던 김정은의 위상은 김정일의 위상에 비해 크게 낮았을 것이다. 이에 김정은은 집권 후 얼마 지나지 않아 과잉 성장한 군대를 정상화하기 위한 조치를 취한다.[48] '당에 의한 군 통제'를 강화하여 군대의 위상을 정상화시키려는 것이다. 대표적인 것이 2012년 군대의 정치적 역할을 통제하는 총정치국장에 군인출신이 아닌 최용해를 임명한 것을 들 수 있다.[49] 최용

---

[48] 북한은 2009년 헌법 개정에서 선군사상을 주체사상과 더불어 통치이념에 추가하였고, 2012년 헌법 개정에서 김정일을 김일성과 같은 위상으로 다룬다. 그렇기 때문에 김정은은 선군정치 계승을 주장한다. 하지만 이 때 선군정치는 국가정책 중 '군사(military affair)'을 우선하겠다는 것으로 군인을 중시하는 것과는 차이가 있다. 2016년 헌법 개정에서는 국방위원회를 국무위원회로 개편하는데 이 역시 과잉 성장한 군대 역할을 사회주의체제의 정상적인 군대의 역할로 되돌리려는 의도로 해석된다.

[49] 최용해는 항일유격대 출신인 최현(인민무력상 역임)의 아들로 군대에 익숙한 인물이지만 군경험이 없다. 그런데 김정은이 갑자기 대장계급장을 부여하

해는 오래 동안 청소년에게 '당' 의식을 주입시키는 '김일성사회주의청년동맹'을 대표했기 때문에, 당의 입장에서 군대를 통제하는 역할을 수행하는데 가장 적합한 인물이라고 할 수 있다.[50]

과잉성장한 군의 역할을 줄이는 한편, 김정은은 보안군(국가보위성)와 내무군(인민보안성), 그리고 국경수비대(국가보위성)를 이용한 주민통제를 강화한다.[51] 국가보위성은 원래 반체제 사범 색출이 주된 임무였으나, 일반범죄 수사권도 부여함으로서 모든 범죄를 취급하고, 당, 보안기관, 검찰소 등도 검열 수사하는 가장 강력한 북한체제 수호기관이다. 그리고 김정은은 인민보안성 내무군 산하에 주민들의 소요 및 시위가 발생할 경우 군의 개입에 앞서서 1차적으로 주민들을 저지할 것을 목적으로 '기동타격대라는' 무장 전투경찰을 상설한다(홍민, 2017: 110-112). 이들은 폭동이나 소요가 발생하면 주모자를 색출 제거하거나 중심을 와해시키는 임무를 수행한다. 그리고 2012년부터 기동타격대의 규모가 커지고, 위상이 강화되며, 무장수준이 증가하고 있다.[52] 북한에서 기동타격대가 운영된다는 것은 북한 주민들에게 불만이 축적되어 있고, 우발적

<hr />

고 총정치국장으로 임명한다.

50   최용해 다음에 인민군 총정치국장을 맡은 황병서는 비록 군인이지만 야전(정규군)에서 활동하지 않고 당 조직지도부에서 군사를 담당했었다.

51   김정은은 2012년 4월 인민무력부 소속 국경경비총국을 국가안전보위부로 이관시킨다(홍민, 2017: 110). 이는 정규군(인민무력부)보다 보안군이 주민통제에 대한 책임을 두고자하는 의도라고 생각한다.

52   주민소요가 발생하지 않아 실적이 없게 되자 기동타격대는 소요진압이라는 본래 목적 외에 사회질서 유지, 비법행위 단속 등 통상 내무군이 하는 역할도 함께 수행한다.

사건을 계기로 주민시위가 확대될 가능성이 있다는 것을 시사해 준다.[53]

이미 과거부터 북한군이 정규군, 보안군 및 내무군 등으로 역할분화가 나타나면서 주민과 보안군 및 내무군 간에는 갈등관계가 형성되어 있었다. 김정일 시대에는 경제난이 심화되면서 주민과 보안군, 내무군 간에 갈등의 골은 더 깊어졌다. 그리고 김정은 시기 주민들 사이에 경제적인 양극화가 진행되면서 상층 주민을 제외한 일반주민과 보안군, 내무군 간의 갈등은 보다 첨예화될 가능성이 높아지고 있다.

한편 주민과 정규군과의 관계도 김정일 시대 경제난이 심화되면서 나빠진다. 제대로 보급을 받지 못한 군인들이 기강이 해이해지면서, 군대가 주민들에게 피해를 주는 행태가 만연하였기 때문이다. 이에 김정일은 군대와 주민간의 사회통합을 유지하기 위해 '군민일치운동'을 강조한다.[54] 그러나 주민과 군대와의 관계개선을 노리고 전개된 것이 군민일치운동이지만, 그 과정에서 민군갈등을 낳는 역기능이 발생한다. 주민과 군대 모두 경제난으로 생존이 불확실한 상태에서 상대편을 지원하라는 것은 주민에게 도움보다는 부담으로 다가오기 때문이다. 그렇지만 군대에 대한 주민의 불만이 집단적인 반군활동으로 나타날 가능성은 높지 않다. 여타 사회주의체제국가와 마찬가지로 정규군이 국민 중에 차지하는 비율이 높아 주민과 정규군 간에는 일정한 연대감이 형성되어 있기 때문

---

53   2009년도 전격적으로 단행된 화폐개혁에 대한 불만으로 주민들이 집단 반발한 것이 기동타격대의 창설배경이라고 한다.

54   북한에서 군민일치운동이 김일성의 항일유격대 시기부터 강조했다고 주장한다. 그러나 김일성 시대에는 구호로만 존재했고 하나의 동원운동으로 확대재생산되지 않았다. 군민일치운동을 체계화하여 정권유지수단으로 활용한 것은 김정일이 1991년 최고사령관에 취임하면서 부터이다(김병조, 2006).

이다.

현재의 북한군대 국내적 역할과 민군관계를 요약하면 다음과 같다. 북한 권력층은 극심한 경제난 속에서 개방·개혁을 유보한 채, 사회주의 방식으로 군대를 운영하고 있다. 군대(정규군)에 대해서는 체제를 보위하는 최종적인 무력으로 간주하고, 일상적인 주민들의 불만이나 반체제 움직임은 군대(정규군)가 아닌 보안군이나 내무군을 이용해서 억제하고 있다. 시장 등을 이용해서 개인적으로 생존을 모색하는 과정에서 부딪치는 보안군이나 내무군에 대해 북한주민들의 불만은 매우 크다. 군대에 대해서는 예전과 같은 존경심을 갖고 있지는 않지만 외부 위협으로부터 체제의 안정을 보호해주는 집단이라는 인식을 유지하고 있고, 군대에 대해서는 어느 정도의 애착심을 갖고 있다. 그리고 북한군대 역시 주민에 대해 비슷한 정도의 연대감을 갖고 있다.

그렇다면 체제전환이 시도되었을 때, 북한군의 역할을 어떠할 것인가? 현재의 시점에서 북한이 개방·개혁 정책을 시도할 것인지 시도하면 언제 시도할 것인지 짐작하기는 쉽지 않다. 다만, 김정은이 집권 직후부터 경제난 극복을 최우선 국가정책으로 내세우고 있다는 점을 중시하고자 한다.[55]

현재와 같이 국제사회로 부터 경제제재가 지속된다면 자급자족 경제

---

55 김정은은 권력승계 이후 최초의 대중연설에게 '우리 인민이 다시는 허리띠를 조이기 않게 하며 사회주의 부귀영화를 누리게 하자는 것이 우리당의 확고한 결심(2012.4.15.)'이라고 천명한다. 또한 국가발전전략으로 2013년 3월 노동당 중앙위 전원회의에서 '경제건설과 핵무기건설을 병진'정책을 내세우는 데, 핵무기 개발보다 경제건설을 앞에 내세운 것은 경제건설에 궁극적 목표가 있음을 시사한다.

를 어느 정도 유지할 수 있을지 몰라도, 결코 김정은이 바라는 '사회주의 부귀영화'를 누리지는 못할 것이다. 주민들의 불만도 커질 것이다. 그래서 김정은 정권시기 '언젠가' 북한이 개방·개혁을 시도할 것이라고 가정하고 논의를 진행하고자 한다. 여러 가지 시나리오가 가능하지만, '김정은(그리고 당) 주도의 개방·개혁 실시', '개방·개혁과 관련해서 김정은을 포함한 지배엘리트 내의 분열 발생', '김정은(그리고 당)은 개방·개혁을 반대하지만 주민들의 개방·개혁을 요구'하는 경우 등 세 가지를 상정하고자 한다.

첫째는 김정은(그리고 당)이 주도해서 개방·개혁을 실시하는 경우이다. 북한정권이 중부 및 동유럽 사회주의국가가 개방·개혁을 실시하는 경우 체제전환으로 귀결된 것을 알고 있기 때문에, 북한정권은 정치체제를 유지하는 선에서 개방 및 개혁을 실시하고자할 것이다. 이 경우 북한 군대는 북한정권과 이해관계를 함께 하면서 북한정권의 개방·개혁 정책에 순응할 것으로 예상된다.

둘째, 개방·개혁과 관련해서 김정은을 포함한 지배엘리트 내에 분열이 발생하는 경우이다. 북한정권이 유일지도체제를 유지하는 한, 지배엘리트의 일부가 개방·개혁을 시도한다고 해도 김정은이 반대한다면 개방·개혁 정책은 가시화되지 않을 것이다.[56] 하지만 김정은이 개방·개혁을 시도하지만 일부 지배엘리트가 개방·개혁을 반대하는 경우가 있을 수 있다. 이 때, 김정은은 '보안군'을 동원해서 개방·개혁을 반대하는 지배엘리트를 제거하려고 노력할 것이다. 지배엘리트 내부 투쟁에 '정규

---

56 김정은 유일지도체제에서 분파행동이 어렵다는 것을 보여주는 대표적인 예가 장성택 처형이다.

군'의 군사력을 동원되지 않을 것이다.[57] 북한군대는 지배엘리트 간의 투쟁에서 승리한 집단 편에 설 것이다.

셋째, 김정은(그리고 당)은 개방·개혁을 반대하지만 주민들의 강하게 개방·개혁을 요구하는 경우이다. 이 경우 북한정권은 정규군을 동원하지 않고 일차적으로 보안군과 내무군을 동원해서 주민들의 요구나 시위를 진압하려 할 것이다. 북한에서 시민사회의 성장이 미약하기 때문에, 보안군과 내무군이 갖고 있는 무력에 의해 북한주민의 시위가 진압될 가능성이 높다. 주민들의 시위가 보안군·내무군에 의해 진압될 경우, 정규군은 특별한 행동을 취하지는 않지만, 북한정권을 지지하는 집단으로 남아있을 것이다.

그러나 가능성이 낮지만, 보안군이나 내무군을 동원했지만 주민들의 시위를 진압하지 못하는 경우가 있을 수 있다. 미국 그리고 한국과 북한 간의 적대적 관계가 해소된 상황에서,[58] 북한주민들이 보안군이나 내무군의 시위진압에 강력하게 저항하는 경우이다. 그러면 북한정권은 최종적인 수단으로 정규군을 동원하고자 할 것이다. 이때 북한군대는 정권의 명령에 따라 주민시위를 진압할 것인가? 아니면 정권의 명령을 어기도 주민시위를 지지할 것인가? 즉 북한군대가 선군정치를 받아들여 '수령의 군대'로서 역할을 수행할 것인가? 아니면 주민들의 아들·딸로서 '인

---

57   일부 고위 군장교가 개혁·개방을 반대하는 분파에 속하는 경우가 있겠지만, 이들이 '선군정치'를 내면화한 정규군을 동원하지는 못할 것이다.

58   북한정권이 외부로부터의 체제위협을 강조하는 한, 주민들의 시위강도나 시위참여가 일정 한도를 넘기가 힘들다. 왜냐하면 외부위협이 큰 경우, 체제내부에서 체제안정을 해치는 행위는 '적'을 이롭게 하는 이적행위라는 논리에 대부분의 주민들이 설득되기 때문이다.

민의 군대' 역할을 할 것인가? 북한군대는 갈림길에 서게 된다.

북한 군대가 어느 길을 선택할 것인가는 향후 북한정권이 정규군의 사회적 위상을 어떻게 부여하는가에 달려 있다고 본다. 정규군 중에서도 상대적으로 우대받는 특수집단이 존재하는 경우, 이들은 보안군이나 내무군과 마찬가지로 정권의 명령을 따를 것이 예상된다. 그러나 보안군이나 내무군, 그리고 특수부대에 대해 상대적인 박탈감을 느끼는 군대는 주민시위를 진압하는 명령을 따를 것인지 아니면 따르지 않을 것인지 고민하게 될 것이다. 현재 김정은이 김정일 시대만큼 '군대'를 중시하는 정책을 펴지 않고 있다는 점이 정규군으로 하여금 불만을 갖게 하는 요인이 되고 있다. 여기에 덧붙여 북한정권의 비정통성, 비윤리성, 반인권성 등이 군대 내에 확산되어 있다면 정규군 전부는 아닐지라도 일부 정규군은 북한정권의 명령을 따르지 않고, 주민시위대를 지지하는 행동에 나설 수 있을 것이다.

VI. 결론

우리나라에서 북한군대는 북한체제를 지지하는 가장 큰 세력이자, 북한체제의 전환을 가장 싫어하는 집단이라고 인식하고 있다. 같은 맥락에서 북한군대가 북한정권을 옹위하는 데 앞장서는 집단이며, 체제전환에 대한 가장 큰 저항세력이라고 본다.

하지만 중부 및 동유럽 사회주의국가 체제전환기에 나타난 군대의 역할을 살펴보면 예상외로 군대의 정치적 역할이 크지 않았다는 점을 알게 된다. 이는 사회주의체제가 군대가 정치에 개입하지 못하게 하는 제반 제도를 발전시켰고, 또한 주민들을 통제하는 데는 군대(정규군)를 활용하지 않고 보안군과 내무군을 이용하였기 때문이다.

그 결과 중부 및 동유럽 사회주의국가에서 어떤 과정을 거치건 최종적으로 '당'이 체제전환을 받아들이면 군대는 크게 저항하지 않고 체제전환을 수용하는 편이었다. 그리고 끝까지 '당'이 체제전환을 거부하면서 군대에 동원명령을 내렸을 때, 군대가 당의 명령을 따를 것인지 아니면 대중의 편에 설 것인지는 논리적으로 예측하기 힘들다. 다만 루마니아의 사례를 통해, 군대가 민족주의적 성향이 강하고, 이해관계를 저울질하여 대중을 지지해도 크게 불리하지 않다고 판단하는 경우, 당에 대항해서 체제전환에 결정적인 역할을 하였다는 것을 알 수 있다.

하지만 사회주의국가의 체제전환 초기 군대 역할과 민군관계를 살펴보면, 비록 사회주의 군대가 체제전환에 저항하지 않고 순응한다 할지라도, 체제전환 이후 민주주의를 발전시키는 데는 여러 측면에서 걸림돌로 작용한다는 것이 명확했다. 체제전환이후 민주주의체제가 공고화되기 위해서는 국방개혁과 군대전문화를 지속적으로 추진하는 가운데, 군대 문화가 민주주의사회에 적합하도록 변화되어야하며, 국방 및 안보분야에 대한 민간인 전문가가 필요하고, 국방 및 안보문야에 대한 시민사회의 참여가 활발해질 것이 요청된다.

그렇다면 북한군대는 어떻게 행동할 것인가? 북한 김정일은 사회주의국가 체제전환 과정을 지켜보면서, 중부 및 동유럽 사회주의국가와 달리 군대가 북한지도자를 끝까지 옹호하고, 체제전환에 대해서는 저항을 하도록 하기위해 '선군정치'를 고안해서 실시하였다. 하지만 기존의 폐쇄적인 체제운영방식으로 북한사회가 발전할 가능성은 없어 보인다.

이에 북한이 개방·개혁하는 시나리오를 검토해 보았다. 북한군대는 김정은 주도로 개방·개혁이 시도되는 경우, 개방·개혁과 관련해서 지배엘리트 일부가 반대하지만 김정은을 지지하는 보안군이나 내무군을 통해 반대파가 처리되는 경우, 김정은이 반대하는 개방·개혁을 주민들이 요구했지만 보안군이나 내무군이 시위진압이 성공하는 경우 등에는 북한군대는 적극적으로 행동하기보다 변화에 순응할 것으로 예상하였다. 다만 주민들의 개방·개혁 소요를 보안군이나 내무군이 진압하지 못해 군대(정규군)가 동원되는 경우 군대가 진압에 참여할 것인지 아니면 주민 편에 설 것인지는 북한정권이 군대(정규군)의 사회적 위상을 어떻게 부여하는가에 따라 결정될 것으로 보았다. 김정일은 '선군정치'를 통해 군대의 위상을 높였지만, 김정은은 과잉 성장한 군대를 정상적인 상태로 되돌려 놓으려 한다. 그런 점에서 북한군이 어떻게 행동할 것인지 현재로서 예측하기는 쉽지 않다.

그러나 이상의 분석을 통해 북한군대가 북한 체제전환 과정에서 가장 큰 저항세력은 아닐 수도 있다는 점을 밝혔다고 생각한다. 그렇지만 북한군대가 체제전환에 대해 저항하지 않으려면 먼저 남북관계가 대결에서 평화로 전환될 필요가 있다는 점을 지적하고자 한다. 남북한 간에 전쟁위험이 존재하는 한, 김정은과 조선노동당 그리고 북한군대와 북한 주민 모두가 공통적으로 군대(정규군)가 외부 위협으로부터 체제를 지키는 최후의 보루라고 생각하고 있을 것이고, 이 점이 북한군대가 개방·개혁을 기피하는 주요 이유로 작용하기 때문이다.

참고문헌

김갑식. 2001. "김정일의 선군정치: 당-군관계의 지속과 변화."『현대북한연구』 4권 2호.

김갑식·오경섭·이기동·김동엽. 2015.『김정은정권의 정치체제: 수령제, 당·정·군 관계, 권력엘리트의 지속성과 변화』. 통일연구원.

김병조. 2006. "김정일체제하 북한의 군민관계." 북한연구학회 편.『북한의 군사』. 경인문화사.

김정일. 2001. "강성대국 건설의 요구에 맞게 사회주의경제관리를 개선 강화할 데 대하여.".

김철우. 2000.『김정일 장군의 선군정치: 군사선행, 군을 주력으로 하는 정치』. 평양출판사.

백학순. 2011.『북한 정치에서의 군대: 성격, 위상, 역할』. 세종연구소.

이대근. 2009.『북한 군부는 왜 쿠데타를 하지 않나(개정판)』. 한울.

정성장. 2001. "김정일의 선군정치: 논리와 정책적 함의."『현대북한연구』 4권 2호.

정영태. 1996. "김정일 정권의 체제유지 전략: 군사부문."『통일연구논총』 5권 2호.

조한범·황선영. 2013.『북한사회 위기구조와 사회변동 전망: 비교사회론적 관점』. 통일연구원.

최진욱. 2001. "북한선군정치의 정치적 함의."『현대북한연구』 4권 2호.

한용섭. 1997. "북한 권력구조의 동요: 군부와 노동당."『계간 사상』 가을호.

홍민. 2017.『김정은 정권의 통치 테크놀로지와 문화정치』. 통일연구원.

Barany, Zoltan. 1991. "Civil-Military Relations on Communist Systems: Western Model Revised." *Journal of Political and Military Sociology*. Vol. 19, Summer, 75-99.

Barany, Zoltan. 1993. "Civil-Military Relations in Comparative Perspective: East-Central and Southeastern Europe." *Political Studies*. Vol. 41,

594-610.

Barany, Zoltan. 1997. "Democratic Consolidation and the Military: The Eastern European Experience." *Comparative Politics*. Vol. 30, No. 1. October, 21-43.

Bebler Anton A. ed. 1997. *Civil-Military Relations in Post-Communist States: Central and Eastern Europe in Transition*. Praeger.

Born, Hans, Marina Caparini, Karl W. Haltiner and Jürgen Kuhlann. 2006. *Civil-Military Relations In Europe: Learning from Crisis and Institutional Change*. Routledge Military Studies.

Colton, Timorty. 1978. "The Party-Military Connection: A Participatory Model." in Herspring, Dale and Ivan Volgyes eds., *Civil-Military Relations in Communist System*. Westview Press, 53-75.

Cottey, Andrew, Anthony Foster and Timothy Edmunds eds., 2002a. *Democratic Control of the Military in Postcommunist Europe: Guiding the Guard*. Palgrave-Macmillan.

Cottey, Andrew, Anthony Foster and Timothy Edmunds eds., 2002b. *The Challenge of Military Reform in Postcommunist Europe: Building Professional Armed Forces*. Palgrave-Macmillan.

Cottey, Andrew, Anthony Foster and Timothy Edmunds eds., 2003. *Soldiers and Societies in Postcommunist Europe: The Legitimacy and Change*. Palgrave-Macmillan.

Cottey, Andrew, Timothy Edmunds and Anthony Foster. 2002. "The Second Generation Problematic: Rethinking Democracy and Civil-Military Relations." *Armed Forces and Society*. Vol .29, No. 1(Fall), 31-56.

Diamond Larry and Marc F. Platter eds., 1996. *Civil-Military Relations and Democracy*. The Johns Hopkins University Press.

Edmunds, Timothy, Andrew Cottey and Anthony Foster eds., 2006. *Civil-Military Relations in Postcommunist Europe*. Routledge.

Herspring, Dale and Ivan Volgyes eds., 1978. *Civil-Military Relations in Communist System*. Westview Press.

Herspring, Dale. 1996. *Russian Civil-military Relations*. Indiana University Press.

Huntington, Samuel. 1957. *The Soldier and the State: The Theory and Politics of Civil-Military Relations*. Harvard University Press.

Jones, Christopher and Natalie Michajlyszyn. 2002. "Overview: Civil-Military Relations in Central and Eastern Europe in Former Communist Societies." *Armed Forces and Society*. Vol. 28, No. 3(spring), 375-384.

Kolkowicz, Roman. 1967. *The Soviet Military and the Communist Party*. Princeton University Press.

Kolkowicz, Roman. 1978. "Interest Groups in Soviet Politics: The Case of the Military." in Herspring, Dale and Ivan Volgyes eds., *Civil-Military Relations in Communist System*. Westview Press, 9-26.

Kornai, Janos. 1992. *The Socialist System: The Political Economy of Communism*. Clarendon Press Oxford.

Kuhlmann, J. and J. Callaghan. eds. 2000. *Military and Society in 21st Century Europe: A Comparative Analysis*. Transaction Publishers.

Larry Diamond and Marc F. Platter eds., *Civil-Military Relations and Democracy*. The John Hopkins University Press.

Mendee, Jargalsaikhan. 2013. "Civil-military relations in a Dictatorship: North Korea." Thomas C. Brunean and Florina Cristiana Matai. eds., *The Routledge Handbook of Civil-Military Relations*. Routledge, 79-92.

Odem, William. 1978. "The Party-Military Connection: A Critique." in Herspring, Dale and Ivan Volgyes eds., *Civil-Military Relations in Communist System*. Westview Press, 27-52.

Onyszkiewicz, Janusz. 1996. "Poland's Road to Civilian Control." in Larry Diamond and Marc F. Platter eds., *Civil-Military Relations and Democracy*. The John Hopkins University Press, 99-109.

Purlmutter, Amos and William LeoGrande. 1982. "The Party in Uniform: Toward a Theory of Civil-Military Relations in Communist Political System." *American Poltical Science Review*. Vol. 76, 778-789.

Zulean, Marian. 2007. "The Military in post-communist societies in transition." in Giuseppe Caforio eds., *Social Sciences and the Military: An Interdisciplinary Overview*. Routledge, 197-216.

3. 탈사회주의 체제전환과 시장경제 건설

김병로(서울대학교 통일평화연구원)

I. 서론

북한의 개혁과 변화를 이끌고 있는 최근의 흐름은 시장화다. 침체된 경제를 극복하기 위해 취한 7.1개혁은 기존의 농민시장을 종합시장으로 탈바꿈시켰으며 화폐를 매개로 한 시장거래를 공식적으로 출범시켰다. 2018년 2월 현재 전국에 482개의 종합시장이 들어섰고 금융과 인력 부문에 있어서도 시장화가 진행되고 있다. 탈북자들은 북한주민들의 80~90%가 장사나 부업으로 생계를 유지하고 있다고 보고 있고, 장사를 전업으로 하고 있는 사람들도 주민의 10%에 이르는 것으로 보고 있다. 최근의 이러한 변화와 탈북자의 관찰은 시장이 북한주민들의 생활에 깊숙이 침투해 있음을 짐작케 하며, 국가의 경영능력이 현저히 떨어져 개인이나 시장제도를 활용하여 국영기업을 운영하고 있는 실정이어서 시장거래의 영역은 점점 커지고 있다.

과거 사회주의 국가들은 시간이 흐름에 따라 중앙계획식 경제모델의 비효율성이 커져 이를 개혁하기 위한 시장도입과 시장경제 건설을 추진하였다. 사회주의 계획경제는 권력의 집중과 동원 노동력을 활용하여 외연적 성장을 거두지만, 산업구조의 불균형과 노력동원의 한계 등 내연적 단계로 진화하는데 심각한 문제에 직면한다. 사회주의 경제의 이와 같은 구조적 문제를 개선하기 위해 시장적 요소를 도입하는 개혁정책을 실시한다. 이렇게 시작한 개혁조치들은 결국 노동당 중심의 정치체제를 무너뜨리고 사회주의 체제의 전면적 전환을 초래하였다.

북한의 변화를 염두에 둘 때 아직 체제전환을 논의하기에는 이른 감이 있다. 중국·베트남처럼 공산당의 주도로 경제개혁을 진행하는 경우를 체제전환으로 분류하기가 다소 무리한 측면이 있다. 그러나 굳이 체제전환의 틀로 이해하자고 하면 정치체제의 전환이 이루어지지 않은 상태에서 경제적 측면에서 시장화로 이행되었다는 점에서 점진적 방식의 체제전환, 점진적 방식의 경제체제 이행으로 포괄해 볼 수 있을 것이다.

북한도 2018년 4월 20일 조선로동당 제7기 3차 전원회의에서 북한은 경제-핵 병진노선으로부터 경제개발 총력 노선으로 전환을 선언하였다. 공식적으로는 2017년 11월 30일 국가핵무력 완성을 천명하여 병진노선을 추진한지 5년이 안 되는 기간 안에 목표를 완수하고 이제부터는 경제개발에 매진하겠다는 의지를 발표한 것이다. 사회주의 체제의 경제적 모순이 심화되고 내부개혁에도 한계가 분명해져 외부로부터 대규모 재정투입이 없이는 경제회생이 불가능한 상황에 직면했고, 특히 2017년 9월부터 시작된 유엔의 대북제재가 북한경제에 미치는 영향이 예상보다 심각했다. 중앙급 경제특구 5개와 지방급 경제개발구 22개 등 모두 27곳의 특구를 설치했으나. 유엔 제재 국면에서 투자유치는 거의 불가능하였다. 물론 북한의 시장도입은 현 정치체제에 영향을 주지 않는 범위 안에서 효율성 제고를 위한 것이지만, 새로운 전략노선의 선포는 시장건설을 통한 경제발전 의지를 표명한 것으로 보아야 할 것이다.

사회주의 체제전환은 정치·경제·사회의 영역에서 총체적인 변화를 의미하며, 정치에서의 민주화, 경제에서의 시장화, 사회에서의 개방화 정도로 축약해 볼 수 있다. 그 중에서 경제에서의 시장화, 즉 시장경제 건설은 자유화, 안정화, 사유화(민영화)로 집약된다(강성진·정태용, 2017: 48). 자유화는 국가가 통제했던 계획경제를 시장에 맡기는 작업으로 '가격' 자유화가 핵심을 이룬다. 안정화는 체제전환 과정에서 발생하는 인플레이션과 대량실업 등 여러 사회경제문제에 적절하게 대처하는 일을 말한다. 사유화·민영화는 국가·집단 소유의 기업을 개인·민간 소유로 전환하는 과정을 의미한다.

사회주의 계획경제의 전통을 갖고 있던 체제가 시장경제를 도입하는 여정은 그리 간단치 않다. 유럽과 여타 지역의 탈사회주의 경험을 북한에 적용하기 위해서는 세 가지 질문을 던져볼 수 있을 것이다. 첫째, 사회주의 국가들이 본격적인 체제전환을 진행하기 이전에 사회주의 체제 하에서 시장제도의 도입을 어느 정도로 추진하였는가? 이 질문은 체제전환의 초기조건을 분석하는데 매우 중요하다. 체제전환의 초기조건은 사회주의 기간 동안에 시장경제의 경험을 어느 정도 갖고 있느냐 하는 문제이며, 더 거슬러 올라가면 사회주의 혁명이 일어나기 이전에 자본주의를 어떻게 경험했는가 하는 부분과도 관련이 있다. 봉건사회에서 바로 사회주의 체제로 이행했는지, 아니면 일정 정도의 자본주의 경험을 거친 후에 사회주의로 이행했는지에 따라 축적된 제도와 역사가 탈사회주의 체제전환 과정에서 다르게 작동했을 것으로 예상되기 때문이다.

둘째, 체제전환 과정에서 어느 정도 속도와 순서로 개혁정책을 추진했으며, 가장 효과적인 정책은 무엇이었는가? 탈사회주의 체제전환은 진행 속도에 따라 급진적 방식과 점진적 방식으로 구분할 수 있다. 급진적 방식은 위에서 언급한 시장경제 건설, 즉 자유화, 안정화, 사유화를 짧은 시간 안에 진행하는 방식으로 충격요법으로도 부른다. 점진적 방식은 자유화, 안정화, 사유화를 단계적이고 순차적으로 진행하는 방식을 말한다. 이런 점에서 충격요법과 점진요법의 차이를 낳은 요인은 무엇이며 그 결과는 어떠했는가를 살펴본다. 예를 들면, 헝가리와 유고슬라비아처럼 사회주의 체제 내에서 시장경제를 꾸준히 발전시켜온 나라들은 탈사회주의 과정에서 급진적 방식의 경제개혁이 불필요했을 것이고, 러시아와 폴란드 같이 사회주의 계획경제가 강하게 작동했던 나라들에서는 급진적 방식의 체제전환을 추진했을 가능성이 높기 때문이다. 또한 사유화의 방식을 바우처 발급과 같이 전 국민에게 국가자산을 평등하게 분배하는 사회주의 가치를 추구할 것인지, 대기업에게 팔아서 운영하는 효율성을 추구할 것인지도 쟁점이 된다.

셋째, 체제전환의 대외환경이 어떠했는가를 살펴보는 일도 매우 중요하다. 유럽의 체제전환 경험이 성공적일 수 있었던 배경에는 유럽연합(EU)의 역할이 지대하다. 국제적 환경이 중요했다. 유럽연합에 가입한 조건이 성공을 결정지었다. 유럽연합에 가입한 나라들은 체제전환을 성공적으로 진행했다. 유럽연합은 폴란드와 헝가리 등의 나라들을 전략적으로 지원하면서 탈사회주의 체제전환의 대표적 성공사례로 만들어가고자 하였다. 세르비아는 서구에 적대적인 태도를 갖고 있었고 유럽연합에 들어가지 않았다.

탈사회주의 체제전환은 사회주의 계획경제에서 시장체제로의 이행을 의미하는데, 이는 단순히 경제구조나 정치체제의 전환을 넘어서 사회문화를 포함하여 전반적인 국가의 구조가 바뀌는 것을 의미한다. 이런 점에서 시장경제 건설도 정치 및 사회문화적 변화와 떼어서 생각할 수 없다. 정치체제의 붕괴나 분열이 없이는 전면적인 체제전환을 상정하기 어려우며 따라서 시장화는 단순히 경제제도의 변화만을 지칭하는 것은 아니다. 그 안에 살고 있는 사람들이 어떤 생각을 하고 있는가 하는 가치 변화의 차원이 중요하기 때문이다. 또한 주변국 및 국제사회와의 관계 등 외부 환경과 개방네트워크 형성도 들여다보아야 한다. 그러나 실질적인 체제전환의 과정과 성과를 분석하기 위해 이 장에서는 경제와 대외환경에 초점을 맞추어 살펴본다.

II. 유럽 사회주의 체제전환과 시장경제 성과

1. 체제전환 이전의 시장개혁

사회체제는 정치와 경제, 사회, 문화 등 여러 하부체제로 구성되어 있으므로 사회주의 체제변화도 당연히 경제와 정치 변화가 속도와 범위에 있어서 다르게 진행될 수밖에 없다. 사회주의 체제변화 과정은 사회주의 정치체제가 유지되는 가운데 경제위기를 극복하기 위해 제도와 관행을 근본적으로 수정하는 정책을 시행하는 개혁(reform)의 시기와 집권공산당의 붕괴와 더불어 시장경제로의 체제전환이 본격적으로 이루어지는 혁명(revolution)의 시기로 나누어 볼 수 있다. 코르나이(Kornai)는 사회주의 체제변화를 개혁과 혁명으로 구분한다. 개혁은 경제체제의 근본적이며 전면적인 변화를 지칭한다고 볼 수 있고, 그것이 공산당 붕괴 같은 정치변화를 촉발하는 경우는 혁명으로 정의해 볼 수 있다(Kornai, 1992: 387-392).

"사회주의의 몰락은 네 가지 불만, 즉 억압적 정치체제, 비효율적 경제체제, 다민족체제에서 특정중심 민족의 지배, 그리고 소련의 블록내 헤게모니에서 야기되었다". 즉 정치, 경제, 사회, 외교적 측면의 요인들이 복합적으로 작용하여 촉발되었다(폰 바이메, 2000: 49). 특정 국가에서 이러한 복합적 요인들이 지배적으로 발현되며 탈사회주의 체제전환을 주도하게 되는 것은 그 나라의 역사적 맥락과 사회정치적 환경 때문이라 할 수 있다. 이러한 요인들이 복합적으로 작용한 예는 슬로바키아와 독립국가연합이다. 반면, 동유럽에서는 남유럽의 선례가 보여주었던 자유화, 민주화, 고착화라는 단계의 지속현상이 부재하였다. 또 과거의 전환과정에서는 언제나 새로운 엘리트들이 준비되어 있었고 1989년 프랑스 혁명에서도 그랬다. 그러나 1989년의 체제전환 과정에서는 대항엘리트들이 없었다.

사회주의 체제개혁의 필요성은 그 토대인 경제의 위기로부터 시작되었다. 코르나이는 사회주의 체제변화를 촉발한 4가지 요인 중에 체제 내부에 구조적으로 축적된 경제위기를 근본적 원인으로 지적한다. 즉 기술부진, 생산부족, 소비의 낙후, 낭비 등 사회주의 체제가 직면한 심각한 경제위기가 안보불안과 주민불만을 야기하고 지도부의 자신감을 초래함으로써 사회주의 붕괴가 촉발된 것으로 분석한다(Kornai, 1992: 383-386). 이 과정에서 미디어의 발달로 각국이 주변국의 변화를 신속하게 접하면서 필요한 부분을 학습하는 도미노 효과가 작용한 점도 사회주의 변화를 촉진하는 중요한 요인이었음도 지적한다.

사회주의 계획경제, 통제경제는 발전의 초기단계에서 대중동원 전략에 힘입어 성장을 이루지만, 외연적 단계에서 내연적 단계로 발전하는 과정에서는 산업구조의 불균형, 국방 분야의 비대 및 동기부여의 부재 등 많은 비효율적인 요소에 직면하게 된다(정상훈, 1987: 158-159; 서재진·강원식·유호열 외, 1993: 23-32). 북한의 경우도 1950년대까지는 토지개혁과 국유화조치, 천리마운동과 같은 대중운동 등에 힘입어 급격한 경제성장을 이룩할 수 있었으나, 1960년대들어 사회주의 계획경제·통제경제의 비효율성이 심화되었다. 북한은 「청산리 방법」과 「대안의 사업체계」 등의 관리방식을 도입하고 1970년대에는 외자도입정책 및 「3대혁명」운동을 추진함으로써 효율성을 높이고자 하였다(김병로, 2016: 170-171).

사회주의 체제의 개혁은 개방과 함께 진행되었다. 개혁이란 체제나 제도를 새롭게 고친다는 뜻으로 주로 사회 내부의 구조적 변화를 의미하며, 개방은 금하던 것을 풀고 열어 놓는다는 뜻으로 체제 외부와의 관계 변화를 지칭한다. 다시 말하면 개혁은 계획경제와 공동소유로부터 발생하는 비효율적인 관리체계와 인센티브 방식 등의 문제를 개선하는 것이고, 개방은 외부세계와의 정보통제, 무역기피, 폐쇄성으로부터 생겨나는 문제들을 시정하는 정책이다. 1985년 집권한 구소련의 고르바초프 대통령이 페레스트로이카(perestroika)와 글라스노스트(glasnost)라는 정책으로 체제변화를 시도한 이후 개혁과 개방은 사회주의 체제의 변화를 분석하는 유용한 개념으로 사용되고 있다.

개혁과 개방은 이론적으로는 구분되지만 실제로는 상호 분리될 수 없는 연계된 개념이다. 사회주의는 자본주의 세계와의 철저한 단절을 통하여 체제를 건설함으로써 사회의 폐쇄성이 심화되었다는 점에서 개혁은 내부의 제도적 변화뿐만 아니라 개방을 수반하는 일련의 조치들로 인식되고 있다. 사회주의 체제를 개혁한다는 것은 정보통제와 폐쇄성에서 점차 벗어나 자유를 허용하고 자본주의 국가들과 교류협력을 강화하는 정책을 의미하는 것으로 개방 및 자유화와 직결되기 때문이다. 이런 맥락에서 보면 사회주의 정치체제를 유지하고 있는 중국과 베트남, 북한은 혁명이나 체제전환이라는 개념보다는 여전히 '개혁'이라는 개념이 유용하게 적용되어야 할 것이다.

북한 사회주의 체제가 개혁 개방으로 나아간다는 말은 세계적 추세인 민주화와 시장경제라는 제도로 변화된다는 것을 의미한다. 즉 북한의 정치체제가 전체주의 제도를 개선하여 다원주의 체제로 변환되고 시장경제를 도입하게 될 것이다. 구소련과 동유럽 등 유럽 사회주의 정치체제가 변화된 과정을 보면 대체로 이러한 궤적을 밟았다. 먼저 전체주의 통치방식에서 변화가 발생하는데, 이데올로기의 비과격화, 정치적 테러의 쇠퇴, 당통제의 합리화, 경제개혁, 정책결정의 다원화 등 일련의 변혁과정을 경험하였다(박영호·박종철, 1993: 120). 사회주의 정치개혁 과정에서 이데올로기의 퇴조는 필수적이다. 또한 당과 국가기구 간의 역할 분화와 다원화가 진행되며 동원체제적 성격이 감소하고 자발적 사회단체 조직이 출현하고 다양한 비판세력이 형성된다.

2. 체제전환 과정과 유형

체제전환국의 범위에 대한 분류는 EBRD(1994)에 의해 시작된 이후 IMF(2000) 및 World Bank(2002) 등 다른 국제기구에서도 이루어졌다(강성진·정태용, 2017: 67). EBRD는 유럽과 중앙아시아 국가 중 25개국을 체제전환국으로 분류하였으나, IMF(2000)는 이 25개국에다 동아시아 지역 4개국(중국, 베트남, 캄보디아, 라오스)도 체제전환국에 포함하였다. De Melo et al.(1996)은 몽골을 포함하였다. 아시아 국가들은 전면적인 체제붕괴에서 체제전환을 시작한 동유럽 국가들과는 다르게 기존 정치체제를 유지하면서 체제전환을 실시하였다. 아시아 국가들은 동유럽 국가보다 시장경제 중심에 더 가까운 시스템을 갖고 있어서 초기조건이 비교적 우호적인 환경이었다. 그러나 기본적인 사회기반구조가 취약하고 국제사회와 고립된 성향을 보인다는 점은 비우호적인 측면이었다(강성진·정태용, 2017: 70).

사회주의 국가들의 체제전환 경험을 분석하는 대표적인 방법 중 하나가 체제전환의 범위와 속도를 기준으로 급진주의(big bang)와 점진주의(gradualism)로 분류하는 것이다. 충격요법(shock therapy)으로 불리는 급진적 전환방식은 사회주의 계획경제에서 자본주의 시장경제로의 이행정책을 단기간에 전면적으로 시행하는 방법을 말한다. 급진적 체제전환을 실시한 대표적인 나라는 폴란드, 러시아, 독립국가연합(CIS) 국가들이다. 점진적 전환방식은 경제주체나 시장이 적응할 수 있는 시간적인 여유를 가지고 천천히 정책을 실시하는 방법을 말한다. 점진적 체제전환을 실시한 대표적인 나라는 유럽의 헝가리와 중국·베트남·라오스·캄보디아 등 동아시아 국가들이다.

급진적 전환유형과 점진적 전환유형으로 구분할 때 정책집행의 속도만을 고려하면 빠른 개혁국가(슬로베니아·헝가리·폴란드·체코 등), 상위중간개혁국가(에스토니아·알바니아·루마니아·몽골 등), 하위중간개혁국가(러시아·키르기스스탄·카자흐스탄 등), 느린개혁국가(우즈베키스탄·벨라루스·우크라이나 등) 4단계로 분류하기도 하고, 즉각적인 실시(동독), 빠른 실시(알바니아·체코·폴란드 등), 느리지만 통합적(헝가리·슬로베니아), 빠르지만 불완전, 비급진적(리투아니아·키르기스스탄), 비통합적(루마니아·러시아), 급진적이나 큰 혼란 없음(불가리아·마케도니아), 체계적 변화 없음(벨라루스·카자흐스탄·우즈베키스탄 등), 분쟁국가(보스니아·아르메니아·타지키스탄 등)의 6단계로 분류할 수도 있다(강성진·정태용, 2017: 81-82).

그러나 급진주의가 단순히 체제이행의 속도만을 의미하는 것은 아니다. 얼마나 전면적인 개혁조치들을 담고 있느냐 하는 기준도 급진주의를 구성하는 중요한 요소다. 시장경제를 구성하는 모든 요소들을 일시에 전환하는가, 아니면 단계적·점진적으로 전환할 것인가가 핵심적인 기준이 된다. 급진주의는 시장을 구성하는 각 기구와 제도가 한꺼번에 개혁되지 않는다면 시장경제의 조정기구가 제 기능을 발휘할 수 없다고 보고 모든 개혁조치들을 일시에 시행해야 한다고 생각한다. 때문에 이행과정에서 국가가 이러한 조치들을 전면적으로 추진하도록 개입하도록 요청한다. 그러나 점진주의는 경쟁적 시장형성에 초점을 맞추어 국가의 개입보다는 시장의 자율적 원리에 맡겨야 한다고 주장한다.

급진방식은 사회주의 경제의 각 부문을 동시에 개혁하여 상호 간 시너지 효과를 유발함으로써 생산성 및 국민소득 증가로 이어질 수 있음을 강조한다. 빠른 사유화를 통해 정부가 기업운영을 위한 자금을 신속히 확보할 수 있고, 전면적인 가격자유화를 통해 자율적 시장경제 시스템을 단기간에 구축할 수 있다. 그러나 급진적 민영화나 자유화 정책은 시장이 이러한 정책의 변화에 적응할 수 있는 시간이 짧아 물가상승과 실업 증가 혹은 소득분배 악화라는 부작용이 발생할 수 있다.

체제전환의 방법으로 급진방식을 취하는 배경에는 자유화와 사유화(민영화)가 계획경제의 문제가 누적되어 이 모순을 일시에 제거하지 않으면 안 된다는 절박한 상황을 공감하기 때문이다. 특히 가격자유화는 자유화의 핵심적 조치로 가격자유화가 시장경제의 나머지 요소를 이끌어 내는 인센티브를 창출할 것이라는 확신을 갖기 때문이다(김영진, 2010: 234). 사회주의 국가에서 운영하는 계획경제는 이중가격제로 운영된다. 즉 생산자 가격과 소비자 거래 가격이 다르다는 것이다. 국가에서 보조금을 지급하는 방식으로 운영하던 생산방식을 철폐하고 수요와 공급법칙에 근거하여 가격을 결정하도록 했다. 충격요법을 시행한 나라들은 가격시스템의 자유화 없이는 기존 사회주의 체제의 구조조정이 불가능할 것이라고 판단한다.

또한 국가·집단 소유의 자산을 개인소유로 전환하는 방식에서도 급진방식과 점진방식으로 분류된다. 농업·어업·임업 등 1차 산업과 광공업·제조업·건설업 등 2차 산업, 상업·운수통신·금융·서비스업 등 3차 산업으로 분류할 때 기존의 국유기업을 어느 범위까지 개인소유로 민영화할 것인가 하는 것이 기준이 된다. 대체로 철도·체신·항공 등 공공 인프라로 남겨두어야 할 분야와 대규모기업, 은행, 토지 등 핵심 산업에 대해 국영과 민영의 비율을 어느 정도로 유지해야 할 것인가 하는 부분에서 의견이 나뉜다. 소유권의 전면적인 사유화·민영화를 추진하는 급진방식과 단계적이며 부분적으로 추진하자는 점진방식으로 입장이 갈라진다.

사유화의 범위와 속도는 체제전환의 초기 조건과 정치적 상황에 따라 차이가 났다. 사유화의 속도에 영향을 미치는 변수는 다음과 같다(폰 바이메, 2000: 209). 첫째, 사회주의 시대에 형성된 국가영역의 규모의 크기에 따라 사유화의 속도와 범위가 다르게 진행되었다. 즉 사회주의 시기에 형성된 국가영역의 비중이 클수록 개혁추진세력은 사유화를 반대하는 경향이 발견된다. 예를 들면 97%가 국가소유로 되어 있던 체코슬로바키아는 국가부문이 65.2%였던 헝가리에 비해 사유화에 반대하는 입장을 견지했다. 둘째, 사회주의 시대에 이미 경제개혁과 더불어 실험적으로 시도한 경험이 있는 나라들은 역시 사유화의 속도가 빨랐다. 헝가리는 1968년 이후 지속적으로 개혁정책을 시도했고 폴란드는 1980년대 이후 그러한 조치들이 시행되었는데 결과적으로 이 나라는 체제전환 과정에서 다른 나라들보다 사유화에 대한 태도가 더 개방적이었음을 볼 수 있다. 그 외에도 선거에서 승리자로 떠오른 정당들의 세력관계, 소유형태에서 장식용으로 쓰이는 외국자본 또는 외국원조에 대한 기대, 소유

형태의 전화과정에 반대하는 것으로 보이는 국민 내 엘리트와 비엘리트 계층 내 저항 등의 조건에 따라 사유화에 대한 태도가 다르고 실제 진행 속도도 달랐음을 알 수 있다.

한편, 점진방식을 주장하는 사람들은 충격요법이 경제적 불안정과 사회적 불평등 및 예측 불가능성과 같은 부정적인 결과를 초래한다고 비판한다. 경제를 즉각적으로 개혁하는 것은 기존의 경제적, 사회적 조직을 파괴할 우려가 있으므로 혁명적인 방법보다는 진화적인 방법을 도입해야 한다고 주장한다. 즉 자유화는 순서에 따라 진행되어야 하며 시장제도와 시장과정의 실제적인 진화가 병행할 수 있는 속도로 추진해야 한다고 주장한다(김영진, 2010: 235). 따라서 시장경제를 지탱하는 각종 제도를 건설하고 이에 적합한 제도적 틀을 구축하는 작업이 필요하다.

점진방식은 개혁정책을 경제주체나 시장이 적응할 수 있는 시간적인 여유를 가지고 천천히 정책을 실시할 수 있다는 장점이 있는 반면, 이러한 정책이 실시될 경우 손해를 볼 수 있는 집단이 개혁에 반발하거나 반개혁정책으로 고착될 우려가 있다. 또 미래의 불확실성 때문에 투자자들은 투자에 대한 의사결정을 미루게 되어 경제성장의 확실한 효과를 기대하기 어려울 개연성도 있다. 점진적 방식을 채택한 대표적인 나라는 헝가리와 중국·베트남 등 동아시아 국가들을 꼽을 수 있다.

급진방식으로 성공한 대표적인 나라는 폴란드다. 폴란드는 사회주의 체제가 이식되었으나, 전통적으로 농업 국가였고 가톨릭교회가 강세였으며, 연대노조가 존재함으로써 성공적인 체제전환을 이룩하였다. 헝가리는 비교적 경제위기를 겪지 않고 체제전환을 이룩했다. 루마니아는 민주화와 시장화의 과정에서 폭력적 갈등이 수반될 수 있는 가능성을 보여준다. 왜 그러한 폭력적 사태가 나타났는지를 비교해 보기 위해서는 공산정권 수립배경이 달랐던 것인지, 또한 차우셰스쿠 독재정권의 통치행태가 다른 나라와 얼마나 달랐는가를 비교해 볼 필요가 있다. 차우셰스쿠 독재정권의 유산이 민주화와 시장화 과정에서 어떤 영향을 미쳤는지 살펴보아야 한다.

3. 체제전환 이후의 경제정책

이러한 많은 논의를 거쳐 기존 체제의 개혁은 거시경제의 안정화, 사유화, 가격자유화라는 세 개의 요소들을 잘 준비해야 한다는 쪽으로 의견이 모아졌다. 체제전환을 이룩한 26개국의 경험분석에 따르면 시장경제로의 체제전환에 있어서 거시경제의 안정화, 사유화, 가격자유화와 함께 초기조건 구비와 제도구축이 중요한 요소라는 점을 발견할 수 있다(김영진, 2010: 237). 실제로 제도정비가 충분히 이루어지지 않은 상태에서 국유기업을 사유화하는 과정에서는 내부 기득권자들이 실질적으로 혜택을 차지함으로써 필요한 개혁과 구조조정을 실시하지 못한 사례들이 많았다.

워싱턴 컨센서스는 체제전환 정책을 경제안정화(stabilization), 자유화(liberalization), 민영화(privatization), 개방화(globalization)로 크게 네 개의 내용으로 정리한다(강성진·정태용, 2017: 55). 경제안정화 정책은 경제위기에 직면하여 국내경제의 안정을 유지하기 위해 취하는 정책으로 재정정책의 건전성과 재정지출 우선순위 조정, 그리로 세제개혁이 핵심을 이룬다. 자유화정책은 시장기능을 활성화하여 자원을 효율적으로 배분하는 것을 목적으로 한다. 이를 위해 금융자유화를 단행하고 경쟁적 환율 제도를 시행한다. 민영화는 국영기업을 민간 기업으로 전환하고 사기업의 재산권을 보장하며 각종 규제를 완화하는 것을 목표로 한다. 개방화는 무역자유화, 외국인 직접투자(FDI) 유입정책을 포함하여 보호주의 장벽 제거를 목표로 한다.

이러한 보편적인 체제전환 경제정책이 2008년 글로벌 금융위기를 겪으면서 다소 수정되었다. 자유방임주의에 의해 모든 것을 시장의 자율에 맡기고 정부의 개입을 최소화하는 것만이 능사는 아니었다. 또 사적 소유 전환에서도 국영기업을 어느 정도 민영화하는 것이 최선의 정책인지에 대해서도 논란이 되었다. 신자유주의에 입각한 정부와 시장 간의 관계를 새롭게 정립해야할 필요성이 대두되었다. 시장과 국가 어느 한쪽에만 의존하는 정책은 위험하며 시장과 국가가 모두 불완전하므로 이들을 적절한 수준에서 개입하도록 하고 적절하게 분산된 방식으로 정책결정을 하는 것이 변화된 현실에 맞다고 판단한 것이다. 이러한 경험들은 체제전환 과정에서 모든 것을 시장원칙에 맡기는 방식이 아니라 정부가 상당한 역할을 해야 한다는 경험도 갖게 되었다. 따라서 북한과 같은 나라가 체제전환을 추진한다면 정부가 중요한 역할을 해야 하지 않을까 하는 시사점도 얻게 된다.

급진적 체제전환을 실시한 나라들은 체제전환 초기에 대부분 심각한 경제침체를 경험하였다. 시장경제 조치들을 시행하였으나 계획경제의 관행이 강하게 존재하여 그 효과가 나타나지 않고 오히려 혼란이 가중되었다. 그 결과 폴란드에서는 기존 경제의 20%가 다운되었으며 구소련에서는 40%의 손실을 입었다(Davis, 2017). 이러한 충격요법이 과도기적 침체를 벗어나 과거 수준으로 경제를 회복하는데 상당한 시간이 소요되었다. 폴란드의 경우에는 원상회복하는데 3년이 걸렸고, 구소련에서는 15년이 걸렸다. 폴란드는 연대노조의 실험적 경험이 있어서 적응기간이 길지 않았지만, 구소련의 경우는 급작스런 시장체제에 적응하는데 많은 시간이 걸렸다.

체제전환 전략에서 중요한 점은 새로운 사회체제를 구축하기에 앞서 구사회주의 체제의 부정적 유산을 제거하는 조치를 취하는 것이다. 정당과 국가의 경제에 대한 독점적 지배 우위, 강제적 경제 통제기구로서 중앙계획, 생산수단에 대한 국가적 소유의 지배, 국가에 의한 대외 경제적 독점을 제거한다. 사회주의 부정적 유산을 제거한 기초 위에 새로운 체제의 질서를 확립한다. 자유민주주의 정치질서, 사적 시장경제, 경쟁·자유의 허용 등 새로운 체제의 질서를 형성하는 조치를 추진한다. 즉 다원주의 정당의 허용, 생산수단에 대한 사적 소유의 지배, 안정적인 화폐·통화질서, 자유권을 보장하는 최소한의 규정과 사적 행위·처분권을 규정하는 법적 틀의 구축을 추진한다. 국제경제관계에서도 개방적인 시장이 구축돼야 하는바, 이는 재화, 용역 및 생산요소 등의 경쟁적 시장가 형성과 분산적인 경제결정 행위를 수반하는 것이어야 한다.

사회주의 체제전환의 경험은 사회주의 체제가 정치·경제·문화의 영역에서 민주화, 시장화, 개방화의 방향으로 체제개혁을 추진하고 있음을 보여준다. 민주화는 권력의 정당성이 민주주의적 제도와 절차에 의해 확보되고, 권력과 정책의사결정이 특정집단에 집중되거나 독점되지 않으며, 정치의 대중적 참여와 사회적 합의가 보장되는 것을 의미한다. 시장화는 사회경제적 자원이 특정집단에 의해 독점되거나 통제되는 것이 아니라 다양한 행위주체들과 시장경제 요소들에 의해 조절되고 분배되고, 생산수단의 사유화가 진행되며, 그러한 활동을 보장하는 제도화가 이루어진 상태를 의미한다. 개방화는 가치와 규범, 문화 및 행위 양식의 다양성이 인정되며, 개인적 의지나 이해관계에 따른 이동과 소통의 자유가 증진·보장되는 상태를 의미한다.

민주화로의 체제전환은 정치(리더십)의 다원화, 외교의 정상화, 군(軍)의 탈정치화로 세분화할 수 있다. 북한의 경우에, 주체사상에 대한 신념 약화, 지도자에 대한 충성도 약화, 정치참여의 기회 증대, 법치주의의 확대, 엘리트집단의 분화, 정치적 갈등 및 이해관계 증가, 남북관계 및 국제관계의 신뢰도, 국제관계의 다변화, 군에 대한 당의 통제 중단(당-군 분리), 선군정책의 후퇴 등을 기준으로 살펴볼 수 있다. 시장화로의 체제전환은 효율성의 증대, 시장의 조절, 사유화로 세분화할 수 있으며, 기초생활보장과 경제성장, 계획의 축소, 개혁조치의 빈도와 범위, 시장주체의 다원화, 자원분배의 시장조절, 시장규제의 완화, 물가와 통화의 안정성, 가격의 자율성, 사유화(토지 및 기업의 사영화, 개인의 사유재산의 확대), 대외무역의 활성화 등의 내용을 포함한다. 개방화로의 체

표 1 체제전환 프로그램의 내용

영역	정책방향	프로그램 내용	세부내용
정치·군사	구체제 청산과 민주화	정치의 다원화 외교의 정상화 군(軍)의 탈정치화	·사상·이념제도 폐지 ·자유선거 실시 ·다원주의 정당제도 실행 ·법치주의 확대 ·외교관계의 다변화 ·군에 대한 당의 통제 중단
경제	사회주의 제도 폐지 및 시장화	시장의 도입 사유화 효율성의 증대	·중앙계획 철폐 ·사유재산권 도입 ·집단농장 해체 ·사유화 실시 ·무역 및 가격자유화 ·이원적 은행제도 도입 ·기업의 구조조정 ·조세제도 개혁
사회·문화	개방화·정보화	외부문화 수용 규범 및 행위양식 다원화 시민사회 형성	·외곽사회단체 폐지 ·이동의 자유 허용 ·외부문화 접촉 및 교류 허용 ·소통매체 다양화 ·종교 활동, 시민단체 및 비판조직 허용

제전환은 외부문화의 수용성, 규범과 행위양식의 다원화, 시민사회의 형성 등을 기준으로 살펴볼 수 있으며, 조직의 일탈 증가, 부패의 만연, 인권환경 개선 및 인권인식의 증대, 이동의 자유 증대, 남한 및 외부문화에 대한 접촉경험, 종교 활동, 소통 매체의 다양화, 사적 모임 가입, 외부 시민단체와의 교류 증대, 체제 비판 행위의 조직화 등의 변화를 포함한다.

체제전환을 이론적 모델로 구분할 때 가장 중국식, 소련식, 독일식 유형으로 나눠보는 것도 의미 있는 작업이다. 중국식은 사회주의 정치체제를 유지하면서 시장경제를 점진적으로 도입하여 발전해 나가는 모델이다. 소련식은 총체적인 경제위기를 맞이하며 시장경제를 급진적으로 도입하고 활용하는 체제전환 모델을 지칭한다. 독일식은 소련식과 마찬가지로 시장경제를 급진적으로 도입함과 동시에 서독시장경제에 통합되는 모델이다. 중국식, 소련식, 독일식 등으로 구분해 보는 것은 지나치게 단순화한 측면이 있으나, 북한에 적용가능한 시사점을 찾기 위해서는 필요한 작업이다. 아시아 사회주의 국가들은 정치적으로 사회주의 체제를 유지하면서 시장경제를 도입할 가능성이 높으므로 중국식으로 체제를 전환할 가능성이 높다. 쿠바의 경우에도 중국식 유형에 해당한다고 볼 수 있다. 독일식은 체제전환이 지역통합과 맞물려 진행되는 경우로 동유럽 사회주의 국가들이 유럽연합에 가입하여 경제통합이 동시에 진행되는 유형을 포괄한다.

중국식 체제전환이 가능하려면 최소한 안보위기가 해소되어야 한다는 주장이 설득력 있다. 시장개혁에 따른 정치적 부담을 극복할 수 있다는 자신감이 있어야만 경제체제 전환을 시도할 수 있기 때문이다. 중국이 1978년 전면적인 개혁개방을 단행할 수 있었던 배경도 1971년 미중 간 데탕트로 안보위기가 해소되었기 때문이다. 베트남도 도이모이 정책 이후 전면적 개혁개방으로 나아가기 전에 미국과의 관계정상화를 단행하였다. 이런 점에서 북한이 사회주의 체제를 유지하면서 점진적 시장개혁을 단행하려면 미국과의 관계정상화를 비롯하여 남북관계 개선, 평화협정 체결 등으로 체제보장에 대한 확신이 필요할 것이다. 이 과정에는 비핵화라는 걸림돌이 가로놓여 있어 이 문제를 어떻게 해결해야 할 것인가 하는 것이 숙제로 남는다.

사유화의 방식에서 그 범위를 크게 확대할 것인지, 소규모로 진행할 것인지에 대한 논란이 있다. 폴란드와 체코슬로바키아에서는 소규모 방식으로 진행하여 성공하였다. 가장 인기 있는 소규모 사유화 형태는 국가소유의 주택을 당시 임대하여 살고 있는 주민들에게 양도하는 것이었다. 그러나 폴란드나 러시아에서는 대규모 사유화를 추진하였다. 대규모 사유화 방식으로는 세 방법이 실험되었다. 외국투자자들에 기업의 인수합병을 허용하거나 신생합작 기업을 국가가 지원하는 방식, 폴란드나 체코에서 실행한 모든 국민들에게 주권을 배분하는 바우처 방식, 동독과 불가리아에서 시행되었던 신탁관리청 방식 등 여러 방법으로 진행하였다.

민주주의로 이행하는 방식은 해당국가의 정책에 분명한 영향을 미쳤다. 사회주의가 하룻밤 사이에 위축되고 새로운 대항엘리트가 권력을 장악한 국가의 경우 협상에 의한 혁명과정을 거친 국가보다 정치참여 현상이 훨씬 강력했다. 반면 경제기구를 수립하는 경우 전환방식과 아무런 상관관계가 없었다. 시장경제 도입이 뒤늦은 러시아는 가장 야심 있는 프로그램을 수립하였다. 변신한 공산주의자들(루마니아, 세르비아)이 지배권을 장악하고 있었던 붕괴모델의 변형은 시장경제로의 과정에서 기대한 대로 완만하게 진전되었다. 협상을 통한 코포라티즘적 혁명모델은 급진조치를 선호하지 않았다. 그럼에도 폴란드의 경우 발세로비취는 충격요법을 한동안 관철시켰으며 심지어 성공적으로 완수할 수 있었다. 반면 러시아에서는 충격요법은 실패하였다. 협상에 희한 혁명의 대표적 사례인 헝가리는 경제기구의 조직 면에서도 코포라티즘에 적합한 방식을 취하였다(폰 바이메, 2000: 216).

사회주의 체제의 정치경제적 변화는 민주화·시장화·개방화라는 큰 흐름에서는 다름이 없지만, 구체적 변화의 내용은 나라마다 다르게 전개된다. 사회주의 변화와 체제전환은 지역적으로는 중동부유럽과 유라시아, 동아시아 등 크게 세 지역으로 구분해 볼 수 있고, 전환의 형태로는 급진적인 체제전환 모델과 점진적인 체제전환 모델, 중간적인 체제전환 모델 등으로 분류해 볼 수 있다(진승권, 2003; 김병연, 2005). 이를 조합하면 크게 5가지 유형으로 분류된다. 첫째, 체코의 경험처럼 급진적 체제이행을 시도하고 점진적으로 유럽연합과의 경제통합을 진행하는 유형이다. 둘째, 헝가리의 경우처럼 점진주의적 체제이행 및 점진주의적 유럽연합과의 통합 유형이다. 셋째, 독일의 경우처럼 급진주의적 체제이행과 단일국가로 통일되는 유형이다. 넷째, 중국의 경우처럼 통합과 통일을 경험하지 않고 장기 점진주의적 체제이행을 하는 유형이다. 다섯째, 러시아, 유고슬라비아, 체코슬로바키아의 경우처럼 체제이행이 아닌 체제붕괴 또는 해체가 진행되는 유형이다.

4. 유럽 사회주의 체제전환의 교훈

공산주의 유산은 공식적으로 통계자료에 나와 있는 것으로는 평가할 수 없는 질적인 부분이 많이 있다. 체제전환 과정에서 GDP로 드러나지 않는 더 많은 심각한 폐해가 발견되었다. 공산주의 유산은 단지 GDP와 같은 경제수치로 표시되지 않은 보다 심각한 문제가 되었다. 사회주의 기간 동안에 시민사회가 전혀 발전하지 못했고 상업의 정신과 같은 무형의 사회적 자산들이 많이 파괴되었다. 질적인 부분을 경시한다든가, 환경문제, 자유의 진전 등 체제전환의 새로운 환경에 적응하는데 필요한 여러 부분의 조건들이 훼손되었다. 이런 점에서 공산주의 유산에 대한 평가가 제대로 이루어져야 한다(Csaba, 2017: 13).

첫 번째는 정책적 실수다. 탈사회주의 체제전환 과정에서 공산주의 붕괴가 경제침체로 바로 이어질 것이라고는 아무도 기대하지 않았다. 물론 침체 이후 경제회복이 시작되었지만 말이다. 좋은 정책이 초기에는 나쁜 결과를 낼 수도 있다는 사실이다. 요즘은 이러한 정책들이 대부분 실수였다고 평가하지만 현실에서는 그렇지 않았다 회복의 기초가 될 것이라고 생각했다.

두 번째 비판은 생산의 회복이 늦게 시작되었다는 점이다. 중부유럽과 발틱국가들에서는 4~5년 후에 회복이 시작되었고 다른 국가들에서는 대개 10년 이상이 걸렸다. 위기 이전의 수준으로 회복되는 시기가 중부유럽과 발트국가에서는 1999년이고, 다른 나라에서는 2004년까지 걸리는 나라들도 있었다. 즉 체제전환이 시작되고 이전 수준을 회복하는데 15년이 걸렸다는 것은 위기이후 회복까지 4~5년 정도 걸렸던 1차 세계대전이나 2차 세계대전 이후의 경험과 비교해 보면 매우 더딘 것이었다.

세 번째 비판은 2007년 이후의 성장률이다. 대부분의 체제전환 국가들은 유럽연합의 주요 국가들보다 빠르게 발전하지 못했다. 이런 결과를 유럽연합의 환경이 많은 사람들이 언급하는 것만큼 충분하지 않다는 사실을 말해주는지도 모른다.

체제전환과 관련하여 왜 많은 학자들이나 전문가들이 주장하는 것만큼 기대하는 결과가 나오지 않았는지 체제 전환 시 사용했던 정책패키지인 SLIP로 각각 살펴보자. 체제전환 패키지는 SLIP로 요약할 수 있다. 즉 Stabilization(안정화), Liberalization(자유화), Institution building(제도 구축), Privatization(사유화)을 말한다. 이 각 영역에서 무엇이 문제였는지 살펴보자.

첫째 안정화 조치는 정부의 역량과 관련이 있는 것인데 정부가 매우 약한 태도를 취함으로써 안정화가 빨리 이루어지지 않았다. 안정화가 빨리 되지 않아서 생산의 회복도 더디어졌다.

둘째 자유화는 더 복잡하다. 무역자유화 투자자유화, 시장자유화, 경쟁적인 시장의 창출은 교과서에서 제시한 것보다 훨씬 어려운 일이었다. 체제전환 국가들에서는 두 가지 형태의 경험이 진행되었다. 유럽연합으로 진입한 나라들은 소비자들을 위해 일방적인 자유화 조치를 취했으며, 비유럽연합 국가들은 보호주의 정책을 취했다. 자유화에서는 무역자유화와 투자자유화가 생산력의 측면에서나 글로벌경제로의 통합에 결정적으로 중요했다(Csaba, 2017: 5).

셋째, 제도 구축은 처음에 생각했던 것보다 더 복잡했다. 제도의 이식 혹은 제도이전은 대부분의 경우 잘되지 않았다. 예컨대 EBRD의 체제전환지표와 같은 공식적 기준을 따라 제도이식을 하는 게 상당부분 잘못 이끈 측면도 있다.

넷째, 사유화는 권력의 균형이 변하는 것이고 수혜자가 바뀌는 것이고 종속변수와 독립변수가 바뀌는 것이어서 정치적 경쟁이나 정치적 구조에서 모든 나라들에서 제일의 이슈(primary issue)였다. 당시의 추세는 오늘날에 진행되는 것과는 반대의 현상이 나타났다. 사유화는 체제전환 국가들에서 서구사회보다 대립적이었다. 왜냐하면 50~80%의 국가의 부를 4~5년이라는 짧은 기간 안에 바꾸는 문제였기 때문이다. 영국 대처의 집권기에는 단지 3~4%의 국가의 부를 10~12년 기간 동안에 재분배를 하는 것에 불과하였다. 중부유럽의 경험을 보면 사유화 과정에서 은행이나 에너지, 교통과 같은 핵심부문을 모두 외국인에게로 넘어가는 결정이 이루어졌다. 그것도 그러한 비극적 결정이 종종 외국에서 이루어졌다. 이러한 상황들이 각 나라의 활동가들이나 정부의 이해에 잠재적 갈등을 야기하였다.

한편, 체제전환에 대한 인지적 제약이 매우 컸다. 체제전환 시작단계에서는 이 과정이 어떻게 진행될 것인지 알기 어려웠다. 이 과정에서 경로의존(path dependency)과 경로창조(path creation)라는 두 가지 견해가 충돌했다. 경로의존은 "제도가 모든 것이다"(institution is everything)라는 견해로 지정학적 위치와 역사, 제도구축이 많은 부분을 제약한다는 생각이었다. 다른 하나는 "정책이 모든 것이다"(policy is everything)라는 견해로 정책을 통해 상황을 바꿔나갈 수 있다는 생각이었다. 여기에서 경로의존의 불가피성을 받아들이며 그것을 따를 것인가, 아니면 새로운 경로를 개척해 나갈 수 있다는 의지를 갖고 임할 것인가 라는 점이었다(Csaba, 2017: 9-12).

공산정권이 더 오래 지속한 나라일수록, 그리고 공동체 정신이 더 많이 발전한 나라일수록 기업가 정신이나 개인책임의식을 조성하기 어려우며 국가의 분배 책임을 더 많이 요구하는 경향이 있다. 복지정책에서도 잘 드러난다. 미국사회에서는 개인이 위험을 부담하는 정신이 발달했지만 아시아 국가들은 그렇지 못하다. 각 나라마다 체제전환 과정이 모두 달라 일률적으로 적용할 수 있는 교과서 같은 모델은 없다. 따라서 각각의 모델과 전환의 길은 그 상황과 환경에 맞게 새롭게 창안되어야 한다.

국제환경 차원도 중요하다. 체제전환 국가들이 유럽연합과 같은 지역통합체와 긴밀한 연관 속에 체제이행을 진행했다는 점에서 체제전환 국가들이 처한 대외환경은 매우 중요하다. 정치적으로 소련이나 유고와 연결되어 있거나 경제적으로 CMEA 코메콘이나 유고의 시장에 연결되어 있는 나라들과 그렇지 않은 나라들의 차이는 컸다. 북한을 긍정적으로 보면, 국제체제에 얽매여 있지 않으므로 개혁과 변화가 오히려 수월할 수 있다. 외부의 조건들이 방해를 하지 않으니 밖으로부터 오는 어려운 도전들은 상대적으로 없을 것이어서 쉬울 수 있다. 또 아시아 국가들은 지역체제가 존재하지 않으므로 이 역시 단점이 아니라 장점으로 바라볼 수도 있다.

체제전환을 성공하느냐 실패하느냐 하는데서 국가의 역량은 결정적으로 중요하다. 국가의 거버넌스 역량이 높을수록 체제전환을 부드럽게 그리고 빠른 시간 안에 달성할 수 있었다. 한국이 지금까지 보여준 경제적, 정치적 역량을 보면 매우 고무적이고 희망적이다.

III. 아시아 사회주의 시장경제 건설 경험: 중국, 베트남, 몽골

아시아 국가들의 탈사회주의 체제전환은 중국과 베트남에서는 점진적인 개혁의 방식으로, 몽골에서는 급진적 방식으로 진행되었다. 중국은 1978년 12월 18일 공산당 제11기 3차 전체회의(11기 삼중전회)에서 개혁개방 노선을 확정하고 경제발전 중심의 노선을 결정하였다. 1993년 제14기 삼중전회에서는 "국가는 각종 소유제 경제가 공평한 조건에서 시장경쟁에 참여하는 환경을 조성해야 한다"고 천명하며 사회주의 시장경제를 체계화하였다. 자유화와 민영화의 측면에서 보면 1978년 개혁개방 노선을 천명한 이후 최근까지 40년 동안 매우 점진적으로 진행되었음을 볼 수 있다.

우선, 가격자유화의 과정을 보면, 개혁개방 직후 5~6년간 초기단계의 가격자유화 정책이 시행되었고 이후 5년간 이중가격제를 도입하여 생산제의 계획가격을 시장가격으로 전환하였다. 탈 냉전기에 들어 본격적인 가격 자유화를 추진하여 농산품, 생산재, 소비재 등 대부분의 생산제품을 계획가격에서 시장가격으로 전환하였다. 사유화·민영화의 측면에서는 개혁개방 노선 전환 이후 국유기업을 개인소유로 전환하는 정책을 추진하여 국유기업이 GDP의 25~30%로 크게 줄어든 것으로 평가된다. 그러나 중국은 중국특색의 공유경제 내지 혼합소유제를 발전시켜 공유경제의 GDP 점유비중을 2020년경에도 30~40% 수준을 유지할 것으로 예상한다. 외국직접투자(FDI)의 비중은 2002년에 32.3%로 높았으나 최근 20% 대로 낮아졌다. 물론 수출에서 FDI기업이 차지하는 비중이 50%로 높다.

그러나 정치적으로 중국은 아직 다원주의 정당체제로 이행하지 않고 있고 직접선거와 복수후보를 허용하는 일련의 개혁안을 발표하였으나 실질적으로 시행되지는 못했다. 기초 행정단위에서는 복수후보 추천제도가 시행되고 있으나 개인후보의 출마와 선거운동은 당국에 의해 거의 차단되고 있는 실정이고, 중앙단위로 올라갈수록 복수후보 경쟁은 제대로 이루어지지 않는 것이 현실이다.

베트남의 경우, 중국보다 10년 정도 늦은 1986년에 도이모이 정책을 추진한 이후 중국을 바짝 뒤쫓고 있다. 베트남은 도이모이 정책이 시작된 1986년부터 1989년 사이 정부의 가격통제 하에 있던 품목들을 전면적으로 축수하여 1989년에 이르면 대부분의 가격을 자유화하는 조치를 취하였다. 그 때문에 인플레이션이 발생했으나 이후 긍정적인 생산반응 효과로 공급이 증가하여 1993년 이후에는 물가도 안정되었다. 사유화 영역에서도 중국보다는 빠른 속도로 민영화를 시행하였다. 베트남의 경우에는 정부가 국가소유로 묶어두어야 하는 영역, 즉 공공부문으로 관리해야 할 리스트를 작성해 두고 있다. 주로 철도, 도로, 항공 등 공공운수 부문과 에너지, 화학기업을 비롯하여 국방, 안보 관련 약 1,000여 개의 기업을 국가가 소유하고 있는 것으로 파악된다.

2014년 현재 베트남의 GDP에서 차지하는 비중이 국유가 32%, 사유는 48%, 외국직접투자(FDI)는 20% 정도를 차지한다. 현재 베트남 정부는 국가소유를 줄이는 대신 외국인직접투자나 개인소유를 늘려가고 있는 중이다. 활발한 외국인직접투자(FDI) 유치를 통해 글로벌 가치사슬(GVC)과 국제적 생산네트워크(GPN)에 빠르게 편입하고, 전기·전자와 섬유·의류 산업 분야의 글로벌 생산기지로 부상하면서 연평균 200억 달러의 FDI를 유치(허가 기준)하고 있다. 최근에는 TPP와 RCEP 등 메가 FTA 체결도 적극적으로 추진하고 있으며, TPP에 참여하여 최대 수혜국으로 부상하고 있다. 특히 수출부문에서는 외국기업에 의한 수출액 비율은 2011년 49%에서 5년 만인 2016년 70%를 돌파했다.

정치적으로 베트남은 개혁개방 이후 복수후보 제도 도입 등 진전이 있었으나 이러한 제도마련에도 불구하고 실질적인 변화는 크지 않은 것으로 평가된다. 경쟁제도가 작동하는 것으로 보이도록 하기 위해 유력하지 않은 인사들을 출마하도록 권유하기도 하고, 조국전선이라는 기구가 후보등록 과정에 사전 정지작업을 하는 등 실질적인 변화는 제도변화를 따라가지 못하고 있다.

중국·베트남과 달리 몽골은 충격요법으로 시장경제를 건설한 케이스다. 1989년부터 시작된 민주화 바람은 정치다원주의 제도 수립과 1992년 헌법 개정으로 평화적 민주화로 이어졌다. 정치적 다원화와 전면적 자유시장경제로 빠르게 전환한 대표적인 나라다. 몽골은 사회적 시장경제를 택하지 않고 자유시장경제를 선택하였다. 1990년에 몽골인민혁명당은 이러한 개혁을 2년 내로 완성하겠다고 주장했다. 그러자 민주당은

97일 만에 해낼 수 있다며 서로 경쟁적으로 자유시장경제로 전환하기 위해 뛰어들었다. 그만큼 급격한 방식으로 체제전환이 진행되었다. 가축과 기업을 빠르게 사유화했고, 가격자유화를 실시하였다. 물론 그 결과 농업이 붕괴하고 가공 산업이 침체되었다.

경제체제전환은 세 시기로 진행되었다. 1990~1993년 큰 위기, 경제가 상당히 성장한 1994~2000년 시기, 그리고 완만하게 진행되는 2000~2002년이다. 경제개혁은 경제부문을 장악하던 국가의 독점을 제거하고 사적 소유를 최적의 수준에서 달성하는 것이다. 그리고 가격의 자유화를 추진하는 것이다. 현재 산업부문의 생산은 GDP의 48%를 차지하며 ODA의 역할이 매우 크다. 사유화의 종류와 기준을 정하는 국가위원회가 있으며 이 기구를 통해 법률적으로, 그리고 실질적으로 어느 정도까지 사유화를 해야 할 것인지, 국가소유와 지분을 어떻게 유지해야 할지 등을 결정한다.

몽골의 경제모델은 수출주도형 산업으로 일본을 따라가는 모델이다. 몽골의 한 여성 경제학자는 몽골의 경제모델은 수입대체형 산업과 수출주도형 산업 두 모델이 혼합된 형태라고 설명했다. 몽골은 내륙 국가이면서 외부로 나가는 육로가 소련과 중국으로 완전히 막혀 있는 밀폐된 나라다. 몽골이 처해있는 이러한 지정학적 위치는 몽골의 모든 것을 결정한다. 냉전시기에는 구소련의 식량생산기지였으며, 지금은 중국과 경제협력을 하고 있다. 몽골은 가공 산업을 발전시키려는 비전을 갖고 있고 해상으로 진출하려는 의지가 강하다.

경제와 마찬가지로 정치민주화도 급진적으로 진행되었다. 1992년 체제전환을 시작한 이래 여러 개의 정당이 생겨났으나, 지난 25년 동안 여러 정당이 크게 인민당(인민혁명당)과 민주당 둘로 압축되었다. 오랫동안 사회주의를 경험한 몽골사람들은 사회주의를 억압적인 제도로, 자본주의를 인간적이고 민주화된 제도로 생각한다. 따라서 아시아 사회주의 국가들 가운데 가장 급진적으로 탈사회주의 체제전환을 이룩한 나라로 간주된다.

IV. 북한 시장화와 신경제노선 발전 전망

1. 시장건설을 위한 제도적 조치

1995~2000년 극심한 식량난과 '고난의 행군'으로 체제붕괴의 위기를 넘긴 후 경제개혁을 위한 국가적 조치가 취해졌다. 1998년 9월 공식 출범한 김정일 정권은 '강성대국'을 구호로 내걸고 경제개혁 준비와 남북관계 및 북미관계 정상화를 추진하였다. 때마침 등장한 남한의 김대중 정부의 적극적인 대북지원 정책은 절호의 기회가 되었다. 2000년 6월 최초로 남북 간 정상회담을 치르고 미국 클린턴 행정부와도 우호적인 관계를 유지했다. 2000년 10월 10일 북한 인민군 총정치국장 조명록 차수의 전격적인 백악관 방문과 10월 25일 연이어 이루어진 미국의 국무장관 메들린 올브라이트의 북한 방문으로 한반도 정세는 평화가 조성되었고 북한의 미래는 매우 밝아보였다. 2001년 1월 중국 상해를 방문한 김정일 위원장이 변화된 상해의 모습을 '천지개벽'이라 표현하며 북한도 경제발전을 위해 새로운 사고를 할 것을 주문했다. 김정일의 이러한 '신사고'에 입각하여 2001년 10월 실시사회주의를 표방하며 '경제관리개선방침'을 구체화하고 계획의 분권화, 사회주의 물자교류시장의 운용, 수익위주의

기업평가, 실적주의에 입각한 분배, 과학기술과 생산의 결합, 가격·임금의 재조정, 불합리한 사회보장제도의 정리 등의 개혁조치 필요성을 강조했다.

이러한 준비를 바탕으로 북한은 2002년 7월 1일, 가격조정, 시장도입 등을 표방하는 전면적 개혁조치를 단행하였다. 유명무실하던 정부의 국정가격을 쌀값을 기준으로 현실화하였다. 쌀의 경우 국정가격으로 1kg당 8전이던 쌀 가격은 44원으로 무려 550배를 상향조정하였고, 100~150원이던 노동자들의 임금은 3,000~4,000원으로 높였으며, 환율도 기존의 2.2원에서 153원으로 70배가량 인상하였다. 북한의 역사에서 전무후무한 그야말로 획기적인 대변혁이었다. 1946년 토지개혁에 버금가는 대사건으로 불릴 만큼 7.1경제관리개선조치는 혁명적인 것이었다. 자본주의 시장경제에서는 상상조차 할 수 없는 대수술이고 개혁이었다.

북한은 2002년 7.1조치를 제도화하기 위해 2003년 5월 김정일의 지시에 따라 기존의 농민시장을 종합시장으로 확대, 개편하는 정책을 추진하였다. 기존의 농민시장은 전통적으로 존재하던 농촌시장을 개편한 것으로 야채, 생선 등 농산물 거래를 위주로 운영되었으나 종합시장은 농산물 이외에 공산품과 수입상품까지 거래가 이루어지는 문자 그대로 종합적인 시장의 면모를 갖추었다. 종합시장이 들어서기 전에도 북한에는 오랫동안 암시장이 형성되어 주민들의 생필품과 공산품을 거래해 왔으며, 종합시장은 기존의 농민시장과 암시장을 통합하여 제도화한 것이라 할 수 있다.

북한에서 시장의 기능이 언제부터 확대되었는가를 평가하기는 쉽지 않다. 1970년대까지는 국영상점을 통한 공급체계가 비교적 원활하게 작동했으며 1980년대에 국가계획과 시장의 중간적 형태인 '8.3제도'를 도입하여 계획경제의 비효율성을 극복하는 조치를 취하였다. 그러나 사회주의 체제가 붕괴하고 김일성 주석이 사망한 이후 국가계획 부문이 전혀 작동하지 못하는 상황에 이르자 불가피하게 시장에 의존하는 정책으로 전환되었다. 북한이 '고난의 행군'을 선포하며 국가배급을 완전히 중단한 시기가 대체로 1995년 4~5월경으로 추정되는데, 이 시기부터 북한에 시장의 비중이 급속히 커지기 시작한 것으로 보인다. 1995년 식량배급 중단으로 100만 명 이상의 주민이 사망하는 막대한 인적 손실이 발생했고, 주민유동성과 범죄·일탈행위 증대, 대량탈북 등이 이어졌다. 그로인해 가족해체와 지역사회의 공동화가 초래되었고 중앙배급체계의 기능을 약화시켜 식량을 구하기 위한 주민의 지리적 이동을 촉발시켰다.

1990년대 중반 이후부터 2002년 7.1조치가 발표되기 이전까지 북한 주민들의 생활은 국가의 월급이나 국영상점의 공급에 의존하지 않고 암시장 등 사적 거래를 통한 수입과 지출이 압도적인 부분을 차지하고 있었다. 7.1조치는 기존의 비공식적 경제활동을 제도권으로 흡수하였으며, 경제관리, 가격·임금·재정, 생산부문, 유통부문, 무역 등 다섯 영역에서 획기적인 변화를 가져왔다. 김정일은 2001년 1월 '신사고'를 제기한데 이어 2001년 10월 '경제관리개선방침'을 통해 실리사회주의를 표방하면서 계획의 분권화, 사회주의 물자교류시장의 운용, 수익위주의 기업평가, 실적주의에 입각한 분배, 과학기술과 생산의 결합, 가격·임금의 재조정, 불합리한 사회보장제도의 정리 등의 개혁조치 필요성을 강조했다. 이어 2002년 9월 '선군시대 경제건설노선'에서는 국방공업·중공업 부문은 국가통제 하에서 자원을 배분하나 경공업·농업·상업 부문은 시장 지향적 개혁을 추진해 나간다는 방침을 세웠다.

북한당국은 또한 일반주민들이 중고품이나 개인부업으로 생산한 제품을 위탁받아 판매하는 수매상점을 적극 이용하도록 권장하기 위해 수매상점들이 "수매하러 오는 사람들의 신분을 확인하거나 물건의 출처를 따지는 일이 없도록 할 것"이라고 설명하고 있다. 이러한 지침을 내리고 있다는 것은 시장 활성화가 얼마나 절박한 상황인가를 말해준다. 7.1경제관리개선조치와 관련한 북한 자료에서는 7.1조치의 정신은 "절대로 공짜, 평균주의가 없다"는 것이다. 지금까지 분배에서 사람들이 일을 많이 하든 적게 하든 관계없이 일률적으로 똑같이 지급하는 평균주의가 많았다고 지적하고, 이제부터는 "일한 것만큼, 번 것만큼 차례지게 하는" 분배방식을 적용하겠다는 것이다. 뿐만 아니라, "사회적으로 공짜가 너무 많았다"고 비판하면서 "이제부터는 그 누구를 막론하고 모두 자기가 탄 생활비를 가지고 생활하게 된다"고 밝혔다.

2009년 11월 화폐개혁과 함께 종합시장을 폐쇄하고 농민시장으로 전환하는 시도를 하였으나 경제흐름이 마비되고 사회적 혼란과 민심동요가 우려되자 2010년 2월 기존의 종합시장을 재가동하였다. 북한당국은 농민시장을 종합시장으로 개편한 것이 '고난의 행군'으로 주민생활이 어려워져 국가가 임시로 취한 조치라며 경제가 정상화되면 종합시장을 폐쇄하고 농민시장으로 전환하려는 의지를 갖고 있다. 그러나 시장은 자유로운 자본과 상품, 노동의 거래를 기본으로 하고 있어서 주민들로 하여금 시장경제와 자본주의를 학습하는 중요한 역할을 한다. 북한이 시장을 사회주의 경제 원리를 떠나 자본주의와 비사회주의를 만들어 내는 범죄의 온상으로 보고 있는 이유도 시장화가 북한주민들의 의식과 가치관을 변화시킬 수 있는 위험성을 내재하고 있기 때문일 것이다.

2. 시장화 실태

북한의 시장화(marketization)를 연구하는 여러 학자들은 다수의 북한주민들이 소득과 생계를 시장에 의존하여 살고 있다는 데 동의한다. 탈북자를 대상으로 조사한 결과를 보면 북한주민들의 소득과 생계에 시장은 거의 절대적인 기능을 하고 있다. 박석삼(2002)은 북한주민의 가구소득 가운데 98%가 비공식 경제활동에서 얻어지고 있다고 분석했고, 이영훈(2007)도 북한주민의 소득 가운데 약 90%가 시장에서 획득한 것이라고 밝혔다. Kim and Song(2008)도 북한주민 소득의 약 78%가 비공식 경제활동에 의해 창출된다는 결론에 도달하였으며, 이석(2009)은 북한주민들의 소득 가운데 시장이 차지하는 비율이 최소 70%대에서 최대 90%대를 능가할 정도로 절대적인 비중을 차지하고 있을 것으로 보았다.

이석(2009)은 북한 시장화의 이러한 모순적인 현상을 해부하기 위해 북한의 공식 식량분배통계를 이용하여 북한의 실제 시장규모가 탈북자 조사에서 나타난 것과 같이 북한사회를 지배하는 것이 아닐 수 있음을 조심스럽게 제기하였다. 즉 계획부분을 벗어나 작동하고 있는 북한의 시장규모가 탈북자 설문조사를 통해 밝혀진 만큼 높은 수치가 아니라 북한경제 전체의 18~35% 정도에 그치는 것이 아닌가 라는 판단을 하였다. 위에서 설명한 바와 같이 북한주민들의 경제활동에서 시장거래가 차지하는 비중은 70~80%가 될 수 있으나, 20~30%의 특수계층을 위한 국가공급체계가 높은 비중을 차지하여, 국가전체의 분배와 유통의 측면에서 보면 시장화의 비율은 낮을 수 있다는 것이다.

이와 같은 시장화 조치로 주민들의 사적 경제활동 공간이 확장되었다. 서울대학교 통일평화연구원의 탈북자 면접조사 결과에 의하면 장사의 경험이 있는 탈북자가 지난 5년 동안 69.3%(2012년) → 74.4%(2013년) → 69.8%(2014년) → 76.7%(2015년) → 68.8%(2016년)로 꾸준히 증가하였다. 탈북자의 70% 이상이 장사를 해본 경험이 있다는 것이다. 그러나 장사를 하는 사람들은 노동자, 농민, 사무원, 전문가, 학생, 군인

등 직업을 막론하고 대부분 부업형태로 장사를 하고 있다. 2011~2016년의 데이터를 통합적으로 보면 노동자 67.8%, 농민 55.4%, 사무원 68.8%, 전문가 66.0%, 학생 40.4%, 군인 57.5%, 외화벌이 82.4%, 가정부인 87.3%로 나타났다. 가정주부와 외화벌이 직종은 장사에 적극적으로 참여하고 있는 반면, 학생과 농민, 군인의 경우에는 장사에 적극적으로 참여하기 어려운 환경에 있음을 보여준다.

새로운 상인계급이 등장하는가를 알아보기 위해 장사를 전업으로 하는 규모가 어느 정도 되는가를 살펴보았다. 서울대 2011~2016년 조사에 의하면 장사를 전업으로 하고 있는 사람들은 2011년 10.5%, 2012년 11.1%, 2013년 13.5%, 2014년 4.8%, 2015년 20.5%, 2016년 12.3% 등으로 나타났다. 최근 6년을 통합적으로 보면 전체 조사대상자 총 796명 중 96명이 전업으로 장사에 참여하여 평균 12.1%를 차지하였다. 탈북자 샘플이 북한주민의 인구사회학적 구성비를 정확히 반영하는 것은 아니지만, 탈북자 샘플을 기준으로 보면, 적어도 북한주민의 약 10%가 장사를 전업으로 하는 새로운 상인계급으로 자리 잡았을 것으로 판단된다.

사적 경제활동이 정치적 신분과 관련이 있는지 알아보기 위해 장사 경험의 유무가 당원과 비당원의 변수에 따라 차이가 있는지 살펴보았다. 2011~2016년 조사대상자 총 798명 가운데 당원이 119명(14.9%), 후보당원이 3명, 비당원이 663명((83.1%)이었는데, 장사경험이 있는 사람은 당원가운데 67.2%(80명), 비당원 가운데 72.9%(483명)으로 전체의 평균과 큰 차이가 없었다. 그러나 장사를 전문적으로 하는 사람들 중에는 2013년 1명, 2014년 1명, 2015년 2명으로 총 4명에 불과하였다. 장사를 전업으로 하는 96명 중 4.2%(4명)만이 당원이었으며, 95.8%(91명)은 비당원이었다. 여기서 알 수 있는 사실은 북한의 기존 정치적 계층구조에서 기득권을 차지하고 있는 당원은 장사를 전문적으로 하는 상인계급으로 직접 진입하지는 않는다는 것이다. 대신 시장 기제를 관리·통제하는 권력을 행사하며 상인집단을 착취하는 방식으로 사적 이익을 확보한다.

사적 경제활동을 통해 재산을 어느 정도 축적하는가? 서울대 2016년 조사에서 주민들이 국가로부터 생활비를 지급받지 못하는 사람들이 58.0%를 차지한 반면, 필요한 생활비의 대부분을 장사와 개인사업 등 부업(더벌이)으로 충당하는 것으로 나타났다. 장사나 부업으로 벌어들인 총수입은 1만 원 미만이 26.1%지만, 1만 원~10만 원이 8.0%, 10만 원~50만 원이 26.8%, 50만 원~1백만 원이 23.9%, 1백만 원 이상이 15.2%를 각각 차지했다. 서울대의 지난 6년간 탈북자 면접조사에서 최근 2~3년 사이에 주민생활 수준의 양극화가 심화되고 소득에서 빈부격차가 벌어지고 있음이 드러난다. 이러한 사실들은 시장화가 사회계층의 변화에 영향을 중대한 영향을 미치고 있음을 보여준다.

2016년 조사에서 조사대상 주민들이 가장 많은 수입을 얻은 일거리는 소매장사로 27.3%였다. 그 다음으로 도매업인 되거리장사(도매)나 외화벌이계통이 각각 13.3%, 15.6%를 차지하였으며 돈장사도 7.8%를 차지하였다. 전체적으로 소매나 개인편의봉사, 삯벌이 등 소규모 시장 활동에 종사하는 사람들이 34.3%이며, 되거리장사(도매)와 개인임가공, 식당 및 상점운영, 돈장사 등 일정한 규모 이상의 시장 활동을 하는 사람들이 약 39.0%를 차지하였다. 26.6%를 차지한 기타는 중국과의 거래(밀수 등), 소토지 농사, 운전, 밀수업, 자기 것을 봄에 미리주고 가을에 몇 배로 받는 것 등이었다. 직업별로 소매장사가 차지한 비중의 크기는 장사, 가정부인, 농민, 전문가, 노동자의 순이었으며 되거리장사의 경우 장사, 가정부인, 노동자들이 종사한 것으로 나타났다. 가정부인이나 장사를 전업으로 하는 사람들은 소매장사 위주의 시장 활동을 하고 있는데, 위에서 살펴보았듯이 이들은 모두 비당원으로 정치적 배경이 없는 사람들은 주로 소규모 장사를 하고 있다고 보아야 할 것이다.

북한이 2002년 7.1조치로 시장을 제도화한 것은 그야말로 획기적인 일이었다. 농산물 위주의 기존 농민시장에다 공산품과 수입상품까지 거래를 허용하고 암시장을 통합하여 종합시장을 제도화한 것이다. 2001년 1월 중국 상해를 방문한 김정일 위원장이 변화된 상해의 모습을 '천지개벽'이라 표현하며 북한도 경제발전을 위해 새로운 사고를 할 것을 주문했다. 김정일의 이러한 '신사고'에 입각하여 2001년 10월 '경제관리개선방침'을 구체화하고 2002년 7.1개혁을 단행한 후, 2003년 5월 종합시장 운영에 관한 내각지시에 의해 전국에 300개 가량의 종합시장을 설치했다. 시장의 활성화를 위해 시장가격을 자유화하고 유통부문의 자율성을 대폭 확대하였다. 소매유통기관이 합법적으로 수매 위탁기능도 수행할 수 있도록 허용하였고 개인들이 생산한 물품을 위탁받아 시장가격과 유사가격으로 판매할 수 있게 되었다. 개인은 물론 국영기업소, 협동단체들도 시장에서 상품을 구입 및 판매할 수 있도록 이용범위가 확대되었고, 기관·기업소에 대한 현금유통을 허용하는 조치를 취했다. 이러한 모든 제도화 조치들은 시장의 작동을 극대화하기 위한 장치들이며 그 결과 경제관리, 가격·임금·재정, 생산부문, 유통부문, 무역 등의 영역에서 획기적인 변화를 가져왔다.

시장화가 진전된다는 것은 경제활동의 중심축이 '계획'에서 '시장'으로 전환되면서 기존에 계획을 전제로 설정되었던 모든 사회적 질서가 시장을 중심으로 재편된다는 것을 의미한다. "상품으로서 재화 및 서비스의 교환 및 판매가 이루어지는 추상적인 범위나 영역"을 시장으로 규정한다면, 시장의 활성화는 상품유통과 자본, 노동의 자유로운 교환과 거래를 증진시킬 것이다. 북한에서도 지난 8년 동안 시장화가 진전되면서 조중국경 왕래가 많아지고 남한을 포함한 외부세계의 정보와 문화 유입이 활발해졌다. 이처럼 시장의 확대는 상품과 자본, 노동의 교환과 거래를 촉진하며 기존 계획경제의 질서를 재편하게 된다. 이른바 '비공식화 가설(informalization Hypothesis)'이 주장하는 바와 같이 시장의 확대는 계획을 전제로 기획된 사회주의 질서를 무력화하고 새로운 시장적 질서로 대체할 가능성이 매우 높은 것이 사실이다.

시장화의 과정에서 중요한 것은 시장 활동을 통해 학습하고 형성하는 의식과 태도의 변화다. 시장은 기본적으로 자본, 상품, 노동의 자유로운 교환과 거래를 바탕으로 운영되며 특히 특정 지역의 경계를 넘어 지역 간, 국가 간 자유거래를 근간으로 운영된다. 이 과정에서 자연스럽게 거래망을 중심으로 새로운 사적 담론의 네트워크가 생겨난다. 타 지역과 국외에서 물건을 반입하는 사람과 시장에서 장사하는 사람, 그리고 도매와 소매상 등 상품을 매개로 하는 네트워크가 형성된다. 이러한 상품 유통망은 여전히 비합법적인 부분이 많이 있는데 이러한 네트워크는 개인적이며 사적인 연고로 유지되므로 은밀성을 띠면서 강한 연대감을 동반할 가능성이 크다.

3. 2018년 4월 경제개발 신경제노선 발표

2018년 4월 20일 조선로동당 제11기 3차 전원회의에서 경제-핵 병진노선을 마감하고 경제건설에 총력을 집중한다는 새로운 전략적 노선을 발표하였다. "혁명발전의 새로운 높은 단계의 요구에 맞게 사회주의건설을 더욱 힘 있게 다그치기 위한 우리 당의 과업에 대하여"라는 담화를 통해 김정은 위원장이 북한의 새로운 전략노선을 제시한 것이다. 북한은 2013년 3월 경제건설-핵무력건설 병진노선을 천명한 이래 지난 5년 동안 이

병진노선이 성공적으로 달성되었다며 정치적 선언을 하였다. 그리고는 "현 단계에서 전당, 전국이 사회주의경제건설에 총력을 집중하는 것, 이 것이 우리 당의 전략적로선"이라고 천명하였다. 북한의 입장에서는 2017 년 11월 30일 국가핵무력 완성을 선언하고 핵보유국에 미국이 절대로 전 쟁을 못한다는 자신감(2018년 북한신년사)을 바탕으로 이제 경제건설에 매진하기 위해 전략노선을 수정·전환하였다고 볼 수 있다. 그러나 그 배 경에는 유엔과 국제사회의 강도 높은 대북 경제재재와 미국의 군사적 공 격 위협, 중국과 미국의 협공 등이 효과적으로 작용했다.

새로운 전략적 노선을 실천하기 위한 구호로 "사회주의경제건설에 총력을 집중하여 우리 혁명의 전진을 더욱 가속화하자!"라는 슬로건을 내걸고 향후 경제개발에 박차를 가할 것으로 예상된다. 그 당면 목표는 7 차당대회(2016.5)에서 제시한 '국가경제발전5개년전략'이 끝나는 2020 년까지 모든 공장과 기업소의 생산을 정상화하는 것으로 설정하고 있다. 예상컨대 5개년전략이 끝나는 시점에서 대대적인 경제개혁과 개방정책 을 발표할 것이다. 그 시점에 이르면 경제의 현대화, 정보화, 과학화를 위한 장기경제개발계획을 제시할 것으로 예상된다. 2020년까지는 경제 개발을 추진하기 위한 환경마련이 급선무다. 이를 위해 남북관계 개선과 북미관계 정상화를 통해 유엔의 대북제재를 해제하고 국제금융기구로부 터 대규모 재정지원 확보를 목표로 정치 외교적 담판을 진행 중이다. 만 약의 상황에 대비하여 중국의 지원이 필요로 하므로 2018년 3월 26일 시 진핑 주석과 정상회담을 진행하였고, 조만간 시진핑 주석의 평양방문도 예정되어 있다.

2018년 평창 동계올림픽을 계기로 조성된 평화분위기는 2018년 4월 27일 남북정상회담에 이어 북미정상회담이 성사되면 한반도 정전체제를 평화체제로 전환하기 위한 종전선언과 평화협정체결 등 전환적인 국면이 마련될 것이다. 이미 당 제11기 3차 전원회의에서 핵실험·미사일 실험발사 중지, 핵실험장 폐기를 선언함으로써 비핵화 의지를 천명하였다. 북한이 이행해야 하는 비핵화와 미국과 한국이 이행해야 하는 평화협정의 법적, 군사적 조건들을 어떻게 맞교환할 수 있는가 하는 문제가 성패를 좌우할 것이다.

V. 결론

사회주의 국가들의 경제체제 전환은 중앙집권적 계획경제하에서 비롯된 비효율성을 제거하여 낙후된 경제를 재건하고 시장경제체제로의 안정적 이행을 목표로 진행하는 개혁과정이다. 동유럽 국가들은 가격자유화와 민영화, 거시경제의 안정화 등 경제정책을 추진하여 지속가능한 경제발전의 토대를 마련하였다. 폴란드·체코·러시아 등 급진적 체제전환을 단행한 나라는 강력한 계획경제 유지에 따른 취약한 민간경제 때문에 1990년대 초 가격 자유화와 국유재산 사유화, 대외개방 및 금융시장 정책을 일시에 진행하여 어느 정도 성공을 거두었다. 헝가리 등 점진적 체제전환을 단행한 나라는 일찍부터 자유시장경제를 도입하여 시행하여 오고 있었던 터라 모든 분야에서 단계적 실시를 통해 경제충격을 최소화하고 대외채무와 재정적자 축소에 주력하여 성공적으로 시장경제를 안착시켰다.

북한은 아직 사회주의 체제개혁을 본격적으로 추진하지 못하고 있는 상황이다. 2002년 7.1개혁이 중국과 미국의 북한에 대한 불신으로 진전되지 못했으며, 2012년 김정은 집권 이후에도 핵문제에 대한 국제사회의 초강경 제재로 이렇다 할 조치들을 취하지 못하고 있다. 북한은 크게 보면 사회주의 정치체제를 유지하면서 시장경제 건설을 추구하는 중국모델에 속한다고 볼 수 있다. 그러나 체제전환이 자본주의로의 편입과 함께 진행되는 독일모델로 갈지, 북한이 독자적으로 대대적인 체제개혁을 단행하여 새로운 시장경제체제를 건설하는 소련/동유럽 모델로 갈지 현재로서는 단정하기 어렵다.

2018년 4월 20일 발표한 새로운 전략노선의 전환, 즉 경제건설에 총력을 집중하겠다는 당의 결정은 북한 사회주의 체제전환의 시발점이 될 가능성이 있다. 2018년 시점에서 빠른 시일 안에 경제도약을 모색하고 있는 북한은 점진방식이나 급진방식 중 어느 하나를 선택하기 어려운 국면에 놓여 있다. 중국·베트남에 비해 뒤늦게 개혁을 시작한 북한은 남한을 단숨에 따라잡아야 한다는 초조함을 갖고 있으나, 동시에 북한의 사회주의 초기 조건이 과도한 국유 비중을 점유하고 있어서 사유화나 자유화에서 급진방식에 대한 거부감이 강하게 존재하고 있을 것으로 판단된다. 이런 상황에서 급진방식과 점진방식 사이에서 많은 고민을 하게 될 것이다.

북한은 2002년 7.1개혁조치로 대대적인 가격조정이 실시되었고 가격결정에 대한 자율권을 허용하였음에도 불구하고 사회주의 체제전환이라는 관점에서 보면 아직 가격자유화가 전면적으로 이루어지지 않았다. 소비가격은 어느 정도 시장의 자율에 맡겨두는 것처럼 보이나 생산가격, 임금 등 많은 부분이 여전히 국가의 통제와 계획 아래 놓여 있는 상황이다. 뿐만 아니라 자유화는 국내시장만이 아니라 다른 국가들과의 자유로운 무역의 허용을 포함하는데 북한은 무역의 경우에는 더욱 철저히 당과 군부, 내각 등 국가가 통제하는 시스템을 고수하고 있다. 자유화는 국내외 다른 기업들과 더욱 치열한 시장경쟁을 바탕으로 하는데 이런 측면에서 북한의 경제발전을 위해서는 자유화를 지금보다 더 확대해야 할 것이다.

한 가지 문제는 가격 자유화와 대외시장 개방이 이루어지면서 국내 물가가 급격히 상승할 가능성이 있다는 점이다. 체제전환국들이 대체적으로 겪었던 현상이다. 또 경쟁에 적응하지 못한 기업들이 생겨나고 노동자들이 임금을 제대로 받지 못하여 이들의 수요가 감소한다. 이에 정부는 기업들에 대한 저금리 신용공급을 증가시키는데 이는 통화량 증대로 이어지는 문제에 봉착한다. 이러한 문제들이 악화되지 않도록 안정화 정책을 준비할 필요가 있다.

또한 북한은 7.1개혁을 통해 주택이나 부림소 등 극히 부분적인 사유를 허용하고 식당과 8.3기업 등에 대한 소집단 자율권을 확대하는 조치를 취하였다. 그러나 경제체제전환의 가장 중요한 민영화 정책에서 북한은 국가소유 내지 전민소유라는 매우 완강한 입장을 고수하고 있다. 민영화는 체제전환에 필요한 국가의 재원확보, 자원배분의 효율성, 기업의 독점적 소유 방지 등의 정책효과를 갖고 있다. 현재 북한의 국가재정이 바닥이 난 상태에서 국가재정을 확보하는 방법으로 국제금융기구의 차관 외에 민영화가 유용한 수단으로 활용 가능하다. 북한의 연합기업소 등 이미 대규모로 편제되어 있는 산업들과 철도, 항공, 항만 등 사회간접자본, 전략적으로 활용가치가 있다고 판단되는 광산을 비롯하여 방송, 체신, 교육 등 공공성이 높은 부문에 대해서는 민영화에 반대할 가능성이 높다.

북한의 시장경제 건설과 경제체제전환은 남한과의 경제통합과 병행적으로 진행될 개연성이 있다. 동유럽 사회주의 국가들의 경제체제전환이 유럽통합(EU)과 함께 진행되었고, 특히 동독의 체제전환은 서독과의 통일·통합과 동시에 진행되었다. 이 경우 '선 경제개혁, 후 경제통합'이 매우 합리적인 원칙으로 수립되는 것은 자연스럽다. 남한과 경제통합을 하기 전에 북한의 경제구조를 전환시키는 작업은 필수적이다. 그러나 현실은 독일의 경험처럼 그렇게 되지 않을 수도 있다. 즉 동독의 체제전환보다 먼저 동서독 간에 화폐통합 조약이 체결되었다. 남북한의 경우에는 독일의 이러한 경험을 반면교사로 삼아 북한이 일정 기간 동안 통합에 적합한 체제로 개혁을 우선적으로 추진해야 할 것이다.

북한의 시장경제 건설은 사회주의 체제전환이라는 큰 흐름 안에서 진행될 것이다. 주체사상의 이념적 구속력이 약화되고 대내외 정책결정에서 이데올로기보다 국가이익과 각 사안 자체의 독특성을 중요하게 고려하는 변화가 형성되어야 시장화로의 체제전환이 가능하다. 정치체제도 장기적으로 탈 전체주의와 제한적 다원주의, 권위주의 체제를 거쳐 다원주의 체제로 전환될 것이다. 물리적 강제수단에 의한 사회통제가 감소하고 당과 국가기구는 통제기구로서보다는 정책결정 및 집행기구의 역할을 수행하는 다원화 현상이 진행될 것이다. 이러한 정치적 변화와 함께 지역 및 기능적 조직을 통한 주민동원이 감소하고 이념적 동기보다 물질적 유인과 주민들의 이익이라는 동인에 의해 주민들의 자발적 참여가 허용되어야만 시장경제 건설이 탄력을 받게 될 것이다.

참고문헌

강성진·정태용. 2017. 『경제체제 전환과 북한: 지속가능발전 관점에서』. 고려대학
　　교출판문화원.

김근식. 2010. "탈사회주의 체제전환과 북한 변화: 비교사회주의 관점에서." 『통
　　일과평화』 제2집 2호, 111-136.

김병로. 2016. 『북한, 조선으로 다시 읽다: 북녘에 실재하는 감춰진 사회의 심층분
　　석』. 서울대학교출판문화원.

김병연. 2005. 『체제이행과 경제통합: 동유럽, 중국, 독일, 그리고 북한』. 대한발
　　전전략연구원.

김성철. 2001. 『국제금융기구와 사회주의 개혁 개방: 중국 베트남 경험이 북한에
　　주는 함의』. 통일연구원.

김영진. 2010. "탈사회주의 시장경제 건설: 카자흐스탄과 우즈베키스탄 비교."
　　『세계정치 13: 탈사회주의 체제전환 20년』 제31집 1호, 229-265.

김영진·배정한·이상준·장덕준. 2006. 『탈사회주의 체제전환과 문화』.

김회권·고재길·설충수·신범식·이규영·고재성·이기홍·임성빈. 2012. 『사회
　　주의 체제전환과 기독교』. 한반도평화연구원(KPI) 총서.

남북나눔연구위원회. 2001. 『평화와 통일의 모색-일국양제와 중국』. 남북나눔
　　연구위원회.

미헤예브, 바실리·비탈리 쉬비드코. 2015. 『러시아 경제체제 전환 과정의 주요
　　특징과 문제점: 북한에 대한 정치적 시사점과 교훈』. 대외경제정책연
　　구원, 15-42.

바이메, 클라우스 폰. 이규영 역. 2000. 『탈사회주의와 체제전환: 러시아·동유
　　럽』(Systemwechsel in Osteuropa. 1994). 서강대학교출판부.

박석삼. 2002. "북한의 사경제 부문 연구: 사경제 규모, 유통현금 및 민간보유 외화
　　규모 추정." 『한은조사연구』 3월.

박영호·박종철. 1993.『남북한 정치공동체 형성방안 연구』. 민족통일연구원.

박형중. 2004.『북한의 개혁개방과 체제변화』. 해남.

서울대학교 국제문제연구소. 2010.『탈사회주의 체제전환 20년』.

서재진·강원식·유호열 외. 1993.『사회주의 체제 개혁·개방 사례 비교연구』. 민족통일연구원.

양운철. 2006.『북한 경제체제 이행의 비교연구』. 한울.

윤대규 편. 2008.『사회주의 체제전환에 대한 비교연구』. 한울.

이영훈. 2007.『탈북자를 통한 북한경제 변화상황 조사』. 금융경제연구원.

이석. 2009.『북한의 시장』. KDI.

이장로·김병로 엮음. 2011.『체제전환국의 경험과 북한교육개혁 방안』. 한울.

정상훈. 1987. "경제계획과 성과." 김준엽·스칼라피노 공편.『북한의 오늘과 내일』. 법문사.

정영태·김연철·서상현. 2007.『비교사회주의 측면에서 본 북한의 변화 전망: 리비아와 쿠바 사례를 중심으로』. 통일연구원.

정형곤. 2001.『체제전환의 경제학』. 청암미디어.

정흥모. 2001.『체제전환기의 동유럽 국가 연구: 1989년 혁명에서 체제전환으로』. 오름.

조한범. 2005.『러시아 탈사회주의 체제전환과 사회갈등』. 통일연구원.

진승권. 2003.『동유럽 탈사회주의 체제개혁의 정치경제학』. 서울대학교출판부.

황병덕. 2011.『사회주의 체제전환 이후 발전상과 한반도 통일: 중국 베트남 및 중동부 유럽 사회주의 체제전환 중심』. 늘품플러스.

Csaba, Laszlo. 2017. "Comparative Transition Studies: Past, Present, Future." *Conflict and Integration as Conditions and Processes in Transitioning Societies of Eastern Europe and East Asia*(서울대와 독일베를린자유대 공동학술회의, November, 8-10).

Davis, Christopher. 2017. "Lessons from the Study of Health Sectors During

Economic Transition in Russia, Eastern Europe and China for Health in North Korea." 서울대학교 통일평화연구원 제70차 통일정책포럼(October 23, 서울대학교 교수회관).

de Melo et.al. 1996. "From Plan to Market: Patterns of Transition." *Policy Research Working Paper*. The World Bank.

EBRD(European Bank for Reconstruction and Development). 1994. *Transition Report: Economic transition in eastern Europe and the former Soviet Union*. EBRD.

Hosking, Geoffrey A., Jonathan Aves, and Peter J. S. Duncan. 1992. *The Road to Post-Communism: Independent Political Movements in the Soviet Union, 1985-1991*. Pinter.

IMF. 2000. Transation Economies: An IMF Perspective on Progress and Prospects(November 3).

Jeffries, Ian. 2004. *The Countries of the Former Soviet Union at the Turn of the Twenty-First Century*.

Kim, Byung-Yeon and Dongho Song. 2008. "The participation of North Korean Households in the informal Economy: Size, Determinants, and Effect." *Seoul Journal of Economics*, 361-386.

Kornai, Janos. 1992. *The Socialist System: The Political Economy of Communism*. New Jersey: Princeton University Press.

Kornai, Janos. 2008. *From Socialism to Capitalism*. Budapest: Central European University Press.

Linz, Juan J. and Alfred C. Stepan. 1996. *Problems of Democratic Transition and Consolidation: Southern Europe, South America, and Post-Communist Europe*. Baltimore: Johns Hopkins University Press.

Mcfaul, Michael, and Kathryn Stoner-Weiss. 2004. *After the Collapse of Communism: Comparative Lessons of Transition.* New York: Cambridge university Press.

Stark, David Charles, and Laszlo Bruszt. 1998. *Postsocialist Pathways: Transforming Politics and Property in East Central Europe.* Cambridge university Press.

World Bank. 2002. "Transition The First Ten Years: Analysis and Lessons for Eastern Europe and the Former Soviet Union," http://siteresources.worldbank.org/ECAEXT/Resources/complete.pdf (검색일: 2016.7.29).

4. 탈사회주의 체제전환과 사회변화

조한범(통일연구원)

I. 서론

사회주의 체제의 해체 이후의 급격한 사회변화는 상이한 체제로의 전환이라는 점에서 특징이 있다. 사회주의진영 전체의 체제전환과정은 그 자체가 유례를 찾아보기 어려운 '사회과학적 임상실험'이자 세계체제 전반에 영향을 주는 역사적 변화에 해당한다. 한국사회의 경우 통일을 대비해야한다는 점에서 탈사회주의 체제전환과정은 특별한 의미를 지닌다.

탈사회주의 체제전환은 다양하고 복합적인 차원의 변화를 동시다발적으로 수반한다는 점에서 일반적 사회변화와 다르다. 사회주의 체제전환은 구체제의 급격한 해체를 전제로 하며 변화의 목표가 사전적으로 기획된다는 점에서 자연발생적 근대화과정의 사회변화와 그 속성이 다르다. 일반적인 경우 사회변화는 지속적으로 진행되는 자연적인 현상에 해당한다. 그러나 탈사회주의 체제전환은 사전적인 사회적 합의와 아울러 기획에 따라 전 사회적 차원에서 진행된다는 점에 특징이 있다. 특히 중국과 같은 점진적 체제전환을 시도하고 있는 국가와 달리 러시아와 동유럽 등 급진적 체제전환을 시도한 국가들의 경우는 사회변화는 매우 급격한 양상으로 나타나는 경향을 보인다.

탈사회주의 체제전환과정에서 발생하는 사회변화의 이해에 있어 우선적으로 주목해야 할 점은 사회주의 체제가 잉태한 유산이다. 시장체제를 지향하는 탈사회주의 체제전환과정은 자본주의 국가들이 걸어온 경로와 차이가 있을 수밖에 없다. 서구의 경우 자연발생적이고 점진적인 장기간의 자본축적과정에 기반을 두고 사유재산제도와 개인주의를 근간으로 하는 자본주의 질서와 문화를 형성했다. 그러나 사회주의 체제에서 사유재산과 개인주의는 엄격히 제한되었으며, 기업은 중앙집권화 된 전체주의 체제의 일부를 이루고 있었다. 사회주의 체제에서 경제행위의 자주성과 시민권은 의미를 상실했다. 모든 주요 경제는 국유화되어 있었으며, 행정-명령 체제와 관료제가 자율적 경제관계를 대체했다. '경제의 정치화' 현상은 모든 사회주의 체제에서 광범위하고도 지속적으로 나타났다.

사회주의 체제를 해체하고 시장경제로 체제전환을 결정한 주체들은 자본주의 토양에서 성장한 근대시민들이 아니었으며, 장기간 공산당 권력을 독점한 권력엘리트와 사회주의 복지체제와 국가의 일방적 보호에 익숙해진 '국가의존형 노동자'와 '사회주의 기업지배인'들이었다. 이들이 시장체제에 필요한 가치와 제도, 그리고 기업문화와 노동문화를 단기간에 받아들이는 것은 사실상 불가능했다. 사회주의권의 해체와 체제전환과정이 급격하게 이루어졌지만 이들이 장기간 내재화한 사회주의적 인성과 속성의 변화는 시간을 필요로 하는 일이었다. 이는 결국 탈사회주의 체제전환과정 전반이 구체제의 영향아래 진행될 수밖에 없음을 의미했다.

탈사회주의 체제전환은 사회전반에 영향을 초래하는 복합적 과정이다. 특히 급진적인 방식의 탈사회주의 체제전환을 시도한 국가들에 있어서 사회변화는 광범위하고 급격하게 발생했다. 특히 급진적인 체제전환은 이에 상응하는 급진적 '개혁'조치를 수반했지만 구 사회주의의 계급과 지배체제의 혁명적인 변화를 수반한 것은 아니었다. 사회주의 체제의 지배질서와 기득권층들이 그대로 유지된 상황에서 새로운 체제로의 변화가 시도된 것이다. 이는 사회주의 체제의 해체의 원인이자 책임이 있는 주체들이 탈사회주의 체제전환 과정에 지배적인 영향력을 행사할 수 있음을 의미했다. 중국과 같은 점진적 탈사회주의 체제전환을 시도한 국가들에서도 구체제의 지배질서와 기득권층들은 영향력을 상실하지 않았다.

탈사회주의 체제전환을 시도한 대부분의 국가들에서 구 사회주의 체제가 남긴 구조적 요인들이 체제전환과정에 중요한 영향을 미치는 특징을 보였다. 외부의 조언을 토대로 작성된 시장체제를 향한 탈사회주의 체제전환의 설계도들은 그 시행과정에서 왜곡되기 일 쓰였으며, 종종 의도했던 것과 상반된 결과들이 도출되었다. 서구 자본주의적 근대화의 과정은 '자연발생적인 기획'에 의해 긴 시간을 두고 점진적으로 이루어졌다. 이 같은 점에서 탈사회주의 체제전환과정은 아직도 현재 진행형이며, 그 결과 역시 예단하기 이르다고 할 수 있다. 아직 많은 탈사회주의 체제전환 국가들에서는 새로운 사회변화와 아울러 구 사회주의에서 배양된 심층적 요소들의 영향이 동시에 발현되는 양상을 보이고 있다.

탈사회주의 체제전환기 사회변화의 이해는 한국사회에 있어서 특별한 의미를 지닌다. 북한 역시 스탈린주의로 대표되는 역사로서의 현실사회주의 모델을 추구했기 때문이다. 따라서 탈사회주의 체제전환 과정의 다양한 변화들은 향후 북한사회 변화를 이해할 수 있는 시금석이 될 수 있기 때문이다.

II. 탈사회주의 체제전환의 경로의존성

자본주의의 발달에 있어서 합리적인 경제 행위를 가능하게 하는 정치 체제는 매우 중요한 의미를 지니며, 따라서 자본주의의 탄생과 정치체제 간에는 중요한 연관성이 있다. 베버가 서구의 합리적 자본주의 등장에 있어 근대국가와 합리적 법과 제도를 중시한 이유이다. 근대 자본주의 기업의 탄생에 있어서 이윤과 손실을 화폐라는 수단을 통해 합리적으로 계산할 수 있는 가능성은 핵심적이며, 이는 근대국가의 합리적, 합법적 행정에 의해 가능하다. 봉건적 군주제와 달리 근대 자본주의 국가에서 전문 관료층 및 합리적 행정이 발달한 이유이다. 관료제적 근대국가는 민주화의 진행과 관련이 있으며, 이는 왕정체제 관료들의 특권과 전횡이 합리적인 행정적·법적 규칙과 제도에 따라 방지되기 때문이다. 이는 자본주의 합리성의 발현에 긍정적 역할을 하게 된다(기든스, 1981: 271-272).

사회주의도 관료제를 발달시켰다는 점에서 공통성이 있다. 경제관계를 정치화 시켰다는 점에서 사회주의는 자본주의 체제에 비해 보다 광범위한 영역에서 관료제화를 진행시켰다. 그러나 이 같은 사회주의의 관료제화의 방향성은 자본주의와 달랐으며, 경제의 정치화와 아울러 경제적 자율성을 관료제적 명령관계로 대체하는 결과를 초래했다. 사회주의 체제에서 시장의 합리적 행위를 가능케 하는 제도적 기제들은 발전되지 않았으며, 전 사회적이고 광범위한 관료제화의 진전에도 불구하고 경제관계 행위주체 들의 자율성은 심각하게 제약되고 위축되었다. 이는 '경제에 대한 정치적 지배의 절대화'를 의미하는 것이었으며, 서구적 의미의 합리적 자본주의와 결정적으로 구별되는 특징이었다.

자본주의에서는 이윤추구를 통한 부의 축적과 사적 소유가 가능하며 이 과정에서 부르죠아를 비롯한 경제주체들은 자율적으로 행위한다. 그러나 사회주의의 경우 경제에 대한 정치의 직접적 지배가 이루어지며, 경제권력 역시 당의 엘리트와 관료들의 수중에 놓이게 된다. 이들은 자본주의의 부르죠아와 같은 유사소유자로 행위했다. 사회주의체제의 지배엘리트와 관료들에 게 집중된 정치권력과 경제 권력은 특권과 아울러 새로운 불평등 구조를 만들어 냈다(Sakwa, 1989: 226).

이 같은 특성은 탈사회주의 체제전환과정에서도 나타나며, 특히 급진적인 체제전환의 경우에서 보다 특징적이다. 탈사회주의 체제전환과정은 구체제의 전반을 해체하고 새로운 질서의 형성을 위한 조치들을 시행하는 것이며, 급진적 방식의 경우 이 과정은 단기간에 이루어진다. 경제영역에서의 변화는 탈사회주의 체제전환에서 핵심적인 의미를 지닌다. 탈사회주의 체제전환과정에서 발생하는 경제적 변화, 즉 시장화는 자연발생적 경로를 경유한 서유럽과 다르게 미리 기획된 설계도에 의해서 인위적 방식으로 진행되었다는 점에서 특징이 있다.

오페(C. Offe)는 탈사회주의 체제전환 과정에서 시도되고 있는 동유럽의 시장화를 정치적 자본주의로 규정했다. 오페는 동유럽의 시장경제가 개혁파 엘리트들이 고안하고 조직한 자본주의라고 말한다. 정치적 자본주의의 동력은 서구의 개인주의와 사유재산권과 달리 '시장이 공동의 이익이 될 수 있다는 희망'이라는 점에서 정치적이다. 이 같은 점에서 정치적 자본주의는 '기획된 자본주의(capitalism by design)'의 성격을 지니며, 이를 위해서는 정당화과정이 필요하다. 정치적 자본주의의 정착을 위해서는 구체제의 해체와 아울러 시장체제의 형성과정에 수반되는 고통분담에 대한 동의를 확보하는 것이 무엇보다 중요하다. 그러나 탈사회주의 체전전환의 문 앞에는 전체주의 정치문화에 익숙한 사회주의의 '잠재적'

시민들이 있을 뿐이었다. 이는 구질서의 급진적 해체과정에서 새로운 권위주의가 도래할 위험성을 의미했다(이상환 외, 2004: 268-269).

정치적 자본주의는 새로운 권위주의의 등장과 아울러 정치권력에 의한 이윤추구를 가능하게 한다는 점에서 구체제와 동일한 문제를 야기했다. 탈사회주의 체제전환기의 정치적 자본주의 형성과정이 국가권력에 의해 추동되기 보다는 소수의 이익집단들의 영향력이 보다 지배적으로 나타났다. 탈사회주의 체제전환과 시장화과정은 국가의 공정한 역할을 통해 관리·감독될 필요가 있었지만, 구체제의 해체과정은 국가권력의 총제적인 약화를 수반했다. 탈사회주의 체제전환기 국가 통제력의 약화와 아울러 기득권 세력의 정치적·비제도적 간섭의 증가는 지대추구행위를 일반화하는 토양으로 작용하게 된다. 탈사회주의 체제전환과정에서 사회주의 체제에 뿌리를 두고 있는 지배엘리트 및 관료들의 유사소유자로서의 특성은 현재화되는 양상을 보였다.

대부분의 탈사회주의 체제전환과정은 폭력적 방식으로 진행되지 않았으며, 권력체계의 근본적 변동을 수반하지도 않았다. 구체제의 지배집단과 기득권 세력 급격하게 교체되지 않았으나, 반대로 사회주의 체제와 제도의 해체 및 무력화 과정에서 국가통제력이 약화되는 경향이 발생했다. 공산당 지도층과 관료 등 구체제를 사실상 지배한 유사소유자의 영향력이 잔존한 상황에서 국가통제력이 약화되는 모순적 경향을 보였다는 점에서 탈사회주의 체제전환과정은 비제도적 간섭이 증가하는 토양이 되었다. 반면에 의회민주주의와 합리적 시장질서, 도덕적 시민의식의 형성은 지체되었다.

탈사회주의 체제전환과정의 정치적 자본주의에서 특징적인 점은 지대추구(rent-seeking)'행위가 일반화 한다는 점이다. 지대추구(rent-seeking)는 시장경제체제의 특성인 "이윤추구(profit-seeking)"와 다른 개념으로 독점적 지위나 정부보조의 배타적인 확보 등을 통해 이해관계를 관철시티는 행위이다. 시장의 질서가 공정한 규율과 제도가 아니라 정치적 결정과 할당에 의해 지배될수록 지대추구행위는 일반화하는 경향을 보인다(Buchanan et al., 1980: 4).[1] 탈사회주의 체제전환을 급진적으로 시도한 러시아의 경우 정치적 자본주의의 경향과 지대추구행위가 특징적으로 나타났다. 경제에 대한 공산당의 배타적 통제와 권력독점이 유지되고 있는 중국도 정치적 자본주의와 지대추구행위의 일반화라는 특성에서 자유롭지 않다. 중국의 권력형 부정부패와 정경유착 문제는 이를 증명하며, 점진적인 시장체제로의 전환과정에서 정치, 경제 분야의 엘리트와 고위관료들은 지대추구행위를 통해 새로운 유산자로 전환하는 경향을 보였다.

사회주의 체제의 국유재산을 전면적으로 사유화한 러시아의 경우 정치적 자본주의의 부정적 특성이 강화되어 나타났다. 사회주의 체제의 해체에도 불구하고 구체제의 주요 엘리트들은 시장화과정을 지배할 수 있었으며, 이들에 의한 국유재산의 비합법적 사유화경향이 두드러졌다. 이 같은 특징들은 '클렙토클라투라(kleptoklatura)'개념으로 설명될 수 있다. 사회주의 계획경제체제에서는 자본가가 아닌 정치엘리트와 관료들이 생산과 분배를 지배했다는 점에서 이들은 국유재산에 대한 사실상의 유사소유자로 기능을 했다. 사회주의 계획경제의 유사소유자들은 자신들의 권한을 바탕으로 경제적 이익을 관철시킬 수 있었다는 점에서 자본주의 기업가들과 유사했다. 이 같은 사회주의의 기득권층들은 '노멘클라투라

---

1   탈사회주의 체제전환과정에서 국가의 통제력이 약화되는 반면 구체제의 지배집단과 유사소유자의 비제도적 간섭은 증가한다는 점에서 지대추구행위는 점차 일반적인 사회현상의 경향을 보였다.

(Nomenklatura)'2로 불리웠다(Восленский, 1991: 12-14). 클렙토클라투라 개념은 구체제의 노멘클라투라들이 시장체제로의 전환과정에서 유사 소유자로서의 위치를 정당하지 않은 방법을 통해 새로운 사적 소유자로 전환한다는 의미를 내포하고 있다.

노멘클라투라들은 사유재산에 기초를 두고 있지 않다는 점에서 부르 죠아와 달랐지만 일반인들과는 배타적으로 구별되는 특별한 권한과 지 위, 그리고 특권을 향유했다. 노멘클라투라들 사회주의체제의 특권계급 이 될 수 있었던 것은 사회주의의 정치권력을 장악했고, 이를 이용해 다 양한 경제, 사회적 자원을 독점할 수 있었다는 점이다. 노멘클라투라와 일반 주민간의 극단적인 불평등은 사회주의 사회의 일반적인 현상이었 다(Sakwa, 1989: 226)

대부분의 국가에서 탈사회주의 체제전환과정은 지배구조의 근본적 변화를 수반하지 않았으며, 이는 구체제의 지배엘리트들이 시장화과정 을 자신들에게 유리하게 유도할 수 있는 배경으로 작용했다. 노멘클라투 라들은 사회주의 국유재산에 대한 정보를 배타적으로 독점하고 있었으 며 유사소유자로서의 권한을 가지고 있었다는 점에서 새로운 유산자로 전환하는데 매우 유리한 위치에 있었다. 특히 사회주의 체제의 일반적 주민들이 새로운 유산자로 전환할 수 있는 시간과 징딩한 기회를 가지지

---

2 『소련 대백과사전』의 노멘클라투라에 대한 정의는 다음과 같다. 첫째, 기술, 과학 등 분야에서 사용되는 명칭(총체)과 용어의 체계이다. 둘째, 상징의 추상적, 제한적 체계로 대상의 의미를 지칭하기에 용이한 것이다. 구소련에서 사회적 의 미로서 노멘클라투라에 대한 공식적인 설명이나 개념규정은 없었다. 그러나 노 멘클라투라는 정치, 경제, 사회 전반에서 "가장 중요한 직위를 구성하는 인물들 의 명단"이자, 소련의 배타적인 특권계급을 의미하는 일반적 용어로 사용되었다.

못한 상황에서 노멘클라투라들은 자신들에게 유리한 제도와 절차를 만들어 내 자신들의 소유권을 관철시킬 수 있었다. 이 과정에서 경쟁의 공정성은 무시되었으며, 다양한 지대추구행위들이 일반화되었다. 사회주의체제의 유사소유자였던 노멘클라투라들은 공정하지 않은 방법을 통해 시장화과정에서 실질적인 소유자로 전환함으로 클랩토클라투라가 된다는 것이다(서재진 외, 1999: 53-54).

사유화과정에서 구 소련체제의 고위관료, 당의 수뇌부, 국영기업체의 지배인들은 새롭게 형성된 사적 기업의 경영자로 변모했으며, 자신들의 이해관계에 따라 사유화과정에 영향력을 행사했다. 노멘클라투라들이 정부재산에 대한 통제권을 사적 소유권으로 이전하는 과정을 재빠르게 실현한 것이다. 이 과정은 일반 대중들의 참여기회를 배제한 비합법적 방식이라는 점에서 문제가 있었으며, 결과적으로 공정하고도 합리적인 시장의 형성에 부정적 영향을 미쳤다.

소련체제의 급격한 해체과정은 국가의 관리체계 및 공적 권위를 약화시킴으로써 정치, 경제, 사회 전반에 대한 통제메카니즘의 정상적 작동을 어렵게 만들었다. 1991년의 공산당 쿠데타 실패 이후 국가의 통제메카니즘을 급속히 약화되었으며, 관료에 대한 적절한 관리와 감독체계도 약화되었다. 반면 시장화과정에 대한 관료들의 영향력은 커졌으며, 비합법적 경제활동과의 연루가능성도 높아졌다(Anderson, 1995: 353-355). 마피야 경제는 이 같은 현상을 지칭하는 것이다. 탈사회주의 체제전환 초기의 경우 상당수 기업들이 비합접적 방식으로 설립되었으며, 관료들과 정경유착형 상납관계를 지니고 있었다.

경제의 '마피야(Mafiya)' 경제현상[3]은 탈사회주의 체제전환기 러시아

---

3 '마피야(Mafiya)'는 마피아(Mafia)의 러시아적 발음으로 서구에서 쓰이는

정치적 자본주의의 한 특징이라고 할 수 있다(Handelman, 1994: 83-96). 마피아경제의 발전은 국가 통제력과 공권력의 약화, 관료들의 과도한 영향력, 그리고 비합법적 경제부문의 잠재력에 기반을 두고 있다. 사회주의체제에서 관료들은 경제적 결정을 독점했고, 지하경제활동이 일상화되어 있었다는 점에서 마피아경제와 친화력이 있었다(Anderson, 1995: 347).

탈사회주의 체제전환기 특성중의 하나인 마피아경제 현상은 사회주의 체제에 기원을 두고 있는 지하경제와 관련이 있다. 사회주의 체제에 있어서 지하경제는 필수불가결한 요인이었지만, 사회주의 지하경제를 정의하는 것은 쉽지 않다. 제 2경제(second economy), 비공식경제(unofficial economy), 저항 경제(counter economy), 평행 시장(parallel market), 그림자경제(shadow economy), 또는 회색경제(gray economy) 등은 사회주의 지하경제를 지칭하는 다양한 개념이었다. 중요한 것은 자본주의와 다르게 탈사회주의 체제전환과정에서 지하경제는 자신들의 이윤을 관철시킬 수 있는 지배적인 권한을 행사할 수 있었다는 점이다(Grossman, 1977; Glinkina, 1996; Крылова, 1992). 사회주의 지하경제에서 성장한 세력들은 탈사회주의 체제전환이라는 기회를 놓치지 않았다. 고르바초프의 개혁조치인 페레스트로이카 이전에 상업직 거래의 경험을 가진 기업가 중 단지 15%만 합법적 자격과 조건을 충족시켰으며, 나머지의 경우 비합법적 영역이거나 지하경제였다는 것을 의미한다. 중요한 것은 이들 중 40%정도가 공산당출신이었다는 점이다(Грищенко, 1992: 54). 공산당의 핵심 엘리트로서의 지위는 경제영역에서도 막강한 영향력과 동일시되었다.

의미와 다소 차이가 있다.

유혈혁명을 거치지 않았다는 점에서 소련·동구의 탈사회주의 체제 전환과정의 평화적 의의가 있었으나 역설적으로 이는 구체제 기득권층들의 영향력이 온존되었다는 것을 의미했다.

탈사회주의 체제전환과정의 혼란과 제도적 장치의 미비는 구체제에서 뿌리를 두고 있는 요소들의 영향력이 온존됨을 의미했다. 이에 더해 경제행위의 기준을 제공하는 제도적 체계는 즉각적으로 형성되지 못했으며, 새로운 경제 질서에 대한 사회적 합의도 부재했다(Anderson, 1995: 355-356). 가장 심각한 문제는 탈사회주의 체제전환과정에서 구체제의 영향력을 제어할 수 없었다는 점이다. 탈사회주의 체제전환과정에서 중립적이고 공공성을 국가의 권위와 통제력은 급속히 해체되었지만 구체제의 지배엘리트들은 스스로의 이해관계를 극대화할 수 있는 기회를 포착했다. 이와 같은 과정은 체제전환기 경제의 효율성과 산업구조의 창출을 저해했으며 탈세와 투기와 탈세, 자본유출 등 국가경제에 타격을 주어 결국 러시아 금융위기의 주요 원인으로 작용했다(서재진 외, 1999: 53-54).

지배계급의 혁명적 변화를 수반하지 않았다는 점에서 대부분의 국가에서 탈사회주의 체제전환과정은 큰 충돌 없이 진행되었다. 중요한 것은 탈사회주의 체제전환과정의 '기획된 자본주의(capitalism by design)'는 이를 공정하게 관리·감독할 수 있는 공적인 통제력과 권위를 필요로 했다는 점이다. 그러나 실제로 진행된 시장화과정은 구 사회주의 체제를 급속히 약화시킴으로써 사회주의 체제에 내재한 공적 권위 역시 영향력을 상실했다. 반면 사적 이해관계의 관철을 우선하는 다양한 이익집단들이 체제전환과정에서 중요한 경제 주체로 부상했다. 이들은 체제전환의 투명성과 시장체제의 합리성을 저해하는 동시에 새로운 유산계급 형성의 정당성에 문제를 야기했다.

III. 탈사회주의 사회변화의 요인과 제 측면

1. 경제위기

사회주의 체제의 붕괴과정은 계획경제의 구조적 모순에 기인한 경제위기와 생필품의 심각한 결핍상황이 배경이라는 점에서 공통성이 있다. 소련의 고르바초프 서기장이 시도한 개혁인 페레스트로이카도 더 이상 방치할 수 없었던 구조적 경제위기.로부터 출발했으며, 결국 동구 사회주의 진영 전반의 체제전환으로 이어졌다. 북한도 1980년대 말부터 경제난에 직면했으며, 그 원인 역시 사회주의 계획경제의 구조적 모순이라는 점에서 소련 및 동유럽 국가들과 상황이 다르지 않았다. 북한은 1990년 중반 수많은 사람들이 기아로 사망하는 체제수립이후 최악의 상황인 고난의 행군기로 접어들었다. 소련 및 동유럽의 대부분 사회주의 국가들은 체제 말기에 극심한 생필품 부족사태 맞았으나 기아난까지 가지는 않았다. 소련의 경우 사회주의를 포기한 시점에서도 빵과 기본식량의 대부분 정상 공급되었다는 점에서 북한과 차이가 있다. 동유럽의 경우 경제난과 생필품 부족에 대한 불만의 고조는 사회주의 체제의 내적인 부분개혁의 원인으로 작용했다.

러시아와 중국 등 대부분 사회주의 체제의 개혁·개방과정은 이념투쟁과 갈등을 수반했다. 중국은 대약진운동 및 문화대혁명의 실패로 인해 수천만이 아사했고, 이 같은 비극적 결과는 등소평이 실용주의적 개혁·개방에 나서게 되는 배경이었다. 소련의 마지막 서기장 고르바초프의 페레스트로이카는 경제개혁을 위해 정치개혁을 병행한 시도였다. 페레스트로이카 정책의 추진과정은 개혁파와 보수파 간 격렬한 이념투쟁 및 갈등을 수반했으며, 결국 반개혁성향의 보수파들은 반 고르바초프 쿠데타를 시도했다. 결국 보수파의 시도는 실패로 돌아갔지만 페레스트로이카를 추진한 고르바초프 서기장 역시 실각하고 소련체제는 해체되었다. 이후 러시아는 옐친대통령의 진두지휘아래 급진적 방식의 체제전환을 시도했다. 북한의 경우 경제위기의 지속에도 불구하고 개혁·개방에 관한 지도부내의 이념투쟁이나 갈등은 관찰되지 않고 있다.

김정은 체제에서도 경제특구지정, 농업 분조제 축소, 기업 자율성 제고, 장마당 시장경제의 확대 등 정책들이 선을 보이고 있으나 본격적인 개혁·개방으로 보기에는 한계가 있다. 중국 역시 1978년 개혁·개방 시작 이후 농가생산책임제, 이중가격제, 기업개혁과 경제특구 지정 등 유사한 정책을 실시했으나 북한과는 상당한 차이가 있다. 1978년의 중국과 현재의 북한은 출발조건(initial condition)이 다르기 때문이다. 당시 중국 인구의 대부분은 농민이었으며, 저발전 농업국가에 해당했다. 따라서 농업개혁은 경제개혁의 핵심과제였고, 파급효과도 컸다. 농업생산력 증대에 따라 농촌에 집중된 과잉인구들은 도시로 이동해 저임노동력을 제공했고, 이는 수출지향형 중국경제의 경쟁력이 되었다. 반면 북한은 도시인구가 60% 이상의 사회주의 중진 공업국가로, 경제위기의 본질 역시 공업 분야에 있다고 볼 수 있다. 그러나 북한에서 공업 분야의 근본적인 개혁·개방조치는 취해지지 않고 있다.

북한의 대외경제관계도 근본적인 한계가 있다. 사회주의권에 의존했던 북한의 대외경제관계는 냉전체제의 종식으로 근본적인 변화의 필요성에 직면했다. 러시아 및 중국 등 사회주의 후원세력과의 특수 경제관계는 시장거래관계로 변화함으로써 북한은 외부로 부터의 물자의 유입에 근본적인 제약이 발생했다. 김정은 체제는 외자유치를 위한 경제특구에 총력을 기울이고 있지만, 대북제재로 효과는 미미한 수준이다.

북한의 경제난은 사회통제에도 영향을 주게 된다. 북한은 핵심 지지계층에 대한 특혜조치를 통해 체제결속력을 유지해왔다. 그러나 경제난으로 인해 북한은 핵심 지지계층에 대한 특혜조치도 축소하고 있으며, 이는 김정은 정권의 지지기반을 약화시킬 가능성이 있다. 경제난은 결국 사회통제를 위한 자원의 확보에도 제약을 가하게 될 것이다. 구조적인 경제위기는 결국 체제내구력을 약화시킨다는 점에서 향후 북한 변화의 주요요인으로 작용할 가능성이 크다.

2. 시민사회

동유럽 사회주의 체제전환과정의 중요한 특징 중의 하나는 시민사회가 중요한 역할을 수행했다는 점이다. 동유럽의 시민사회는 사회주의 체제에서도 일정한 생명력을 유지했으며, 이는 사회주의 공업화, 종교, 그리고 사회주의체제 도입 이전의 자본주의 경험 등 다양한 요인의 영향을 미친 결과였다. 폴란드의 체제전환의 경우 시민사회의 역할이 특징적으로 부각되었으며, 체코슬로바키아에서도 시민사회는 변화의 동력으로 작용했다. 공산당 엘리트 주도형 체제선환 과정을 경유한 헝가리노 낭 지도부와 시민 사회 간 공존에 성공한 경우로 볼 수 있다.

반면 루마니아 사례에서는 체제전환과정에서 시민사회의 역할이 부각되지 못했다. 장기간 지속된 차우셰스쿠 독재체제는 주민에 대해 폭력적 국가테러와 철저한 감시·통제체제를 구축함으로써 시민사회의 형성을 억제했다. 이는 루마니아의 탈사회주의화 과정서 시민사회가 구심점으로서 한계를 보인 주요 원인이었다. 시민사회의 한계로 인해 차우셰스쿠의 처형을 통한 극단적 방식의 정권교체에도 불구하고 루마니아의 새로운 변화는 지체되었으며, 구 사회주의 체제의 관성은 장기간 지속되었다. 시민사회의 결여는 새로운 대안세력의 부재를 의미했으며, 따라서 차우셰스쿠가 제거되었음에도 불구하고 구체제의 권위주의 통치방식은 상당기간 유지되었다.

사회주의 체제임에도 불구하고 동유럽에서 시민사회의 요소들이 일정정도 온존될 수 있었고, 탈사회주의 체제전환과정에서 중요한 역할을 수행할 수 있었던 요인 중의 하나는 이들이 사회주의 체제도입이전에 자본주의 경험을 가지고 있었다는 점이다. 동독, 폴란드, 헝가리, 체코슬로바키아 등 탈사회주의 체제전환의 이행지수가 양호한 국가들의 대부분은 자본주의 체제를 경험한 이후에 소련에 의해 사회주의가 강제적으로 이식된 국가들에 해당한다. 이 국가들의 경우 시장화와 민주화과정은 많은 문제에도 불구하고 비교적 신속하고 순조로운 모습을 보였다. 반면 러시아와 중앙아시아의 CIS권 국가들, 그리고 중국의 경우 특히 의미 있는 수준의 민주화는 이루어지지 않았으며, 시민사회의 형성도 지체되었다. 장기집권 구도를 확립한 푸틴과 시진핑 체제를 비롯해 중앙아시아 구 사회주의 체제를 경험한 국가들은 과거와 다를 바 없는 독재체제를 유지하고 있다. 공교롭게도 이들 국가들은 자본주의 근대화의 경로를 거치지 않고 바로 사회주의 체제를 수립하고 발전을 추구한 사례에 해당한다. 이는 시민사회의 발전에 근본적 제약으로 작용했다.

동유럽 체제전환 경험은 평화적이고 순조로운 탈사회주의 체제전환을 위해서 일정한 시민 사회적 요소가 필요하다는 것을 증명한다. 시민사회는 탈사회주의 체제전환의 동력을 제공함은 물론 공산당 지배체제의 해체 이후 새로운 대안세력이 성장할 수 있는 토양으로 작용하기 때문이다. 그러나 북한은 봉건 조선에 이어 일제 강점기를 거쳐 왕조형 사회주의 3대 세습독재체제를 형성했다는 점에서 한계를 지니고 있다. 현재 북한의 시민사회는 맹아적 상태에 머물러 있으며, 사회운동에 있어서도 의미 있는 징후들을 찾기 어렵다. 따라서 북한에서 반체제 성향의 시위나 저항이 일어나기 어려운 상황이다. 가능성이 희박하지만 우발적 봉기나 시위, 또는 궁정쿠테타에 의해 지도부가 급격하게 교체되는 상황이 발생하는 경우에도 원탁회의 또는 시민사회의 정치세력화 등 동유럽의 사례가 재연되기도 어렵다고 할 수 있다. 북한 시민사회의 발전 여부는 장마당 경제 등 비공식적 시장화를 포함하는 북한사회 내부의 변화, 한국을 포함한 외부세계의 영향에 달려있다고 볼 수 있다.

3. 종교

동유럽의 경우 특징적 현상중의 하나는 사회주의 체제에서도 종교가 일정정도 기능을 유지했다는 점이다. 종교에 대한 대대적 유혈 탄압이 이루어 졌던 소련체제에서도 러시아 정교회는 명목상의 권위를 유지할 수 있었다. 동유럽에서 종교는 시민사회와 아울러 사회주의 체제전환을 추동하고 충격을 흡수하는 요인으로 작용했으며, 인구의 대부분이 카톨릭 교도였던 폴란드의 경우가 대표적이다. 동유럽의 기독교적 선동은 사회주의 이데올로기의 내면화에도 한계로 작용한 것으로 볼 수 있다. 특히 사회주의체제 말의 구조적 경제위기와 심각한 생필품 부족사태는 공산당 이데올로기의 약화를 가속화시켰다. 장기간 지속된 동유럽의 기독교적 전통은 사회주의 체제의 근본적 위기국면에서 주민들의 정신적 지주로서 현재화하는 경향을 보였다.

공적세계에서 종교이상의 절대적인 권위를 구가했던 사회주의 이데올로기가 붕괴하면서 기독교를 중심으로 하는 기성종교들은 급속히 부활했으며, 신흥종교도 급속하게 확산되었다. 사회주의 이데올로기가 사라진 공백을 종교가 대신하는 양상을 보였다고 할 수 있다. 종교에 대한 극단적 탄압조치를 취한 소련도 스탈린 사후 보다 유화적인 정책으로 전환했으며, 강한 민족주의 전통을 지닌 러시아 정교 사회주의 체제에서도 명맥을 유지하고 있었다. 종교에 있어서 소련은 북한보다는 자유로운 체제였다(*Daily NK*, May 1, 2005).

종교적 전통에 있어서 동유럽과 북한은 본질적으로 다르다고 할 수 있다. 따라서 동유럽의 사례를 북한에 직접적으로 적용하는 것은 무리에 가깝다. 북한은 사회주의 체제에서도 종교 억압정책을 가장 극단적으로 시행한 국가에 해당한다. 북한은 1950년대 중반 이후 종교 억압정책을 시작했다. 그러나 1988년 이후 북한의 종교정책은 다소 변화를 보여 사찰과 성당 및 교회 등 북한이 지정하는 공식적인 장소에서 종교의식을 거행할 수 있게 되었다(김상철, 2003: 196-197). 1990년대 이후에는 북한이 대외 종교교류활동도 과거에 비해 활발하게 진행하는 모습을 보였다. 현재 북한에는 조선불교도연맹, 조선그리스도교연맹, 조선카톨릭협회, 그리고 조선천도교 중앙지도위원회 등 종교관련 조직들이 활동을 하고 있다. 장기간 지속된 북한당국의 종교억압정책으로 신앙 1세대는 거의 없으며, 2, 3세대가 당국의 감시아래 공식적으로 허용된 공간에서 신앙의 맥을 이어가고 있다.

경제위기가 심화되면서 북한은 종교교류를 통해 외부의 지원을 확보하는 경향을 보였다. 과거 북한에서 거의 영향력이 없었던 불교, 기독교, 그리고 천주교 등의 종교기관들은 특히 남북교류를 통해 대북지원 등 경제적 실적을 거둠으로써 위상을 높일 수 있었다. 과거와 달리 북한의 종교지도자들이 사회적 신분을 상승시키거나 권력집단의 진입하는 사례도 알려지고 있다. 경제위기와 식량난에 따라 북한 내부의 사적 종교 활동의 맹아도 나타나고 있는 것으로 알려지고 있다(김병로, 2002: 5-11).

현재의 상황에서도 사실상 자유로운 종교 활동은 가능하지 않은 상황이며, 순수한 의미의 성직자 역시 존재하기 어려운 상황이다. 극단적으로 북한에서 성경을 가지고 있는 것만으로도 심각한 정치범으로 몰일 수 있다. 동유럽의 경우 종교는 시민사회와 아울러 일정한 형태로 잠재력을 견지하고 있었다는 점에서 북한과 차이가 있다. 현재 상황에서는 북한에서 종교가 체제전환을 추동하거나 체제전환과정에서 의미 있는 역할을 수행할 가능성은 희박하다. 종교 자유의 한계는 시민사회의 부재와 함께 북한의 순조로운 체제전환을 어렵게 만드는 중요 요인 중의 하나라고 할 것이다.

4. 불평등구조

소련의 노멘클라투라처럼 사회주의 체제에서도 특권층은 존재했지만 자본주의에 비해 불평등의 정도는 낮은 수준이었다. 전반적으로 사회주의는 자본주의에 비해 계급·계층구조가 단순했으며, 평등체제를 지향했다는 섬에서 특성이 있다. 사회주의제제의 해제와 시장경제로의 이행은 필연적으로 동질화되어있던 사회주의 계급·계층구조의 분화를 수반했으며, 그 핵심은 시장경제의 주역이 될 새로운 자본가계급의 탄생이었다. 그러나 자본가계급으로 전환할 수 있는 기회가 모두에게 공평한 것은 아니었다. 사회주의체제 및 공산당 지배구조의 급격한 붕괴는 국가의 통제력과 조절기능의 일시적 약화를 초래했다. 이는 체제전환과정에서 발생하는 과도기적 혼란과 사회문제의 확대 상황에 대한 국가가 적절히 대처하지 못하는 원인으로 작용했다.

탈사회주의 체제전환과 시장화과정은 필연적으로 사회주의 계급·계층 구조의 분화를 요구하며, 결과적으로 새로운 불평등한 구조가 형성된다. 불평등구조의 형성은 새로운 사회갈등 요소로 작용할 수 있으며, 특히 부의 축적과정이 정당성을 결여할 경우 갈등의 소지는 커지게 된다. 급진적 탈사회주의 체제전환 방식의 경우 구체제의 급격한 해체를 수반한다는 점에서 사회갈등의 여지가 더 크다.

국가 공권력의 약화로 인해 사회주의 체제에서부터 광범위하게 확산되어있던 지하경제와 범죄적 경제구조의 통제에 한계를 노정했다. 또한 당 관료 및 기업 지배인등 사회주의체제 엘리트출신들이 비합법적 경로를 통해 구체제의 특권을 사적 소유권으로 이전하는 지대추구(rent-seeking)행위를 방지하는 데도 한계가 있었다. 이는 새로운 부의 축적과정의 정당성 문제를 야기했다. 시장체제로의 이행은 새로운 유산계급의 형성을 수반하며, 동질화되어있던 사회주의 계급구조의 분화과정을 수반한다. 따라서 기회의 균등은 매우 중요한 문제였지만, 구체제로부터 기원한 기득권층들이 빠르게 유산자화한 반면 대다수 사회주의체제의 노동자와 농민, 인텔리들에게는 공정한 기회가 주어지지 않았다.

구체제의 해체가 혁명적 변화과정을 수반하지 않았다는 점에서 정치, 경제, 사회분야를 지배했던 사회주의체제의 기득권층들은 체제전환과정에서도 중요한 영향력을 행사했으며, 사유화 및 자유화 등 주요 정책이 자신들에게 유리한 방향으로 작용하게 만들 수 있었다. 이들은 시장체제로의 전환과정에서 큰 어려움 없이 과거 국유재산에 대한 '유사소유자'로서 성격을 합법적인 유산자로 변모시킬 수 있었다. 반면 체제전환과정은 노동자, 농민, 인텔리 등 대부분의 일반대중들에게는 사회주의 보다 오히려 불리한 환경으로 작용했다. 급격한 체제전환과정은 경제적인 혼란과 경기후퇴를 초래해 일반대중들은 심각한 생필품부족 상황에 직면했다. 시장체제로의 전환과정은 사회주의 완전고용 노동시장의 재편을 요구했으며, 사회주의 복지체제의 급격한 축소로 인해 사회적 안전판도 제 기능을 수행하지 못했다. 따라서 구체제의 기득권층들과 달리 대중적 궁핍화 경향과 계급·계층구조의 하향이동화 경향이 발생했다. 이는 체제전환기 사회적 갈등구조의 기초로 작용했다.

북한은 7.1조치 이후 비공식적 시장화 즉 장마당 경제가 확산되고 있으며, 이에 따라 북한의 계급·계층구조에서도 변화가 나타나고 있다. 계획경제와 배급체제가 지배적이었던 상황과 달리 시장요소가 확산됨에 따라 새로운 불평등구조가 형성되고 있으며, 사회적 격차도 벌어지는 현상이 나타나고 있다. 과거와 달리 시장참여 여부는 소득수준에 영향을 미치는 결정적 변수가 되고 있으나, 시장에서의 성공여부는 권력구조와의 유착 즉, 정경유착에 의해 영향을 받고 있다. 장마당 경제의 확산으로 정경유착형 빈익빈 부익부 현상도 확산되고 있다(조한범, 2010: 97-108). 이 같은 현상은 본격적인 사회주의 체제전환기에도 존속하거나 확대 재생산됨으로써 정경유착형 불평등 구조를 형성하는 경향을 보이게 된다. 정경유착형 불평등 구조의 형성은 사회주의 평등 이데올로기에 익숙한 대다수 북한주민들에게는 낯선 것이며, 축적의 정당성문제를 야기한다는 섬에서 문제가 있다(조한범 외, 2010: 80-81).

5. 외부정보

사회주의 진영의 해체는 동서 진영 간 체제경쟁에서의 열세, 경제체제의 구조적 위기의 만성화, 소련의 마지막 서기장이었던 고르바초프의 페레스트로이카의 영향 등 다양한 요인에 의해 발생했다고 보는 것이 타당하다. 그러나 폐쇄적인 사회주의 체제에 대한 외부로부터의 정보유입도 영향을 미쳤다고 볼 수 있다. 소련 및 동유럽 등 사회주의 진영에 대한 서방의 체계적인 정보유입과 아울러 주민들에 의한 자발적 정보 유입과 확산은 사회주의 체제의 폐쇄성을 약화시키는 계기로 작용했다. 특히 제한적인 차원에서 이루어진 외부와 교류 및 외부정보의 유입은 변화의 동인을 제공했다고 볼 수 있다.

외부세계와의 제한적 교류와 정보의 유입이 사회주의 체제의 폐쇄성에 변화를 준 것은 사실이지만, 그 영향이 모두 긍정적인 것만은 아니었다. 서구와의 국경이 자유롭게 개방되면서 가장 먼저 유입된 것은 자본주의의 윤리와 제도, 가치 있는 생산물들이 아닌 마약, 포르노, 신비주의, 그리고 삶의 일탈적 방식을 가능케 하는 저질의 소비자 대중문화였다. 조직범죄 역시 경제의 범죄화 경향과 맞물려 범죄조직도 급속하게 팽창해갔다(Sztompka, 2000).

3대 세습 독재체제와 극단적인 사회통제로 대표되는 폐쇄성을 감안할 때 북한의 경우도 체제변화에 있어 외부정보의 유입과 확산은 중요한 의미를 지닌다. 남북교류·협력의 확대와 북한의 장마당 경제의 확산은 북한에 대한 외부정보의 유입의 통로라는 의미가 있으며, 이로 인한 영향도 나타나고 있는 것으로 보인다. 2000년 남북정상회담 이후 급물살을 탄 남북교류·협력 북한 내부에도 상당한 영향을 미친 것으로 볼 수 있다 (조한범, 2002). 북한주민들은 남북정상회담을 비롯해 남북교류·협력의 확대과정에서 진행된 남북공동행사, 대북인도지원, 남북경협, 그리고 한국사회의 발전상에 대해 알고 있다. 북한의 TV는 2002년 월드컵 대회 개막전을 방송했으며, 여기에는 남한사회의 발전상이 그대로 담겨 있었다.

남북교류·협력의 확대에 따라 북한에서 금기시 되었던 부분들에 대해서도 부분적인 해금 또는 변화가 나타났다. 특히 2000년 남북정상회담

이후 엄격히 금지했던 남한산 상품의 유통 및 사용에 대해 비공식 해금 조치가 시행된 것으로 알려지고 있다. 일부 장마당에서는 남한상표가 부착된 제품들이 그대로 판매되었으며, 남한제품은 북한은 물론 중국제 보다 우수하다는 인식도 확산되었다(keys, October, 2001). 2013년 평양의 문화·쇼핑시설 해당화관을 김정은이 부인 리설주를 동반하고 방문할 당시를 담은 사진에 한국 아모레퍼시픽의 브랜드 라네즈(LANEIGE) 매장이 찍힌 것은 북한의 변화를 상징하는 사례로 볼 수 있다(『NK조선』, 2013년 6월 19일).

300만 대를 넘는 것으로 추정되는 북한의 휴대전화사용도 외부정보 유입 및 확산을 촉진시키고 있다. 북한은 외부세계와 인터넷은 물론 휴대전화연결이 철저하게 차단되어 있지만 외부와 연락이 불가능한 것은 아니다. 북중국경에 인접한 북한 접경지역의 경우 중국제 대포폰을 사용할 경우 외부와 연락이 가능하다. 보다 중요한 것은 정보가 유입될 경우 휴대전화를 이용한 내부 정보확산체제가 이미 갖추어 져 있다는 점이다. 또한 휴대전화에 대한 개별적 감시가 어렵다는 특성도 있다. 북한당국은 체제위협이 의심되는 특정한 단어와 용어를 자동 검색해 추적하는 프로그램을 운용하고 있는 것으로 알려지고 있으나 철저한 감시는 기술적으로 어려운 상황이다(『농아일보』, 2013년 11월 26일). 통제체제가 가동되는 상황에서 휴대전화를 이용해 반체제적인 정보의 유입과 확산에는 제약이 있다. 중요한 것은 북한에 이미 정보확산체제가 형성되어 있다는 점이다. 북한이탈주민 대부분은 북한 내 가족과 어렵지 않게 소식을 주고받으며 송금까지 가능하다. 북한당국의 통제에도 불구하고 외부정보 유입을 완벽하게 차단하는 것은 사실상 불가능하다.

6. 체제 신뢰

대부분의 전문가와 학자들은 사회주의체제의 급격한 해체를 전망하는데 실패했다. 중동의 재스민 혁명의 경우도 마찬가지이다. 서방의 방대한 공산권연구에도 불구하고 대부분 사회주의체제 불변론에 매몰되어있었으며, 결국 1980년대 말에 시작된 사회주의 진영 전반의 붕괴를 예상하지 못했다. 중동연구의 경우도 이슬람권의 특성과 중동 국제정치의 특수성에 주목한 반면 재스민 혁명의 발발을 예측하지 못했다. 이는 사회주의와 중동 국가들의 내구력을 평가함에 있어서 권력구조의 안정과 외교안보능력을 중시한 반면 사회내의 변화를 포착하지 못했다는 점에 기인한다.

사회주의 체제 말기에 접어들면서 주민들은 만성화된 경제위기와 심각한 생필품 부족에 시달렸다. 사회주의 체제의 주민들은 자본주의진영의 물질적 풍요에 대해서도 잘 알고 있었으며, 체제경쟁에서 실패했다는 사실도 당연시했다. 이는 사회주의 주민들이 자신들의 체제에 대해 신뢰감을 상실하고 있었다는 것을 의미한다. 체제신뢰가 결여된 상태에서는 사소한 촉발요인만으로도 급격한 정치변동을 야기할 수 있다. 대부분 동유럽 사회주의 국가들의 체제붕괴를 초래한 계기들은 우발적인 것이었으며, 루마니아를 제외하고 심각한 유혈충돌이 발생하지도 않았다. 그것은 사회주의 주민들의 신념체계 속에서는 사회주의가 이미 오래전부터 권위를 상실했기 때문이었다.

체제신뢰감의 상실은 사회주의 체제의 해체의 원인으로 작용했지만 동시에 몇 가지 차원에서는 부정적 요인으로 작용했다. 과거에 대한 부정은 체제전환 과정에서 사회적 아노미를 초래하는 경향을 보였다. 과거의 가치와 윤리, 제도의 정당성이 부정되는 상황에서 새로운 대안의 마련은 지체되었고, 많은 사람들이 사회적 고립과 불확실성속에 내던져졌다. 사회주의 체제의 통제체제가 일시에 사라지는 과정에서 사법권과 경찰력은 권위를 상실했다. 이는 적절한 사회적 통제기제들이 약화되는 것을 의미했으며, 결과적으로 체제전환기 정치, 경제, 사회적 혼란에 대한 관리와 통제가 어렵게 되었다.

북한의 경우 시민사회는 맹아적 상태에 머물러 있으며, 독재와 철저한 감시통제체제를 감안할 경우 체계적인 반체제저항세력의 형성은 어려운 상황이다. 그러나 대부분 사회주의 체제의 붕괴는 권력투쟁이나 급변사태, 그리고 체계적 반체제 운동의 결과에 의한 것이 아니었다는 점을 주목할 필요가 있다. 대부분 동유럽 공산정권은 사소한 촉발요인에 의해 급속히 붕괴되었으며, 비교적 평화로운 과정을 통해 진행되었다. 이는 외형상의 안정과 달리 사회주의 주민들의 내적인 신념체계 속에서는 체제에 대한 냉소와 아울러 신뢰의 철회라는 체제위기 요인이 자리잡고 있었음을 의미한다.

IV. 맺음말

탈사회주의 체제전환은 복합적인 과정이며, 국가에 따라 변화의 양상도 다르게 나타났다. 탈사회주의 체제전환의 특징 중의 하나는 구체제의 요소들이 온존된 채 변화과정에 영향을 미친 다는 점이다. 사회주의 공업화와 발전정도, 체제의 특성 등은 체제전환의 과정에 직간접적인 영향을 미쳤다. 소련과 동유럽 등 발달된 사회주의 공업 국가들이 대체로 급진적 체제전환방식을 선택한 반면 중국과 같은 사회주의 저발전 농업 국가들의 경우 점진적 체제전환방식을 선택했으며, 체제전환 방식에 따라 사회변화의 양상도 다르게 나타났다.

대부분의 사회주의 국가들의 경우 체제말기에 접어들어 극심한 경제위기에 직면했으며, 이는 체제전환의 주요 원인으로 작용했다. 또한 체제전환에 따른 전반적인 구조조정은 단기적으로 경제상황의 악화를 초래하는 경향을 보였다. 동유럽 체제전환의 경우 시민사회와 종교가 일정한 역할을 수행했다는 특징을 보인다. 대부분 동유럽 사회주의 국가들은 사회주의체제의 이식 이전에 이미 긴 종교적 전통과 아울러 자본주의적 발전을 경험했으며, 이에 대한 '기억'은 사회주의 체제에서도 상당부분 온존될 수 있었기 때문이다.

체제전환에 따른 계급·계층구조의 분화와 새로운 불평등구조의 형성을 필연적이었지만 대부분의 경우 공정한 게임의 규칙이 적용되지 않았다. 상당수의 국가들에서 체제전환에 수반되는 대규모의 구조조정으로 적어도 단기적으로는 경기침체현상을 야기했으며, 완전고용체제의 해체와 사회주의 복지체제의 축소는 대중적 궁핍화현상을 초래했다. 반면 많은 구체제의 기득권층들은 자신들이 축적한 정치, 경제, 사회적 자본을 기반으로 시장화과정에서 정경유착형 유산자로 변모하는데 어려움을 겪지 않았다. 부의 축적의 정당성 문제와 빈부격차의 확대는 사회갈등구조를 형성한다는 점에서 문제가 있으며, 이는 정치적 불안정 요인으로 작용하는 경향을 보였다.

폐쇄적인 사회주의 체제에 대한 외부정보의 유입은 새로운 변화의 동력을 제공했다는 점도 중요하다. 이는 G2 국가의 위상에도 불구하고 인터넷을 통제하고 있는 중국과 철저한 사회통제체제를 가동하고 있는 북한에도 의미 있는 시사점을 주고 있다. 가장 중요한 것은 사회주의체제 말기에 주민들의 내면에서 체제에 대한 신뢰감이 근본적으로 약화되어있었으며, 이는 체제전환의 기초로 작용했다는 점이다.

　탈사회주의 체제전환은 아직 완성된 것으로 볼 수 없다. 아직도 많은 국가들에서 민주화와 시장화 등으로의 이행과정이 순조롭게 진행되고 있지 않으며 미래 역시 불투명하기 때문이다. 북한의 경우 아직 외형상 사회주의를 고수하고 있지만 이미 다양한 영역에서 변화의 조짐들이 나타나고 있는 것으로 보아야한다. 따라서 북한이 현재와 같은 경직된 체제를 장기간 유지하는 것은 어렵게 될 것이다. 그러나 북한은 동유럽과 달리 종교와 시민사회의 전통, 그리고 자본주의적 발전의 경험을 가지고 있지 않다는 점에서 차이가 있다. 현 상황에서 북한에서 소련 및 동유럽과 같은 급진적 체제전환의 가능성은 높지 않다. 그러나 체제전환이 발생하는 경우에도 그 양상은 다르게 전개될 개연성이 있다. 이는 북한이 소련과 동유럽, 그리고 중국과도 다른 출발조건(initial condition)을 가지고 있기 때문이다.

참고문헌

A. 기든스 저. 임영일·박노영 역. 1981.『자본주의와 현대사회이론』. 한길사.

김병로. 2002.『북한 종교정책의 변화와 종교실태』. 통일연구원, 5-11.

김상철. 2003. "북한주민의 종교생활."『북한주민의 일상생활과 대중문화』. 민화협 정책위원회, 196-197.

서재진·조한범·장경섭·유필무. 1999.『사회주의 지배 엘리트와 체제변화』. 미래 인력연구센터, 53-54.

이상환·김웅진 외. 2004.『동유럽의 민주화』. 한국외국어 대학교 출판부, 268-269.

조한범. 2002. "정상회담 이후 사회문화교류가 북한사회에 미친 영향."『남북정상 회담 2주년 기념 국제학술회의 자료집』. 통일연구원.

조한범. 2010.『북한의 체제위기와 사회갈등』. 통일연구원, 97-108.

조한범·양문수·조대엽. 2010.『북한의 체제위기와 사회갈등』. 통일연구원, 80-81.

Annelise Anderson. 1995. *The Red Mafia*, *Edward P. Lazear. ed. Economic Transition in Eastern Europe and Russia 2*, Hoover Institution Press, 347, 353-356.

G. Grossman. 1977. "The second economy of the "USSR"", *Problems of communism*, Vol 26, No. 5.

J. A. Buchanan, Gordon Tullock and Robert D. Tollison. 1980. "*Toward a theory of the Rent-seeking society*," Texas A&M University Press, 4.

Piotr Sztompka. 2000. *Civilizational competence*: *A prerequisite of post-communist transition*. Jagiellonianp University. Centre for European Studies, 6.

R. Sakwa. 1989. *Soviet politics*: *An introduction*. Routledge, 226.

S. Glinkina. 1996. "The shadow economy in contemporary Russia". *Russian politics and law*, Vol. 34, No. 2.

S. Handelman. 1994. "The Russian 'Mafiya'". *Foreign Affairs*, Vol. 73, No. 2, 83-96.

А. В. Крылова, Лабирантах теневой экономики, Предпрниматель, No 12, (Москва: 1992).

Ж.М, Грищенко. 1992. и др, Социальный портрет предпрнимателя // СОЦИС, No. 10, 54.

М.Восленский. 1991. Номенклатура. Советская Россия и Октябрь, 12-14.

기사검색

동아일보. 2013. "北, 美서 밀수입한 SW로 당간부-주민 휴대전화 도청."(11월 26일).

박동호 2001. "방북단 사건, 남한의 현실." *Keys*(10월호).

안드레이 란코프. 2005. "北 체제전환 후 종교부흥 가능성 높다." *Daily NK*(5월 1일).

NK조선. 2013. "北서 한국화장품 대박."(6월 19일).

5. 탈사회주의 개혁개방의 공간적 징후:
북한의 관광과 호텔을 중심으로

전상인(서울대학교 환경대학원) · **김미영**(부산발전연구원)

I. 서론

모든 사회변동에는 나름 징후가 있다. 북한의 탈사회주의 개혁·개방도 마찬가지다. 그와 같은 징조들은 인구나 민심, 정책, 제도 등 다양한 영역에서 더러는 뚜렷한 양태로, 더러는 은밀한 모습으로 나타난다. 이 가운데는 확실한 변화의 단초도 있고, 그저 지나가는 일화(逸話)에 그치는 경우도 있다. 이 글은 북한의 개혁·개방의 징후를 공간적인 차원에서 찾는데, 그 중에서도 특히 관광과 호텔에 관련된 영역에 주목한다. 이는 무엇보다 김정은 체제하에서 관광산업이 크게 약진하고 있다는 사실, 그리고 이에 따라 고급호텔의 증설 및 개축이 눈에 띄게 활발해지고 있다는 점 때문이다.

관광산업 및 호텔사업의 약진이 탈사회주의 개혁·개방의 징조가 된 사례는 중국에서가 대표적이다. 중국은 관광업을 통해 외화유치를 도모했고, 그 과정에서 현대식 호텔을 대거 건설하거나 유치했다. 이는 비단 사회주의 체제에 국한된 현상이 아니라 후진국 주변부 국가들의 일반적 패턴이기도 하다. 우리나라 역시 1960년대 초기 경제성장 과정에서 마중물을 마련했던 중요한 계기는 관광산업과 호텔사업이었기 때문이다. 그리고 국제관광이 사회문화적 교류를 통해 체제 변화를 유도하게 되는 사례는 비일비재하다.

물론 북한의 경우는 아직까지 철저히 '인바운드 패키지 관광'(inbound package tour) 중심이다. 두말 할 나위 없이 국제관광의 부정적 영향을 일반 주민으로부터 차단하기 위한 목적이다. 그럼에도 김정은 체제 하에서 관광에 대한 인식은 긍정적이고도 생산적인 것으로 전환하고 있으며, 이에 발맞추어 새로운 관광자원의 개발에 부심하고 있기도 하다. 또한 수도 평양에 집중되어 있던 호텔사업도 지방으로 점차 확산되고 있는 추세이며, 호텔의 기능 역시 전통적인 숙박에서 탈피하여 보다 국제적인 비즈니스 관광수요에 적응하고 있다. 특히 주목할 것은 이 과정에서 북한 내 일부 상류층들의 호텔 이용이 늘어나고 있다는 점이다.

관광과 호텔 영역에서 관찰되는 북한식 개혁·개방의 공간적 징후가 '찻잔 속의 바람'에 그칠지, 아니면 '태풍을 만드는 작은 나비짓'이 될지 지금으로서는 예측하기 어렵다. 그것은 북한 당국 자체의 노력에 달린 문제이기도 하지만 핵 문제를 둘러싸고 진행 중인 북한에 대한 범세계적 제제 국면의 향배에 걸린 사안이기도 하기 때문이다. 그럼에도 북한의 변화를 내심 희망하고 기대하는 마음에서 관광과 호텔 영역에서 포착되는 체제변혁의 징후를 작지만 의미 있는 단서로 해석하고자 하는 것이 이 글의 의도이다.

II. 이론적 논의

1. 개혁 · 개방과 관광

오늘날 이동과 관광은 전 세계의 가장 거대한 산업 가운데 하나로 성장 중이다. 세계여행관광협의회(WTTC: World Travel and Tourism Council)에 의하면 2017년 현재 관광업은 3억 개에 가까운 고용을 직 · 간접적으로 창출하면서 세계 GDP의 10.2%를 생산하고 있다(WTTC, 2017). 현재 세계 200개 이상의 국가들이 국제관광에 참가하고 있는데, 이는 "모빌리티가 세계의 거의 모든 지역에 영향을 미치는 것"을 의미한다고 볼 수 있다(존 어리, 2014: 25). 쉐벨부시의 표현을 빌리자면 오늘날 전 세계는 일종의 구경거리로서, 여행자들에게 "시골과 도시로 구성된 거대한 백화점이 되었다"(존 어리, 2014: 25 재인용). 말하자면 국제여행이 하나의 '생활방식'으로 자리 잡고 있는 것이다. 물론 현재 북한은 이와 같은 국제관광의 트렌드로부터 가장 먼 나라이다. 그럼에도 변화의 단초는 곳곳에서 감지되고 있다.

국제적 관광은 근대사회의 산물이다. 닝 왕(2004: 196-236)에 의하면 여기에는 두 가지 현상이 주목거리다. 첫째는 국민국가화(nationalization)이다. 국민국가화는 국가적 공간의 합리화 과정을 포함하는데, 이 과정에서 불안한 타자, 위험한 적, 낯선 것, 차이 등은 사회 공간적으로 배제되는 경향이 있다. 그 결과, 영토화된 국민국가는 특정한 국민정체성을 형성하며, 이는 다른 국민국가와의 차이를 의미한다. 이와 같은 구분은 한편으로는 현실적 위협이나 잠재적 위험이 될 수도 있지만 다른 한편으로는 문화적 호기심의 대상이 될 수도 있다. 국제관광은 무엇보다

문화적 호기심의 충족이다. 왜냐하면 현재와 같은 국민국가 체제 속에서 신기성(神奇性, novelty)이란 당연히 국내보다는 국외에 더 많기 때문이다.

둘째는 세계화(globalization) 혹은 탈(脫)국민국가화(denationalization) 이다. 역사적으로 세계화는 국민국가의 출현과 동반하였다. 곧, 세계화는 국민국가의 특성, 종류, 다양성을 박멸하는 것이 아니라, 국민국가의 주권을 보장하는 가운데 국가정체성을 오히려 강화하는 경향이 있다. 말하자면 세계화란 동질화 과정이면서 동시에 차별화 과정인 것이다. 세계화는 결코 세계의 보편화, 동질화, 서구화로 귀결되지 않는다. 오히려 세계화는 국가 간의 차이와 다양성을 필요로 하며, 그와 같은 바탕 위에서 번성하고 확산한다. 세계화는 '시·공간 압축'(time-space compression)을 통해 국가 간의 차이와 다양성에 대한 접근을 지속적으로 용이하게 만든다. 제2차 세계대전 이후 국제관광이 크게 번영하기 시작한 것도 이런 맥락에서다.

싫든 좋든 북한은 영토를 가진 주권국가 가운데 하나다. 특히 북한은 국가건설과정에서 매우 독특한 국가정체성을 계발하고 유지해 왔다. 능동적 선택의 결과이든 피동적 압박의 산물이든, 북한은 오랜 기간에 걸쳐 고립과 폐쇄상태를 고수해 왔다. 역설적으로 바로 이 점이 신기성의 사산이 되어 외부인의 호기심을 높일 수 있다. 두말 할 나위 없이 국제관광은 '차이의 공간'(space of difference)에서 번영한다(닝 왕, 2004: 226). 지금 현재 거주하는 공간과 관광을 위해 찾아가는 공간이 별로 다를 바 없는 '합치의 공간'(space of consensus)은 관광지로서의 매력이나 감흥이 없기 때문이다. 관광이 기대하는 것은 두 문화 사이의 차이가 제공하는 비일상적이고 불확실하고 친숙하지 않는 흥분이나 즐거움이다. 하지만 그와 같은 차이가 너무나 뚜렷한 나머지 관광지의 모든 것이 특이하고 불안한 '적대의 공간'(space of hostility)이 되어서도 안 된다. 중요한 것은 따라서 "친숙성과 비친숙성, 확실성과 비확실성, 유사성과 차이점 간의 적절한 균형"이다(닝 왕, 2004: 226).

'차이의 공간'을 찾는 국제관광의 본래 의미는 자발성과 쌍방성이다. 상대 국가를 자유롭게 방문하는 것이다. 하지만 북한의 경우 이러한 국제관광의 관행적 측면을 외면한다. 북한은 국가 간의 상호의존성과 협력 없이 '나 홀로' 존재하는 나라다. 그러므로 북한의 입장에서는 관광을 통한 세계화와의 접점을 다소 특이하게 설정한다. 그 하나는 사실상 '인바운드 관광'(inbound tour) 관광 밖에 없다는 사실이다. 일반 북한주민이 관광을 목적으로 외국을 방문하는 경우는 거의 없다. 국경 안으로 들어오는 외국인 여행은 국경 밖으로 나가는 내국인 국외여행에 비해 외화획득에 유리할 뿐 아니라 자신의 관광 상품을 선별적으로 판매할 수 있기 때문이다.

이와 더불어 북한관광에서는 '패키지 관광'(package tour)이라는 점이 두드러진다. 관광은 기본적으로 돈을 통하여 관광하는 주체와 관광을 맞이하는 객체를 하나로 묶는다. 이 때 양자는 상품교환에만 참여할 뿐 아니라 인식의 거래에 참여한다. 다시 말해 "관광은 경제적 과정이면서 문화적 과정"이기도 한 것이다(닝 왕, 2004: 330-332). 개발도상국 혹은 주변부의 관점에서 볼 때 그들만의 독특한 생활방식과 문화를 국제 관광객들에게 판매함으로써 세계화에 동참하는 기회를 만들 수 있다. 하지만 다른 시각에서 보자면 이는 강력하고도 이질적인 외국문화에 의한 '문화접변'(acculturation)을 초래하기도 한다. 그리고 그 과정에서 전혀 원하지 않는 방향으로 '판도라의 상자'가 열릴지도 모른다. 무엇보다 체제안정이 최대 목표인 북한의 입장에서 경제적 이익은 쫓되, 사회적 부작용은 최소한으로 줄일 수 있는 방법은 패키지 관광밖에 없는 것이다.

그렇다고 해서 패키지 관광이 반드시 북한정부만 원하는 것은 아니다. 북한을 방문하는 외국인의 입장에서도 패키지 관광이 매력적일 수 있다. 왜냐하면 북한처럼 미지의 빈곤한 나라에서는 패키지 관광 형식이 불안을 감소시키고 충격을 순화하며 신기한 것을 미리 길들일 수 있기 때문이다. 말하자면 패키지 관광의 경우 가이드에 의해 심리적 안정과 경제적 편의 및 안전성이 제공되기 때문이다. 이럴 때 관광객은 통제와 고립의 상태에서 최대한의 문화 차이를 경험하게 된다. 그 결과, 패키지 관광은 여행의 본래 의미인 탐구(exploration)나 모험(adventure)로부터 벗어나 이른바 '고립된 모험'(isolated adventure)이 된다. 현재 거주하는 공간과 관광하려는 공간의 차이가 심하면 심할수록 이와 같은 패키지 관광은 관광객이 먼저 원하는 바가 되기도 한다.

2. 개혁 · 개방과 호텔

관광은 숙박과 서로 뗄 레야 뗄 수 없는 관계다. 국제관광과 호텔 산업 사이의 관계는 특히 그렇다. 하지만 보다 근원적으로 호텔의 발전은 '이동의 시대'와 긴밀히 연관된 숙박공간이다. 산업화와 함께 등장한 철도, 도로, 통신, 항공 등은 신체 이동을 촉신하였고, 오늘날 인류는 과거 어느 시대에 비해 보다 많이, 보다 자주, 그리고 보다 멀리 움직인다. 사업이든, 노동이든, 결혼이든, 관광이든, 이동은 '항상 필요한' 그 무엇이 되고 있는 것이다(존 어리, 2012: 93, 223, 262). 그런데 이동의 시대는 신체의 이동과 순환을 촉진하는 '이동 중 거주'(dwelling-in-transit) 공간을 반드시 필요로 한다(존 어리, 2014). 호텔은 오늘날 바로 그와 같은 '이동 중 거주 공간'을 대표한다. 호텔 없는 관광은 애초에 상상하기 어렵다.

　관광과 이동의 시대에 호텔이 "세계 경제의 영역"(발레리 줄레조 외,

2007: 144)이 되어 세계 도시체계 네트워크의 핵심이 된 것은 결코 우연이 아니다. 호텔은 관광과 이동의 시대가 요구하는 필수 인프라 가운데 하나로서, 전 세계 관광객들을 대상으로 상대적으로 표준화된 서비스를 제공한다. 호텔 특유의 분위기와 서비스가 세계 어디를 가나 대개 유사한 것은 이 때문이다. 이 과정에서 호텔은 자연스럽게 문화전파의 공간이 된다. 호텔은 다양한 국적의 사람들이 뒤섞이면서 새로운 기술과 지식, 문화와 생활양식이 보급되고 전달되는 사회문화적 거점이 되는 것이다. 호텔 내 레스토랑, 바, 로비, 커피숍 등 상업시설은 단순히 소비만 촉진되는 공간이 아니라 문화적 전파와 교류가 일어나는 공간이다(존 어리, 2012: 59). 특히 글로벌 프랜차이즈 호텔은 코스모폴리탄(cosmopolitan) 문화를 유포하는 역할을 수행한다.[1]

호텔은 그것이 입지한 도시는 물론 해당 국가의 이미지나 브랜드를 창출하기도 한다. 기능적 특성상 호텔은 현지 지역주민 보다는 이방인이나 외지인의 이용이 상대적으로 많은 곳이다. 말하자면 호텔은 단기간에 외부적 시선을 향하여 강한 인상을 남기는 경향이 있다. 유명 호텔이나 고급 호텔이 도시의 얼굴이자 간판이 되는 경우가 많은 것은 이 때문이다. 세계 여러 나라, 혹은 여러 도시가 호텔건설에 정책적 의미를 부여하는 것도 같은 이유에서다. 세계 굴지의 프랜차이즈 호텔들이 관광객들에게 '합치의 공간'을 제공한다면, 각국의 대표적 토종 호텔은 국가정체성

---

1   2014년 현재 전 세계 체인 호텔의 객실 수는 785만 실로 이는 전체 호텔(체인+독립)의 객실 수의 40%에 이른다. 영국에 기반하고 있는 체인 그룹인 IHG(Intercontinental Hotels Group)이 4,697개 호텔, 68만 6,873실로 가장 많은 규모를 보유하고 있는 것으로 나타났으며, 다음으로 Hilton Worldwide(4,115개 호텔, 67만 8,630실), Marriott International(3,783개 호텔, 65만 3,719실), Wyhdhanm Hotel Group(7,485개 호텔, 64만 5,423실) 순으로 나타나고 있다.

을 발현하는 '차이의 공간'이 된다(도미타 쇼지, 2008 참고). 이는 호텔은 서로 비슷하면서도 각기 다른 것이어야 한다는 사실을 의미한다.

급격한 도시화 내지 도시성장을 겪고 있는 도시에서 호텔은 현대적 도시경관을 창출하고 도시 전체의 이미지를 개선하기 위한 수단이 되기도 한다. 중국의 경우 20세기 초반 상하이에 들어선 호텔들은 항구 대도시 연안을 따라 입지하면서 '열린' 도시의 이미지를 만들어냈다. 한편, 20세기 후반 덩샤오핑이 이끈 개혁·개방 이후에는 도심과 공항을 잇는 외곽 지역에 호텔을 자리하도록 하여 새롭게 탄생하는 도시의 표상으로 기능하도록 하였다(발레리 줄레조 외, 2007: 115-116). 북한의 탈사회주의 개혁·개방 과정에서 호텔의 진화와 변신에 주목할 필요성은 아무리 강조해도 지나치지 않다.

오랫동안 폐쇄와 고립 상태를 고수하면서 내·외국인의 이동을 제한해 온 북한 사회에서 호텔은 매우 초보적인 수준에 머물러 있다. 기본적으로 북한은 호텔을 별로 필요로 하지 않는 사회이며, 특히 일반 관광객을 위한 용도로서는 더욱 더 그렇다. 사실 북한의 호텔은 통치 권력의 위상을 과시하는 공간적 상징으로 의미가 더 컸다. 권력자들이 호화 호텔을 앞 다투어 건설함으로써 자신의 위세를 과시하고자 했던 것은 어제오늘의 일이 아니다. 과거 나폴레옹 3세의 시시로 1862년에 건설된 파리 그랜드 호텔(Grand Hotel)은 국가 권력의 발현체로 군림하였으며, 싱가포르 라플스(Raffles Hotel), 홍콩 페닌슐라(Peninsula Hotel), 상하이 피스 호텔(Peace Hotel) 등은 국력의 위용을 가시적으로 드러내는 도구였다(도미타 쇼지, 2008: 224; Denby, 1998).

현재 북한에는 여전히 단 한 개의 국제적 체인 호텔도 들어가 있지 않다. 북한의 호텔은 흐름과 네트워크가 있는 열린 공간이라기보다 '닫힌 공간'에 가깝다. 북한 사회의 폐쇄성과 특수성을 고려했을 때, 호텔은 이

방인이나 외지인, 즉 '이동하는 사람'들을 관리, 추적, 검열하는 '장치'로서 측면이 부각되어 왔다(존 어리, 2014: 107-109; 미셸 푸코, 2011 참고). 다시 말해 북한의 호텔은 현지주민이나 지역사회와 절연된 채 섬처럼 고립되어 존재하는 공간이었다. 호텔 외부로의 출입은 제한되었고, 호텔 내부에서의 생활도 감시와 통제로부터 자유롭지 못했다.

하지만 김정은 시대에 들어와 개혁·개방의 조심이 확산되면서 북한의 호텔은 나름 변화 중이다. 우리가 북한 호텔의 진화와 변신을 통해 우리는 북한의 탈사회주의 개혁·개방을 조심스럽게 예측하고 기대하는 것은 이 때문이다. 대표적으로 호텔은 더 이상 평양에 국한되는 것이 아니라 전국으로 확산되고 있다. 곧, 외화벌이의 현장으로서 정책적으로 적극 육성 중이다. 호텔은 관광지에서 관광객을 숙박시키는 요소로 그치는 것이 아니라 호텔 사업 그 자체가 경제적 이익창출을 위한 하나의 관광자원이라는 인식이 늘어나고 있기도 하다. 게다가 북한의 호텔은 더 이상 외국 관광객만을 위한 투숙 공간으로 한정되지 않는 측면도 엿보인다. 곧, 내국인들의 사회문화 공간으로서 호텔이 사용되는 경향도 적잖이 발견된다.

III. 관광

1. 관광에 대한 인식 전환과 관광자원 개발

1980년대 이전까지 북한에서 '관광'이라는 용어는 거의 사용되지 않았다. 1962년에 발행된 『북한조선말 사전』에서는 관광을 "다른 지방이나 다른 나라의 자연풍경, 명승고적, 인민경제의 발전 면모, 역사유적 등을 구경하는 것"으로 정의하고 있으나, 실제 외국인은 물론 내국인의 관광 활동도 정치사상 교육 목적을 빼고는 거의 없다시피 하였다. 북한은 기본적으로 사람들의 이동을 최소화하려는 체제이며, 특히 북한 실정의 외부 노출이나 외래 사상의 국내 유입을 염려하여, 관광을 "낭비적이고 안일한 생활을 추구하는 비위생적인 것"으로 간주하였다.[2]

관광에 대한 북한의 부정적 시각은 1980년대 중반 들어 변화하기 시작했다. 1984년에 제정된 조선민주주의인민공화국합영법에서 관광산업을 공업, 건설, 운송, 과학기술 등과 함께 서구 기업과의 합영 대상 가운데 하나로 포함시킨 것이다. '관광'이라는 용어를 경제활동과 관련하여 공식적으로 사용하면서 관광산업이 갖는 경제적 효과를 인식한 결과이다. 하지만 북한의 관광 인프라는 전반적으로 열악한 편이었다. 또한 관광지역을 한정하고 관광객 이동을 통제하는 식의 규제적 접근이 많았다. 여전히 관광은 주민들의 사상 오염과 이에 따른 체제 불안정을 야기할 가능성이 높은 자본주의적 요소라고 여겨졌기 때문이다.

김정일 시대에 들어와 북한은 다시 한 번 관광산업 진흥에 대한 의지를 다졌다. 그 가운데 가장 대표적인 관광 상품은 금강산 관광과 아리랑 공연이다. 남북관광 사업의 일환으로 1998년 시작한 금강산 관광은 2008년 7월 중단될 때까지 195만 6천 명의 누적관광객 수를 기록하였다 (홍순직, 2015: 11).[3] 한편, 2002년부터 개최된 아리랑은 10만여 명이 동

---

2 북한은 1956년부터 일부 사회주의 국가를 대상으로 관광 사업을 실시해왔으나 북한 주민들의 외국방문이나 외국인의 북한여행은 엄격히 제한하였다.

3 관광방식은 1998년 해로관광에서 시작하여 2003년 9월에는 육로관광으로,

원되어 두 달 동안 진행되는 대집단 체조이자 예술 공연으로서, 해외 관광객 유치의 일등공신이었다(임을출 외, 2017: 21-22).[4] 하지만 이때까지만 해도 경제개발과 외화수입을 위한 관광의 필요성은 인정하면서도 관광으로 인한 외래사조의 유입 가능성은 철저히 경계되었다.[5]

2012년 김정은 집권 이후 북한의 관광정책은 과거와 달리 한층 전 방위적이고 파격적으로 진행되고 있다. 무엇보다 관광에 대한 인식이 과거와 확연하게 달라졌다. 김정은 시대 북한의 관광은 "사람들에게 즐거움과 낭만을 안겨주고 더욱 아름다울 내일에 대한 확신과 믿음을 안겨주는 관광, 아름다운 조국, 번영하는 내 나라에 대한 긍지와 자부를 안겨주는 관광"으로 간주되고 있다.[6] 관광을 낭비적이거나 안일한 행위로 여기던 1980년대 이전과 완전히 다른 모습이 아닐 수 없다. 관광주체 또한 더이상 외국인에게만 한정되는 것이 아니다. 시장화가 일정 정도 진행되면서 등장한 경제적으로 여유 있는 소비계층이 등장하였는데, 이들 내국인을 상대로 한 관광이 점차 증가하고 있는 것이다. 이러한 변화는 관광대국 스위스에서 유학한 김정은의 경험과 무관하지 않을지도 모른다.[7]

2008년 3월에는 승용차 관광으로 다변화되었으며, 관광일정도 당일 코스에서 1박 2일, 2박 3일 등으로 확대되었다(홍순직, 2015: 11).

4   많은 어린이들을 장기간 동원하는 아리랑 공연은 아동학대와 인권침해 등의 논란이 붉어져 2013년에 중단되었다.

5   김정일은 1998년 관광에 대해 "관광업을 하면 돈을 좀 벌수는 있겠지만, 그것은 우리나라의 현실에 맞지 않습니다...우리는 절대로 남을 쳐다볼 필요가 없습니다."고 말한 바 있다(조선로동당출판사, 2000: 401).

6   아리랑메아리, http://arirangmeari.com

7   물론 여전히 내국인의 국제관광은 엄격히 제한된다. 2017년 1월 현재 북한

관광에 대한 이와 같은 인식 전환은 관광 활성화를 위한 관광자원 개발로 이어지고 있다. 2000년대 초반까지 북한을 방문하는 외국인 관광객의 주요 관광목적지는 금강산, 묘향산, 칠보산, 백두산 등 자연 명승지나 주체사상탑, 개선문, 김일성광 등 사상교양 건축물에 불과하였다. 견학, 답사, 참관 등 정치사상 교육의 일환으로 실시되는 내국인 관광의 경우, 소위 '3대 장군'의 업적이나 족적를 느낄 수 있는 기념비, 명승지, 고적유물, 박물관 등을 참관하는 것이 전부였다. 하지만 김정은 시대 관광목적지는 체제선전물이나 명산·명승지에 머무르지 않는다. 관광객을 유치하여 외화를 벌어들일 수 있는 매력적인 관광자원 만들기에 적극적으로 나서고 있는 것이다. 그리고 이는 개발형태에 따라 점적(點的), 선적(線的), 면적(面的) 개발로 구분가능하다.

첫째, 스포츠, 레저, 여가 등과 관련된 각종 유희시설의 점적(點的) 개발이다. 유희장, 유원지, 물놀이장 등 놀이·위락시설에서부터 빙상장, 스케이트장, 승마장, 스키장 등 체육시설에 이르기까지 다양한 관광자원을 신규로 개발·건설 중이다. 평양시 만경대구역의 만경대 유희장(2012년), 대성산유희장(2012년), 능라도의 능라인민유원지(2012년), 대동강구역의 문수물놀이장(2013년), 사동구역의 미림 승마구락부(2013년) 등이 대표석이다. 2014년 원산관광특구 내에 개장한 마식령스키장은 부시면적 1,400만㎡에 스키시설, 야외 스케이트장, 숙박시설 등을 갖추고 있

주민이 비자(VISA)없이 입국할 수 있는 나라는 단 40개국에 불과하다. 이는 심사를 거치지 않은 북한 주민들의 입국을 원하지 않는 국가가 많다는 것을 의미한다. 북한 주민이 비자 없이 입국할 수 있는 나라는 대부분 캄보디아, 몽골, 마카오, 네팔, 스리랑카 등 아시아와 탄자니아, 우간다, 토고, 이집트 등 아프리카 국가들이다(『자유아시아방송』, 2017년 3월 14일).

는데, 착공 후 불과 1년 만에 완공되어 '마식령속도'라는 용어를 만들어 내기도 하였다.[8]

　내국인이 관광주체로서 부상하면서 지방 주민들을 위한 여가·체육시설 건설도 전국 각지에서 활발해졌다.[9] 신의주시에는 남산공원, 동하공원, 민속공원 등을 건설하였으며, 이들 공원에 인라인스케이트장을 비롯한 각종 체육오락시설과 놀이기구를 설치하였다. 함경남도 함흥시에도 기존 청년공원을 확장하여 인라인스케이트장과 배구장, 테니스장 등을 갖춘 유희장이 들어섰다.[10] 평안남도 평성시 평성공원, 강계시 강계공원과 강계청년공원유원장, 해주시 옥계혁명사적지구역 유원지 등도 새롭게 건설되거나 개건되었다(『노동신문』, 2012년 6월 14일).

　둘째, 관광자원으로서 평양 시내에 대규모 화려한 선적(線的) 거리를 형성하고 있다. 사실 평양의 가로 형성은 김정은 시대에 시작된 것이 아니다. 전후 평양의 도시화는 주요 거리가 개선되고 확장하면서 주변지역이 하나의 새로운 구역으로 성장하는 과정이었다. 비파거리(모란봉구역, 1972년), 천리마거리(중구역, 1970년), 낙원거리(보통강유역, 1975년),

---

8　1950년대 '평양속도', 1960년대 '비날론 속도·강성속도', 1970년대 '천리마속도', '100일 전투' 등 과거 북한이 선동했던 속도전은 대부분 생산현장이 그 대상이었다. 하지만 김정은 체제에서는 스키장이나 물놀이장과 같은 유희시설 건설에 대규모 인력을 동원하고 있다(정유석, 2016: 182-183).

9　전국 각지에서 공원과 유원지 건설 및 개건사업이 활발하게 벌어지고 있다 (『노동신문』, 2012년 6월 14일).

10　함흥시의 경우, 유희장 건설 과정에서 룡성기계련합기업소, 설비조립련합기업소, 함흥산업건설사업소, 함흥청년전기기구공장 등의 노동자와 기술자들이 참여한 것으로 알려진다(『노동신문』, 2012년 4월 23일).

창광거리(중구역, 1단계: 1980년, 2단계: 1985년), 통일거리(낙랑구역, 1단계: 1992년, 2단계: 1993년), 광복거리(만경대구역, 1989년) 등이 대표적이다. '도시 축(軸)'을 중요하게 생각하는 북한에서 '거리'는 가장 우선해야 할 설계 요소였을 뿐만 아니라 선적(線的) 개발은 건설력을 분산시키지 않고 집중함으로써 체제의 우월성을 대내외적으로 과시하고 선전하는데도 매우 효과적이었기 때문이다(임동우, 2011: 103; 전상인 외, 2015).

김정은 정권 하에서 평양 시내 대규모 거리 건설 사업은 한층 탄력을 받고 있다. 이는 북한의 대외 이미지를 과시하는 핵심 수단이자 평양의 대표 관광자원으로 활용하고자 하는 목적 때문이다. 2012년 만수대 지구에 건설된 '창전거리', 2015년 준공된 중구역의 '미래과학자거리', 2017년 완공된 대성구역의 '여명거리' 등이 그 보기이다. 김일성 탄생 100주년을 기념하여 착공 1년 만에 완성된 창전거리에는 45층짜리 고층 아파트 단지와 더불어 상점, 백화점, 식당, 이발소 등 상업봉사시설, 학교, 유치원, 탁아소 등 공공건물이 들어섰다. 미래과학자거리에는 19개 동의 고층 아파트단지, 대형 마트, 4D 영화관 등 상업시설 및 과학기술전당 등이 들어섰다. 김일성종합대학 인근 초고층 주택단지인 여명거리에는 탁아소, 유치원 등 공공건물뿐 아니라 대형 쇼핑몰도 건설되었다고 한다(『자유아시아방송』, 2017년 5월 10일). 김정은 시대에 새로 건설되고 있는 평양 시내 거리들은 북한을 방문하는 외신 기자 및 외국 관광객들에게 화려하고 호화로운 스펙터클을 제공하는 평양의 대표 관광 상품으로 부상 중이다(박희진, 2015).

셋째, 관광특구 내지는 관광개발구 형태의 면적(面的)인 관광 지구를 개발하는 것이다. 특히 이는 북한 사회주의의 체제외적(體制外的) 공간이라 볼 수 있다. 김정은 정권은 외자유치를 위해 많은 중앙급 경제특구와 지방급 경제개발구를 설치하고 있는데, 이 가운데 관광만을 목적으로 하는 관광특구 혹은 관광개발구 지정이 두드러진다. 북한은 2013년 6월 경제개발구설치법을 제정하고 같은 해 11월 각 도(道)에 13개의 지방급 경제개발구와 신의주 특구 설치에 대한 최고인민회의 상임위원회 정령을 발표하였다. 그리고 2014년 7월에는 6개의 경제개발구를 추가로 지정하였다. 총 19개의 경제개발구 중 신평관광개발구(황해북도), 온성섬관광개발구(함경북도), 청수관광개발구(평안북도) 등 3개 경제개발구가 관광과 직접 관련된 것이다.

한편, 2014년 6월 11일 최고인민위원회 상임위원회는 원산-금강산국제관광지대(특구) 설치를 발표하였다. 이보다 앞선 2013년 11월에 비준한 '원산-금강산지구총계획'은 총 4만 3,600여 ha에 이르는 원산-금강산관광지구를 4개의 지구(원산지구, 갈마반도지구, 석왕사지구, 통천지구, 금강산지구)로 구분하고 지구별 세부 관광개발계획을 담아내고 있다(『조선신보』, 2014년 5월 28일). 현재 북한은 극장, 골프장, 승마장, 호텔 등 다양한 관광 및 숙박시설을 확충하고 원산-마식령스키장도로, 마식령스키장-울림폭포도로, 원산-석왕사도로 등을 개건하여 이곳을 세계적인 종합 관광지로 개발하고자 한다.[11]

이와 같은 관광특구 내지 관광개발구 개발을 위해 북한은 현재 해외 자본 투자를 위해 부심하고 있다. 북한 당국은 국제기구 대표들과 각국 대사관 관계자를 북한에 초대하거나 해외에 직접 찾아가 여러 차례 '조선관광설명회'를 개최한 바 있다. 조선관광설명회에서는 관광지구 내 외국 투자 자본에 대한 특혜 조치, 세관·세금·통신·투자 보호 등 다양한 투자 정보를 소개한다(『연합뉴스』, 2013년 8월 24일).

---

11 서광, http://www.sogwang.com

관광 분야의 해외 투자유치를 위해 다양한 매체가 동원되기도 한다. 관광총국이 2017년 개설한 대외 관광홍보 홈페이지 '조선관광'에 따르면 "공화국 정부는 나라의 관광지개발과 관광하부구조건설에 대한 다른 나라들의 투자를 열렬히 환영하고 있으며, 투자기업들을 우대하고 보고하기 위한 적극적인 조치를 취하고 있다"고 밝히고 있다.[12] 또한 대외용 홍보잡지 '금수강산'에서도 '관광개발구 창설과 그 유형'이라는 제목의 기사를 통해 "북한 관광개발구는 외국투자가들에게 기업창설 및 운영, 토지이용, 세금, 인력채용 등에서 특혜가 보장된다"며 "북한 당국은 산악·해안·농촌·문화전통관광개발구 투자유치를 장려하고 있다"고 선전하고 있다(『중앙일보』, 2017년 7월 15일).

2. 관광 상품의 다양화

김정은 시대 북한은 "관광업을 중요 산업의 하나로 발전시키기 위해 적극 노력하고 있다"고 스스로 밝히고 있다(『조선중앙통신』, 2013년 8월 28일). 특히 관광업을 이른바 '봉사무역'의 중요한 부분 가운데 하나라고 강조하고 있다. 봉사무역이란 소유권이 이동되는 상품무역과는 구별되는 것으로 건설, 정보, 통신, 금융, 연구개발 등의 생산관련 분야와 식당업, 관광업, 유원지 운영 등 소비관련 분야로 구분된다. 이는 관광산업 육성이 무엇보다 단 시간 이내에 민생을 챙기면서도 부족한 외화를 확보할 수 있는 최선의 경제발전전략으로 인식되고 있기 때문으로 보인다. 산업으로서 관광이란 "관광활동에 대한 봉사 뿐 만 아니라 숙식과 상품

---

12   조선관광, http://tourismdprk.gov.kp

판매, 편의 및 체육문화오락, 관광객 운수봉사 등 관광객들의 관광활동 전 기간에 대한 봉사제공을 다 맡아서 한다는 것"으로 "하나의 일체화된 경제부문체계"를 의미한다(『노동신문』, 2016년 8월 14일).

북한이 관광산업 진흥을 위해 가장 우선시하는 것은 외래 관광객 유치이다.[13] 하지만 외국인 관광객 유입이 대내적으로 미칠 파장을 우려하는 북한의 입장에서는 패키지 관광을 선호할 수밖에 없다. 정해진 일정 속에서 제한된 지역을 방문하고 한정된 관광활동을 실천하는 패키지 관광은 개방과 폐쇄의 딜레마에 놓인 북한으로서는 불가피한 선택일 것이다. 북한의 패키지 관광은 국가가 관리하는 여행사를 통해 이루어진다. 과거 북한에서는 관광여행사 숫자도 적었을 뿐만 아니라 국가의 강력한 통제로부터 자유롭지 못했다. 하지만 최근에 들어와 관광이 국가 경제성장을 위한 핵심 산업으로 인식되면서 외래 관광객 유치를 도모하는 신규 여행사가 늘어나고 있을 뿐만 아니라 여행사의 권한 또한 강화되고 있다(김한규, 2015: 48-55).

2000년대 중후반까지만 해도 북한은 국가관광총국 산하 조선국제여행사(1953년),[14] 김일성사회주의청년동맹 소속 조선국제청소년여행사

---

13 북한관광총국의 통계를 따르면, 2002년 12.1만 명에 이르던 외래 관광객은 2008년 2.6만 명까지 하락하지만, 2010년 13.11만 명, 2011년 19.39만 명까지 다시 증가하였다. 한편, 북한은 2015년 1월 스위스 베른에서 개최된 휴가·여행 전시회에 최초로 참가하여 2017년 100만 명의 관광객을, 2020년에는 200만 명의 관광객을 유치하겠다는 목표를 내세운 바 있다(『Kotra』, 2015년 12월 8일).

14 북한 최초의 여행사인 조선국제여행사의 기본 업무는 관광계약 체결, 관광상품 마케팅, 관광단 접객, 외국과의 관광교류 등이다.

(1985년), 국가체육지도위원회 산하 조선국제체육여행사(1997년)[15] 등 3대 중앙 여행사 체제를 형성하고 있었다. 그러다가 최근 지방의 관광자원을 개발하면서 지역에도 외국인 관광 여행사가 생기기 시작하였는데, 평안북도 묘향산 여행사, 함경북도 칠보산여행사, 양강도 백두산 여행사, 나선지구 나선국제여행사 등이 대표적이다. 이 외에도 최근 북한은 태권도관광 특화여행사인 조선국제태권도여행사(2014년), 국내외에 10여 개의 지사를 둔 평양고려국제여행사(2015년) 등을 설립하여 운영 중이다.

한편, 북한 내 여행사는 관광 상품을 관광객에게 직접 판매하기보다는 해외 파트너 여행사를 통하는 경우가 대부분이다. 해외 파트너 여행사는 변동이 심하여 그 숫자가 정확하게 파악되고 있지는 않으나 대표적인 파트너 여행사로는 영 파이오니어 투어스, 고려 투어스, JS 투어스, 우리 투어스, 뉴 코리아 투어스, 루핀 트래블 등이 있다. 이들 외국 여행사는 북한 당국에 먼저 관광 상품을 제안하기도 한다고 한다. 특히 김정은 체제 하에서는 이전 정권에서보다 훨씬 적극적으로 외국여행사의 새로운 관광아이디어 상품을 수용하는 것으로 알려지고 있다(김한규, 2015: 35-36).[16]

---

15 조선국제체육여행사는 마라톤, 등산, 골프, 볼링, 사격, 수영, 스키, 자전거 관광 등 체육 관광 상품을 위주로 하며 북한 내 관광지 및 호텔 개발, 관광인프라 건설 등에 투자의향이 있는 관광객들에게 대상지 시찰, 해당기관 및 기업체와의 면담 등의 업무도 담당한다(『조선중앙통신』, 2015년 7월 29일).

16 미국의 북한관광 전문여행사인 우리투어스는 "지난 몇 년간은 여행사 측에서 서방 관광객들이 어떤 형태의 휴가를 보내고 싶은지 설명하면 북한 당국이 거기에 호응해왔다. 과거 같으면 승인하지 않았을 관광계획이나 일정도 최근엔

북한의 해외 관광여행 상품의 최대 고객은 단연 중국인이다. 2014년 북한을 방문한 여행객은 총 10만 명 정도에 이르는 것으로 추산되는데, 이 중 중국인 관광객이 중국인 관광객이 9만 5천 명이고 그 외 해외관광객은 5,000명을 겨우 넘은 것으로 알려지고 있다(『Kotra』, 2015년 12월 8일).[17] 하지만 최근 북한은 패키지 상품의 판매 대상을 확대하고 패키지 상품의 콘텐츠를 다양화하면서 지나치게 높은 중국 의존도를 낮추고 세계 각국의 관광객을 고르게 유치하기 위해 적극적으로 노력 중이다.

우선 '혁명의 수도' 평양의 '건축 관광'이 급부상하고 있다. 북한 전 국토의 상징이며, 북한의 사상과 이념 체계의 응축물로서 수도 평양의 현대화 사업은 역사적으로 중단된 적이 없었다(전상인 외, 2015: 28-30). 하지만 김정은 체제의 평양은 현대화를 넘어 도시 공간 전체의 상품화가 추진 중이다. 김정은 체제가 등장한 이후 평양은 문수물놀이장, 인민 야외빙상장, 류경원 등의 건설에서부터 미래과학자거리, 여명거리, 창전거리 형성에 이르기까지 대대적인 외형 변화가 일어나고 있다. 그리고 이는 단순히 도시 건설 사업에 그치는 것이 아니라 '건축 관광'이라는 주제로 관광 상품화되어 외화벌이 수단으로 적극적으로 활용되고 있다(박희진, 2015).

이와 더불어 폐쇄적인 북한 사회를 경험하고 북한 주민들과 직접 접촉하는 '체험관광' 상품도 잇따라 선보이고 있다. 지하철관광, 나무심기관광, 농축산관광, 파도타기관광 등이 대표적이다. 이러한 체험관광은 과거에는 철저히 금지되어있던 것으로 북한 관광 상품은 더 이상 '보여

더욱 적극적으로 고려한다"고 밝혔다(『자유아시아방송』, 2014년 1월 2일).

17 2009년 '중국인 북한 단체관광에 대한 양해각서'를 체결한 이후, 2010년 4월부터 중국의 북한 단체관광이 정식으로 개시되었다.

주기 관광'이 아니라 '들어가보기 관광'으로 변화하고 있다고 해석할 수 있다(임을출 외, 2017: 277-278). 북한 체제에 대한 호기심 만족과 북한 주민의 삶에 대한 신비감 해소 등 외국인 관광객의 욕구를 적극적으로 반영한 결과라고 볼 수 있다.[18] 일례로 2014년부터 등장한 노동체험관광은 관광객이 농장이나 과수원에서 농민들과 함께 모내기, 김매기, 과일 수확 등을 직접 경험하는 관광 상품이다. 이에 대해 북한은 "우리 인민의 근면한 생산 활동 모습과 낭만적인 노동 생활을 체험할 수 있어 큰 인기를 모으고 있다"고 홍보하고 있다(『매일경제』, 2015년 2월 26일).

스포츠와 관광이 결합되는 패키지 관광도 인기리에 판매 중인 것으로 알려진다.[19] 이른바 '체육관광'이 바로 그것으로서 스키, 승마, 마라톤, 골프, 낚시 등 스포츠를 관광으로 활용해 외화도 벌고 대외 이미지도 개선시키고자 하는 것이다. 북한은 2011년 이후 가장 자본주의적 스포츠라고 비난해 왔던 골프를 관광과 결합시킨 '평양아마추어골프대회'를 개최하고 있다. 영국의 루핀 트래블이 주관하는 이 여행상품은 골프 대회 참가를 포함한 5일짜리 일정으로 중국 베이징 혹은 단둥을 관광코스의 시종점으로 한다. 한국을 제외한 모든 나라의 아마추어 선수들이 참가할

---

18 북한 관광 상품을 취급하고 있는 영 파이오니어 투어스는 "북한은 자연경치로 관광객을 끌어 모으려 하지만 관광객들은 북한 시스템에 관심이 있고 공장이나 학교 등을 방문해서 북한 사람들과의 접촉을 하고 싶어 한다"(Johnson and Collings, 2014).

19 2013년 2월 27일자 『조선신보』에 따르면, 북한 국가관광총국 김일영 부국장은 "우리는 손님들이 즐거움을 누릴 수 있는 특색 있는 체육관광을 지향하고 있다"며 "다른 나라의 체육 애호가들이 조선의 축구, 농구, 배구 애호가들과 시합하는 것을 기본으로 하면서 명승지도 관광하는 상품들을 준비하고 있다"고 설명한 바 있다.

수 있으며, 대회 참가비를 포함한 투어 패키지 가격은 999파운드(한화 약 145만 원)부터이다.[20] 1981년부터 매년 4월 김일성 생일을 전후하여 열리는 평양 마라톤 대회 또한 체육관광의 일환이다. 2박 3일부터 10박 11일에 이르기까지 다양한 상품이 마련되어있는데, 여행객들이 직접 대회에 참가하거나 김일성경기장에서 대회를 관람하는 것에 더하여 평양, 개성, 비무장지대(DMZ) 까지 둘러보는 일정을 포함하기도 한다. 외국인들의 높은 인기에 힘입어 2017년부터는 연 2회(4월, 10월) 개최하는 것으로 알려지고 있다(『연합뉴스』, 2017년 8월 23일).

IV. 호텔

1. 호텔의 공간적 확산

인구이동이 활발하지 않은 북한에서 숙박시설은 크게 발전하지 않았다. 그나마 북한의 숙박시설은[21] 평양에 밀집되어 있는 편인데, 이는 평양이 북한의 중심 도시이자 수도이기 때문일 것이다. 2017년 현재 북한 전역 총 56개 숙박시설 중 16개가 평양에 위치하는 것으로 파악된다. 전후 평

---

20   루핀 트래블, http://www.lupinetravel.co.uk

21   북한의 숙박시설은 호텔, 여관, 야영각, 초대소로 구분된다. 호텔과 여관은 한편 호텔의 경우, 자체 기준에 의해 호텔 등급(특급, 1급, 2급, 3급)과 개실등급(특등급, 1등실, 2등실, 3등실, 4등실)을 구분하고 있다.

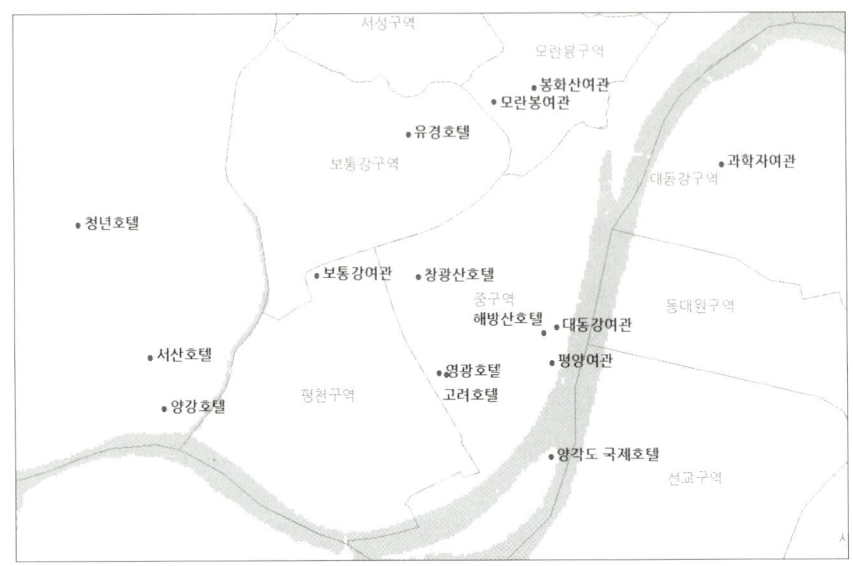

그림 1 평양시내 호텔(여관) 현황

※ 출처: 저자 작성

양 최초의 숙박시설은 중구역 대동강 변에 들어선 대동강여관(1955년)
이며, 이후 중구역과 평천구역, 모란봉 구역 등 평양 중심부 일대로 평양
여관(1961년), 해방산여관(1961년), 봉화산여관(1960년대), 보통강여관
(1973년), 모란봉여관(1973년), 창광산여관(1975년) 등이 차례로 개관
하였다.

평양 시내에 '호텔'이란 이름을 내건 숙박시설이 처음 등장한 것은
1980년 중반의 일이다. 1985년 이른바 '조국 해방 40돌'을 맞아 중구역
창광거리에 45층 규모의 고려호텔을 건설한 것이다. 고려호텔은 30층에
서 두 개 건물동이 서로 연결되는 북한 최초의 쌍탑식 건축물로 당시로
서는 보기 드문 건축이었다(리화선, 1993: 218).[22] 이후 북한은 보통강

----

22 고려호텔의 각 건물동의 최상층에는 회전전망식당이 위치하여 평양시내

그림 2 **고려호텔(◀)**

※ 출처: 서광(http://www.sogwang.com)

그림 3 **류경호텔(▶)**

※ 출처: 자유아시아방송(http://www.rfa.org)

구역에 평양의 옛 지명인 류경(柳京)을 딴 류경호텔(1987년)을 착공하였
다. 류경호텔은 김일성의 80회 생일(1992년)에 헌정하기 위해 프랑스 자
본과 기술을 바탕으로 추진되었으나 1990년부터 자금난으로 인해 현재
까지 공사가 중단된 상태이다. 2008년 이집트 통신회사인 오라스콤의 투
자 덕분에 외장공사까지 마쳤지만, 105층(높이 330m)에 이르는 거대한
피라미드 모양의 류경호텔은 여전히 미완의 상태로 평양 중심부에 남아
있다.[23]

전경을 조망할 수 있다.

23   공사가 중단 된 채 방치되어있는 류경호텔은 2012년 미국 CNN방송이 '세

1989년에 개최된 제13차 세계청년학생축전은 북한이 평양 시내 호텔 건설에 박차를 가하게 된 결정적인 계기가 되었다. 북한은 평양축전의 성공적인 개최를 위해 만경대구역 청춘거리에 주경기장을 비롯한 9개의 경기장과 부대시설을 갖춘 종합체육단지인 안골체육촌을 건설하고 중구역 릉라도에 5.1경기장[24]을 신축하는 등 범국가적 준비에 돌입하였다. 이 과정에서 외국인 선수들과 관광객을 수용할 수 있는 숙박시설 건설이 불가피하였다. 1989년 노동절(5월 1일)을 기념하면서 평양 시내에는 청년호텔(1989년, 520실), 서산호텔(1989년, 474실), 양강호텔(1989년, 328실) 등이 일제히 개관하였다.[25]

이후 북한은 1995년에 대동강의 하중도(河中島)인 양각도에 프랑스와 합작으로 양각도 호텔을 건설했다. 이는 미완공 상태인 류경호텔을 제외하면 북한에서 가장 많은 객실을 보유한 호텔(980실)이다. 양각도 호텔

계에서 가장 추한 건물'로 선정한 바 있다.

24 1989년 5월 1일 2년여의 공사 끝에 완공된 5.1경기장은 경기장 남북을 가르는 장축은 450m, 동서를 가르는 단축은 350m로 총부지 면적은 40만m²에 이른다. 15만 명 정도를 수용할 수 있는 것으로 알려지는 5.1 경기장에서는 세계청년학생축전의 개·폐회식을 비롯하여 아리랑 축전과 같은 중요 체육문화행사가 개최되는 대규모 종합경기장이다.

25 올림픽, 월드컵, 엑스포 등 메가 이벤트를 개최하는 국가나 도시가 대규모 도시개발사업을 추진하면서 숙박시설 건설에 매진하는 것은 그다지 특별하지 않다. 남한의 경우에도 1986년 아시안게임과 1988년 서울올림픽을 개최하면서 정부는 '올림픽 도시' 강남 만들기를 적극적으로 추진한다. 그리고 올림픽 개최를 목전에 두고 강남 테헤란로를 따라 르네상스 호텔, 그랜드인터콘티넨탈 호텔, 롯데월드 호텔 등 소위 '88둥이' 호텔이 일제히 들어선다(김미영, 2016; 김백영, 2014).

을 마지막으로 현재까지 평양 시내 신규호텔 건설은 전무하다. 2011년 중국과 합작으로 중구역에 고려호텔의 3배 규모로 영광호텔을 착공하였지만, 투자자가 철수하면서 2013년부터 공사가 중단되었다(『동아일보』, 2014년 6월 13일; 『자유아시아방송』, 2017년 3월 28일). 현재 평양시내에는 단 한 개의 글로벌 체인호텔도 존재하지 않는다.

수도 평양이 아닌 지방에 호텔이 들어선 것은 1990년대 이후의 일이다. 이때까지 만해도 지방을 대표하는 숙박시설은 여관이었으며, 이것마저도 일부 관광명소에 한정되었다.[26] 지방호텔은 당시 개혁·개방의 바람과 함께 등장하기 시작하였다. 북한은 1991년에 함경북도 나진·선봉을 '자유경제무역지대'로 지정하면서 외자유치를 도모하는데, 그 과정에서 외국자본을 활용한 호텔이 건설된 것이다. 1996년에 나선경제특구에는 북한 청류무역회사와 홍콩 타이슨사(社)가 합작한 나진호텔이 들어섰다. 10층짜리 건물에 101개 객실을 갖춘 나진호텔은 김일성 주석이 사망 직전에 직접 호텔 건설을 지시하였다고 알려진다(『북한중앙방송』, 1994년 8월 25일). 1998년에는 나선특별시 비파해수욕장 기슭에 홍콩의 엠퍼러 그룹이 투자한 엠퍼러(英皇) 호텔이 문을 열었다. 이는 북한 최초의 카지노호텔로서 주 고객은 중국인으로 중국 인민폐와 미국 달러화가 모두 통용되는 것으로 알려지고 있다.[27]

---

26   여관은 보통 방 한 칸에 10여 명 정도가 함께 투숙하며 화장실과 세면장 등을 공동으로 사용하며, 시·군 행정위원회 산하 편의봉사사업소에서 관리한다.

27   엠퍼러 그룹은 투자 당시 "중국인들이 전통적으로 도박을 좋아하지만 중국 당국의 반(反) 도박정책으로 중국 본토 내에서는 카지노를 즐길 수 없기 때문에, 출입이 용이한 나선지역에 많은 중국 도박사들이 몰릴 것"을 기대했다고 한다(심규석, 2000: 87).

그림 4 나진호텔(◀)

※ 출처: 북한지역정보넷(http://www.cybernk.net)

그림 5 엠퍼러호텔(▶)

※ 출처: 서광(http://www.sogwang.com)

　　최근 북한 당국은 지방 호텔의 신규 건설에 한층 박차를 가하고 있다
(『조선중앙통신』, 2011년 10월 3일). 이는 김정은 시대의 지방 관광자원
개발과 밀접하게 연관되어 있다. 곧, 관광특구 내지 관광개발구 등을 지
방에 조성하면서 숙박 인프라로서 호텔도 함께 건설하는 것이다.[28] 일례
로 원산-금강산국제관광지대와 무봉국제관광특구가 위치한 강원도 일
대에는 2013년 한 해 동안 갈마호텔, 새날호텔, 마식령스키장호텔 등 세
개의 호텔이 문을 열었다. 원산 시내에서 약 20km정도 떨어진 곳에 자리
하고 있는 마식령 호텔은 9층짜리 건물 2개동으로 유럽풍으로 지어졌으
며, 스키용품장, 이발소, 당구장, 수영장, 사우나, 피트니스센터 등을 갖
추고 있다. 원산-금강산 관광지구총계획구역 내 갈마반도에 자리한 갈

─────

28　북한의 대외선전용 주간지 통일신보는 '유능한 호텔봉사일꾼들이 자라난
다'라는 제목의 글에서 "최근 공화국의 각지에 관광지구들이 늘어나면서 호텔들
이 많이 일떠서고(건설되고) 있으며 앞으로는 지방의 군(郡)들에까지 호텔들이
세워질 전망"이라고 보도한 바 있다(『통일신보』, 2014년 8월 30일).

그림 6　마식령호텔(◀)

※ 출처: 서광(http://www.sogwang.com)

그림 7　갈마지구호텔(▶)

※ 출처: 서광(http://www.sogwang.com)

마호텔과 새날호텔은 명사십리(明沙十里) 해수욕장을 방문하는 관광객들을 위한 휴양호텔이다. 갈마호텔은 1구역과 2구역으로 나눠져 총 90여 개의 객실을 보유하고 있으며, 새날호텔은 18층 규모로 레스토랑, 연회장, 회의실, 가라오케, 바, 오락실 등 오락시설과 전망대를 갖추고 있다.

　최근 북한은 중국 단둥 일대에 몇 개의 호텔을 운영하고 있는 것으로 알려지고 있다. 중국과의 무역은 북한 해외교역의 상당량을 차지하는데,[29] 이 중 80%가 단둥에서 이뤄지고 있다(『연합뉴스』, 2017년 10월 6일). 뿐만 아니라 북한 인바운드 관광의 최대 고객인 중국 관광객 대부분이 단둥을 거쳐 들어오고 있다(『중앙일보』, 2017년 12월 21일).[30] 북한은 2000년 중국 선양에 있는 칠보산호텔을 개관한 이래 중국 내 호텔 운

29　북중무역은 1999년 14.8억 달러 규모로 북한 대외무역의 25%에 불과하였지만, 2016년에는 60.6억 달러로 92.8%의 비중을 차지하고 있다(Kotra, 2016).

30　2013년부터 단둥과 평양을 오가는 직통열차가 매일 운행 중이다. 사업이나 관광을 목적으로 단둥-평양 간 승객 수요가 증가함에 따라 주 4회 운행하던 열차를 증편한 것이다.

영에는 별다른 관심을 보이지 않았으나, 단둥이 북중 간 무역, 투자, 관광의 거점으로 기능이 강화되면서 숙박 수요가 증가하자 직접 호텔 영업에 나선 것으로 추정된다(『연합뉴스』, 2016년 2월 2일).

2. 호텔의 기능적 진화

호텔 본연의 기능은 거주지를 떠나 이동하는 사람들에게 숙박과 식사를 제공하는 것이다.[31] 아무리 북한 사회가 이동과 여행의 자유가 보장되지 않는다하더라도, 호텔이라는 공간이 지닌 본래의 기능은 별반 다르지 않다.[32] 오히려 강력한 국가 통제 시스템 하에서 외지인들은 오로지 호텔이라는 공간에 묵을 수밖에 없다는 점을 고려한다면, 북한의 호텔은 그 어느 나라 호텔보다 본연의 의무를 충실히 수행하고 있는 것일지도 모른다. 그럼에도 북한 호텔의 역할을 단순히 '이방인이나 여행객을 위한 숙식 제공'이라고 규정하는 것은 편협하다. 북한에서 호텔의 기능은 훨씬 다양하다.

2000년대까지 평양 도심부에 집중적으로 건설된 호텔은 수도 평양

---

31   호텔에 대한 사전적 정의를 보더라도 "여행자들에게 숙박과 식사, 그 외의 서비스를 제공하는 건물 혹은 시설물"(Oxford Dictionary) 혹은 "집을 떠나 이동하는 사람들에게 일정한 대가를 받고 숙박, 식사, 음료를 제공하는 시설물"(Meldik, 2003)로 규정하고 있다.

32   전문 여행정보 웹사이트인 '트립어드바이저'(Tripadvisor)에서는 평양 시내 호텔을 이용한 외국인들의 리뷰를 바탕으로 2012년 평양 최고의 호텔로 고려호텔을 선정한 바 있다. 2위는 양각도 호텔, 3위는 보통강호텔이 차지하였으며, 해방산호텔과 양강호텔, 평양호텔, 서산호텔이 그 뒤를 이었다.

의 경관을 형성하는데 핵심적인 역할을 수행하였다. 북한의 수도계획에서 도시 중심부는 북한 체제를 상징하는 지역으로서 매우 웅장하고 화려하게 조성되는 것이 특징이다. 평양 시내 호텔은 대부분 중구역, 만경대구역 등 도시 중심부에 대규모 고층 건물로 건설되면서 웅장하고 화려한 수도 평양의 경관을 창출하는 핵심적 수단이 되었다(전상인 외, 2015 참조; 리화선, 1993). 그리고 호텔은 숙박객에게 김일성광장, 개선문, 인민대학습당 등 평양 중심부의 "사회주의 도시의 경치"를 조망권으로 제공한다(백과사전출판사, 1988: 266 참조). 차경(借景)의 대상으로서 "이상적 사회주의 도시" 경관은 시각적 감상물로서도 가치가 있을 뿐만 아니라 체제 선전에 있어서도 효과적이다.

평양 시내 호텔은 거대하고 웅장하게 건축되면서 체제의 건재함을 대내외적으로 선전하는 도구이다. 남북 간 체제경쟁이 극심했던 1980년대, 북한은 일종의 기념비적 건축물로서 높고 화려한 호텔을 건설함으로써 체제의 우월성을 부각시키고자 했다. 고려호텔과 류경호텔이 대표적인 예이다. 45층 쌍둥이 타워의 고려호텔(1985년)은 남한의 신라호텔(1979년)이 개관하자 일본에서 원자재를 수입하여 호화롭게 건설한 것이다(김승렬·신주백, 2005: 389).[33] 또한 1985년 당시 아시아에서 가장 높은 건물로 남한에 63빌딩(264m)가 들어서자, 이에 대한 경쟁의식에서 105층(330m)짜리 류경호텔 건설을 착공했다. 초고층 빌딩 건설을 위한 기술력과 생산력이 따르지 못한 상태에서 정치적 동기에서 무리하게 추진된 류경호텔은 앞에서 말한 것처럼 현재 공사가 중단된 채 남아있다

---

33 북한은 고려호텔을 "당의 건축미학사상을 구현하여 우리의 설계, 우리의 기술로써 훌륭히 건설된 로동당 시대의 또 하나의 기념비적 건물의 하나"로 설명하고 있다(사회과학출판사, 1986: 185-187).

(장세훈, 2000: 85).

개혁개방의 물결이 강하게 불고 있는 김정은 시대 북한의 호텔은 과거에 비해 과시적 측면 대신 실용적 기능에 보다 충실하고자 하는 것처럼 보인다. 호텔은 기본적으로 객실 뿐만 아니라 식음, 쇼핑, 레저 등을 즐길 수 있는 다양한 부대시설을 갖추고 있다. 북한의 호텔 역시 객실에 더해 사우나, 이·미용실, 당구장, 안마실, 기념품샵 등을 갖추고 있으며, 비교적 큰 규모의 호텔에는 맥주집, 커피숍, 볼링장, 서점, 비즈니스센터 등도 운영한다. 근래 북한은 이러한 호텔 내 부대시설(봉사시설)을 통해 외화벌이를 시도하고자 한다.

특히 북한은 호텔 내 상업시설들을 국제적 수준으로 재건하는 작업들이 한창이다(『조선중앙통신』, 2013년 8월 23일). 북한은 관광객 유치에 대해 적극적 의지를 보이면서 다양한 관광상품을 출시하고 있으나, 여전히 북한을 방문하는 관광객들의 이동에 여전히 제약을 가하고 있는 것이 사실이다. 이 때문에 관광객들은 자유시간의 대부분을 호텔에서 보내게 되는 경우가 많은데, 이들에게 최신 시설을 갖춘 다양한 호텔 내 부대시설을 제공하여 외화를 사용하도록 유도하는 것이다.

1961년 문을 연 평양호텔은 재일동포들이 많이 이용하는 것으로 알려지는데, 최근 호텔 6, 7층에 "대동강의 풍치를 한눈에 바라볼 수 있으며 밤이면 야경도 즐길 수"있는 전망대 식당이 문을 열었다(『조선신보』, 2012년 5월 14일). 전망대식당에서는 조선요리, 서양요리, 중국요리 뿐만 아니라 재일동포들의 구미에 맞는 우동, 회, 초밥, 청주 등을 판매하는 것으로 알려진다.[34] 청춘거리 체육촌 지구에 위치한 서산호텔도 2015

---

34 전망대식당은 2012년 4월 5일 개업하였는데, 이는 김정일이 평양호텔을 처음으로 현지 지도한 날(1964년 4월 5일)을 기념한 것이다.

표 1 서산호텔 층별 구성

층수	주요 시설
21-30층	객실
20층	식당, 면담실(meeting room)
5-19층	객실
4층	면담실(meeting room), 녹화물방영실(movie room)
3층	식당, 국제 통신실, 사진실, 물놀이장, 안마실, 이발실, 미용·안마
2층	스낵 바, 운동실(gym), 오락실(recreation room)
1층	식당, 접수, 당구장, 기념품샵(gift shop), 찻집, 상점

표 2 양각도 호텔 층별 구성

층수	주요 시설
47층	회전전망식당
46층	바
44-45층	승강기 공조기 조종실
13-43층	객실
8-12층	카지노
6-7층	종업원 구역
5층	통신·TV 중계실
4층	종업원 구역
3층	면담실(meeting room), 양복점
2층	연회장, 원형 회의실, 기념품상점, 책방, 식당, 상점, 찻집, 카지노, 국제 통신실
1층	로비, 수영장, 사우나, 안마실, 가라오케, 탁구장, 볼링장, 당구장, 이발소, 미용실, 구두 수선점

년 조선노동당 창건 70주년을 맞아 대대적인 리모델링을 실시하였다. 특히 1층 식당, 2층 물놀이장, 운동실, 3~4층의 연회장, 기념품판매대, 스포츠용품점, 면담실(회의실) 등 각종 편의·부대시설을 현대적으로 재건하였다(『노동신문』, 2015년 10월 6일).

2017년 4월 태양절을 맞아 고려호텔도 새롭게 개장하였다. 고려호텔은 평양을 방문하는 외래 관광객이 가장 많이 머무르는 곳 중 하나로 1985년 개관 이후 단 한차례의 개보수도 없었다. 하지만 객실을 제외한 1~3층의 영업시설을 수개월동안 폐쇄하고 대대적인 보수공사를 진행하여 80년대식 소비에트 스타일에서 벗어나 한층 밝은 분위기와 현대적 감각을 살려냈다고 한다. 현재 고려호텔 1층에는 양복점, 스탠드 바, 식당 등이 들어서 있고 2~3층에는 당구장, 영화관, 식당 등이 영업 중이다. 한편, 고려호텔과 함께 외국인들이 가장 많이 머무르는 양각도 호텔도 2017년 현재 개축 중이다(『NK 뉴스』, 2017년 4월 12일).[35]

북한 호텔은 외국인 관광객의 마음을 사로잡고자 서비스 기능을 강화하는 양상도 보이고 있다. 과거 고려호텔과 양각도호텔에서만 제공하던 유선 인터넷 서비스는 최근 해방산호텔, 평양호텔 등으로 확대되었으며 이용료도 크게 낮아진 것으로 알려진다(『연합뉴스』, 2014년 8월 16일).[36] 과거에는 상상하기 힘들었던 이색적인 호텔 서비스를 제공하기도 한다. 통일신보는 '편리한 숙식 조건, 친절한 봉사'라는 제목의 글에서 고려호텔이 생일을 맞은 외국인 투숙객에게 꽃다발을 선물하고 생일상을 차려주는 특별한 서비스를 시행해 호평을 받고 있다고 전한 바 있다

---

35 북한의 일부 호텔은 카지노장을 운영하고 있다. 카지노장을 개설한 북한 최초의 호텔은 나선특별시의 엠퍼러호텔이다. 평양에는 양각도호텔이 카지노장을 운영하고 있으며, 현재 건설이 중단된 영광호텔에도 대규모 카지노시설이 들어갈 예정이었던 것으로 알려진다.

36 인터넷을 사용하기 위해서는 호텔에서 아이디를 따로 발급받아야 하며, 무선인터넷이 아니라 랜선을 통한 광대역 연결방식을 통해서만 접속 가능한 수준이다.

(『통일신보』, 2014년 8월 30일).[37]

오늘날 북한의 호텔은 외국인 관광객들을 위한 외화벌이 시설에 그치지 않는다. 시장화가 진행되면서 부를 축적하게 된 북한인 신흥 부유층들에게 호텔은 고급 소비문화공간으로 자리잡고 있다. 고려호텔, 양각도호텔, 해방산호텔, 청년호텔 등에서는 외국인들 외에도 돈주(錢主)들과 당 간부들이 이색적인 외국 요리를 즐기면서 수영, 당구, 탁구 등 다양한 오락 시설을 만끽하는 것으로 알려진다. 평양 시내에 거주하는 돈주 뿐만 아니라 신의주, 평성, 원산, 남포 등 지방의 돈주들도 자체 구입한 버스로 평양 구경에 나서는데, 이들의 주요 코스 중 하나가 바로 평양 시내 호텔이라고 한다. 평양 고급 호텔에 머무르면서 각종 부대시설을 이용하고 호텔에서 파는 명품들을 대량 구입해 가기도 한다는 것이다(『서울신문』, 2015년 6월 5일).

V. 결론

김정은 체제 이후 북한의 탈사회주의 개혁·개방의 징조는 다양한 분야에 걸쳐 읽힐 수 있다. 이 글의 목적은 북한사회의 개혁·개방의 징후를

---

[37] 북한은 2014년 4월 최초 호텔인재 양성기관인 장철구평양상업대학 봉사학교를 개교하였다. 호텔경영학과, 호텔봉사학과, 요리학과, 편의봉사학과로 구성된 이 학교는 전문적인 서비스 지식을 갖춘 호텔리어를 양성한다(『조선신보』, 2014년 7월 9일).

공간적 차원, 특히 관광과 호텔에 관련된 영역에서 찾아보는 것이다. 이는 김정은 체제 이후 북한의 관광산업이 크게 활성화되고 있으며 호텔의 신규 개관 및 개축 또한 활발하게 일어나고 있기 때문이다. 관광업 및 호텔업의 활성화는 체제의 안정을 해치지 않으면서 외자유치를 극대화하려는 북한식 개혁·개방의 고유한 특성을 해석할 수 있는 소중한 실마리가 될 것이다.

김정은 시대에 들어와 북한은 관광을 낭비적이고 안일한 생활을 추구하는 자본주의적 요소로 여기던 과거와 달리, 민심을 챙기면서도 단기간 내 부족한 외화를 확보할 수 있는 중요 산업 중 하나로 육성 중에 있다. 이러한 인식 변화는 관광활성화를 위한 관광자원 개발로 이어져, 전국 각지에 매력적인 관광자원 만들기에 몰두하고 있다. 전국에 각종 놀이·위락시설과 체육시설을 건설하고, 평양 시내에는 창전거리, 미래과학자거리, 여명거리 등 화려하고 호화로운 거리를 개발하며, 지방 곳곳에는 관광과 관련된 경제특구 내지 경제개발구를 조성 중이다. 뿐만 아니라 북한은 세계 각국의 여행사와 파트너십을 맺고 다양한 패키지 관광상품을 개발하면서 외래 관광객 유치에 적극적이다. '혁명의 수도'를 관광 상품화한 '건축관광', 폐쇄적인 북한 사회를 직접 경험할 수 있는 '체험관광', 스키, 승마, 마라톤, 골프 등을 활용한 '체육 관광'이 대표적이다.

관광 산업의 핵심 인프라 가운데 하나로서 북한의 호텔업 역시 개혁개방의 흐름 속에서 변화의 국면을 맞이하고 있다. 1990년대 이전까지만 해도 수도 평양에 집중되어있던 호텔은 최근 지방으로 확산되고 있다. 나진-선봉, 중국 단둥 등 접경지역은 무역, 해외투자, 관광의 거점으로 부상하면서 호텔 건설이 두드러지게 나타나고 있다. 그 외 지방은 지방 관광자원 개발과 관광특구 내지 관광개발구 조성과 맞물려 새로 호텔이 들어서고 있다. 호텔의 기능 역시 숙박 공급이나 체제 선전 등 전통적

기능에서 탈피해 국제적 수요에 부응하여 진화하고 있다. 호텔 내 부대시설을 현대적으로 리모델링하거나 호텔 서비스 기능을 강화하면서 외화벌이를 시도하는 것이다. 이 과정에서 호텔은 외국인 관광객 뿐 만 아니라 북한 내 일부 상류층의 고급소비문화공간으로 자리 잡고 있다. 이는 장기적으로 사회주의 체제를 안으로부터 와해시키는 동력으로 성장할지 모른다.

참고문헌

김미영. 2016. "호텔과 '강남의 탄생'."『서울학연구』62권.

김백영. 2014. "'유신'의 동원전략에서 '강남화'의 구별짓기 전략으로." 한국사회학회 · 서울대 일본연구소 공동주최 가을학술대회 논문집.

김승렬 · 신주백. 2005.『분단의 두 얼굴』. 역사비평사.

김한규. 2015. "북한 외래관광 조직의 구조와 특성에 관한 연구."『북한학연구』11권 2호.

닝 왕 저. 이진형 역. 2004.『관광과 근대성: 사회학적 분석』. 일신사.

도미타 쇼지 저. 유재연 역. 2008.『호텔: 근대문명의 상징』. 논형.

리화선. 1993,『조선건축사 Ⅱ, Ⅲ』. 과학백과사전종합출판사.

박희진. 2015. "김정은 체제의 도시와 도시건설:개방 · 관광 · 상품화."『평화학연구』16권 1호.

발레리 줄레조 · 티에리 상쥐앙 · 제프리 W. 코디 · 니콜라 피에베 · 프랑수와즈 제드 · 실비 기샤르 앙기스 · 조르주 카즈 저. 양지윤 역. 2007.『도시의 창: 고급호텔』. 후마니타스.

백과사전출판사. 1998.『조선대백과사전 제6권』. 백과사전출판사.

사회과학출판사. 1986.『평양의 어제와 오늘』.

심규석. 2000. "북한의 외화벌이사업: 관광 산업과 카지노."『통일경제』2000년 12월호.

오트르망 미셸 푸코 저. 심세광 · 전혜리 · 조성은 역. 2011.『안전, 영토, 인구: 콜레주드프랑스 강의 1977-78』. 난장.

임동우. 2011.『평양 그리고 평양 이후』. 효형출판.

임을출 · 장동석 · 고계성. 2017. "북한의 관광상품", "북한을 보는 창, '관광'.『북한관광의 이해』. 대왕사.

장세훈. 2000. "교류 · 협력 시대에 되돌아본 남북한 도시화."『창작과 비평』109호.

전상인·김미영·조은희. 2015. "국가 권력과 공간: 북한의 수도계획."『국토계획』
　　50권 1호.

정유석. 2016. "김정은의 현지지도와 관광정책."『통일문제연구』28권 2호.

조선로동당출판사. 2000.『김정일 선집』제14권.

존 어리 저. 강현수·이희상 역. 2014.『모빌리티』. 아카넷.

존 어리 저. 윤여일 역. 2012.『사회를 넘어선 사회학』. 휴머니스트.

홍순직. 2015. "남북관광 사업 평가와 발전과제."『통일경제』제2호.

Gareth Johnson and Troy Collings. 2014. "DPRK Tourism in the Kim Jong
　　Un Era: Cases and Prospects."『북한의 개발역량 강화와 국제협력을
　　위한 지식 공유』. 경남대 극동문제연구소 국제학술회의 자료집(6월 11
　　일).

Denby, E. 1998. "*Grands Hotels: An Architectural and Social History.*" Reak-
　　tion Books.

Meldik, S. 2003. "*Dictionary of Travel, Tourism and Hospitality.*" Butter-
　　worth-Heinemann.

Kotra. 2016. "북한 대외무역 동향"

Kotra. 2015. "북한, 관광산업 투자현황"(12월 8일).

WTTC(World Travel & Tourism Council). 2017. "Travel & Tourism Economic
　　Impact 2017 World.".

기사검색

김정안. 2014. "제2유경호텔? 평양 7성급 호텔 공사중단."『동아일보』(6월 13일).

노동신문. 2012. "유희장을 새로 훌륭히 꾸려-함흥시에서."『노동신문』(4월 23일).

노동신문. 2012. "공원, 유원지 건설 및 개건사업 활발: 전국 각지에서."『노동신

문』(6월 14일).

노동신문. 2015. "당의 은정 속에 훌륭히 개건된 서산호텔-준공식 진행."『노동신문』(10월 6일).

노동신문. 2016. "봉사무역."『노동신문』(8월 14일).

매일경제. 2015. "북한, 외국인관광객 유치전…캠핑부터 농장체험까지."『매일경제』(2월 26일).

문경근. 2015. "3년 내 1억 벌자..북한 新부유층 급부상."『서울신문』(6월 5일).

북한정보포털. "2015년 원산-금강산 국제관광지대 투자설명회 진행.".

북한중앙방송. 1994.08.25.

연합뉴스. 2013. "北, 외국인 대상 관광투자설명회..외자유치 주력."『연합뉴스』(8월 24일).

연합뉴스. 2016. "북한, 중국 단둥에 호텔 잇달아 개장."『연합뉴스』(2월 2일).

연합뉴스. 2017. "北, 평양마라톤 10월에도 개최…외국인 참가자 모집."『연합뉴스』(8월 23일).

연합뉴스. 2017. "대북제재로 위기 맞은 단둥…'북중교역 거점 지위 상실우려'."『연합뉴스』(10월 6일).

이영재. 2014. "北 호텔, 외국인 인터넷 사용료 대폭 인하."『연합뉴스』(8월 16일).

자유아시아방송. 2014. "북한, 첫 겨울 관광객들에 개방적 태도…관광인식변화 엿보여."『자유아시아방송』(1월 2일).

자유아시아방송. 2017.03.14.

자유아시아방송. 2017. "북한의 호텔사업 전망."『자유아시아방송』(3월 28일).

자유아시아방송. 2017. "북한의 신도시 '여명거리' 살펴보니."『자유아시아방송』(5월 10일).

조선신보. 2012.『조선신보』(5월 14일).

조선신보. 2013.『조선신보』(2월 27일).

조선신보. 2014. "동해의 진주, 관광중심으로 개발: 원산-금강산지구총계획 발표."

『조선신보』(5월 28일).

조선신보. 2014.07.09.

조선중앙통신. 2011. "관광하부구조건설에 힘을 넣고 있는 조선." 『조선중앙통신』 (10월 3일).

조선중앙통신. 2013. "조선: 관광업을 중요산업의 하나로 발전시킬 계획." 『조선중앙통신』(8월 28일).

조선중앙통신. 2015. "관광객들에게 만족을 주는 조선국제체육여행사." 『조선중앙통신』(7월 29일).

중앙일보. 2017.07.15.

중앙일보. 2017. "중국인들, '북한관광 금지' 제재에도 여전히 北 관광." 『중앙일보』(12월 21일).

통일신보. 2014.08.30.

Chad O'Carroll. 2017. "北, 태양절 앞두고 고려호텔 리모델링 끝내." 『NK 뉴스』(4월 12일).

웹사이트

http://arirangmeari.com 아리랑메아리.

http://tourismdprk.gov.kp 조선관광.

http://www.cybernk.net 북한지역정보넷.

http://www.lupinetravel.co.uk 루핀트래블.

http://www.rfa.org 자유아시아방송.

http://www.sogwang.com 서광.

결론

박명규(서울대학교 사회학과)

2017년은 러시아 혁명 100주년이 되는 해였다. 세계사에 미쳤던 그 엄청난 영향을 생각할 때 전세계에서 거대한 기념행사들이 일어남 직 했다. 하지만 기대에 비해 언론이나 사회가 보인 관심은 약했다. 러시아에서조차 그다지 큰 관심이 없었다는 소식이다. 한때 전세계 사회과학자들의 관심사였던 체제전환 역시 최근엔 큰 매력을 끌지 못한다. 신자유주의 세계화에 대한 비판이 점점 커지고 좌파의 정치적 영향력이 곳곳에서 여전하지만 구 소련식 체제의 매력이 되살아날 것 같진 않다. 대중적 관심이나 학계의 쟁론이 미래로의 전망을 일정 정도 포함한다고 볼 때 20세기를 특징지웠던 공산주의의 실험이 더 이상 현재와 미래의 관심사가 되지 못함을 말해주는 것이라 해도 좋을 듯하다.

세계사와 한반도

전지구적 탈냉전의 흐름 속에서도 냉전적 대립이 변함없이 지속되는 한반도에서 체제전환 쟁점은 여전히 살아있는 주제이지만 의외로 관심이 컸다고 보기는 어렵다. 한때 이와 관련한 논의가 봇물 터지듯 했지만 최근에는 거의 찾아보기가 어려울 정도다. 김정은 체제 등장 이후 고도화된 핵위기로 인해 비핵화 문제의 비중이 너무 컸던 탓이다. 동시에 북한에 대한 진지한 논의보다 체제붕괴 내지 흡수통일의 이념적 맥락에서 체제전환이 논의되는 경향이 암묵적 기피현상을 가져왔을 수도 있다. 북한의 장마당 경제, 시장화의 흐름에 대한 일각의 관심이나 북한 인권에 대한 관심이 각기 고립된 주제로 논의되는 경향이 있었던 것도 그런 이유가 아니었을까 생각된다. 어슬펐던 통일대박론은 엄밀한 학문적 관심이나 정책적 논의로 이어지지도 못했다.

2018년 4월 20일, 북한은 조선로동당 제7기 3차 전원회의를 소집하고 경제-핵 병진로선으로부터 경제개발 총력노선으로의 전환을 선언했다. 김정은 정권의 핵심 전략으로 강조되었던 병진로선이고 불과 5개월 전인 2017년 11월 북한이 핵무력 완성을 선언했던 것을 고려할 때 예상키 어려운 대 전환이 아닐 수 없다. 문재인 정부는 급격하고 인위적인 통일을 추진하지 않을 것을 천명한 바 있고 평화로운 공존과 상호번영을 우선적인 목표로 삼고 있다. 이런 상황에서 북한의 이 선언이 진지하게 추구된다면 체제전환 문제가 중대한 학문적, 정책적 관심사가 될 것이다. 중국과 베트남의 모델이 참고되기도 하고 새로운 북한식 변화가 구상될 수도 있을 것이다. 북한의 정상국가화, 국제사회로의 진출, 정상적 교류가 이루어질 때 안정적인 체제전환에 성공하는 것은 매우 중요한 과제가 아닐 수 없다.

2018년 대전환?

2018년 4월 27일의 제3차 남북정상회담이 성공리에 마무리되고 6월 12일 북미정상회담이 세계적 이목을 끌며 흥행을 구가한 상황에서 한반도에도 탈냉전의 봄이 오리라는 기대감이 높아지고 있다. 문재인 대통령과 김정은 국무위원장은 이번 정상회담에서 여러 가지 합의를 이루었다. 특히 김정은 위원장은 파격적인 언행과 솔직한 태도로 국내외에서 지도자로서의 이미지를 일신하는데 성공했다. 김정은의 리더십에 대한 한국의 여론은 급격히 우호적으로 변했고 해외에서도 그에 대한 재평가가 뒤를 잇고 있다. 트럼프 미국 대통령의 발언이나 기대감도 전례없이 긍정적이어서 정말 한반도의 70년 묵은 냉전체제가 해소될 가능성이 크게 높아졌다.

한반도의 냉전체제 해체는 불가피하게 북한의 체제전환 문제를 부각시킨다. 국제제재와 압박을 벗어나고 북한이 정상국가화되는 과정 자체가 고립과 폐쇄, 주체사상의 기존틀로부터 벗어나는 과정을 동분하기 때문이다. 이미 북한이 시작한 경제의 시장화, 외자의 유치, 특구의 활성화와 함께 남북의 교류협력, 북미, 북일 수교와 국제사회와의 관계개선, 그로 인한 동북아 지역과의 통합진행 등은 모두 일정한 제도적 개선과 대외개방, 체제의 유연성을 확대하는 과정으로 이어질 것이다. 이런 과정이 총체적인만큼 그 충격을 흡수할 수 있을 속도와 관리가 필요함은 말할 필요도 없다.

30년 이전부터 진행되어 온 전세계 사회주의권의 체제전환을 비교연구한 이 책의 목적 역시 궁극적으로는 한반도의 평화체제 구축과 북한의 유의미한 변화를 연동하여 전망하고 그 정책적 준비를 담당하려는 데 있다. 일반적으로 체제전환은 경제적 시장화, 정치적 민주화, 사회적 자유화, 대외적 개방화를 내포하는 총체적 변화과정으로 이해된다. 21세기에 사례를 찾기 어려울 정도로 국제적 고립과 자립경제체제, 전체주의적 정치와 독자 이데올로기를 고수하는 북한의 경우 이러한 총체적 전환이 가져올 충격이 더욱 클 것으로 예상할 수 있다. 이 경우 남한의 존재, 남북관계의 성격이 어떠한가가 북한의 성공적이고 안정적인 전환에 도움이 될 수도 있고 장애가 될 수도 있을 것이다. 각각의 영역을 중심으로 그동안의 체제전환 사례를 연구한 이 책의 각 장은 이에 대해 여러 가지 숙고할 내용을 제공해주고 있다.

진승권은 탈사회주의 체제전환 국가들의 민주화 과정을 비교분석했다. 그는 아시아와 동유럽의 34개 사례를 민주화 지표 및 정당체제의 전환을 중심으로 살펴보고 있다. 체제전환 경로를 비교검토한 결과로 진승권은 두가지 점을 지적한다. 첫째, 탈사회주의 체제전환을 경험한 나라들 가운데 다시 과거로 되돌아간 사례는 없다는 점이다. 이것은 체제전환이 담고 있는 일정한 방향성, 특히 시장화와 자유화, 개방화의 흐름이 세계사적 보편성을 지닌다는 판단을 강화시킨다. 둘째, 체제전환의 경로나 과정은 다양하며 체제전환국들 사이의 편차가 매우 크다는 점이다. 이것은 체제전환이 반드시 체제붕괴나 몰락으로 이어지지는 않는다는 점을 말해준다. 부분적으로 극심한 정치 불안을 겪기도 하지만 점진적이고 평화적으로 중요한 전환을 성공적으로 달성한 사례들도 적지 않다. 아시아 지역은 민주화와 성치안성의 관계에서 다소 역설적인 사례들을 보여준다. 즉 정당체제가 불안정한 사회에서 선거민주주의가 종종 정치적 불안정으로 이어지는 것에 비해볼 때 중국이나 베트남의 경우 선거의 공간을 매우 제한하면서 정치안정을 획득하는 사례를 보여주고 있기 때문이다. 이것은 한반도의 경우 한반도 나름의 경로와 조건을 반영한 독자적 전환이 가능하다는 점을 함축한다.

이 변화과정에서 군부의 역할을 연구한 김병조는 의외로 군부가 체제전환에 걸림돌이 되지 않았음을 지적한다. 당이나 지도자가 체제전환을 정책적으로 결정하고 이를 추진하는 과정에서 군부는 이를 저지하지 않았을 뿐 아니라 다시금 사회주의 체제로 회귀하려는 시도를 한 경우도 없다. 그럴 수 있었던 조건으로 당지배 국가로서 사회주의 체제에 군을 통제하는 여러 기제들이 존재하였고 군사력 역시 정규군, 보안군, 내무군, 국경수비대 등으로 분산되어 있는 점을 들고 있다. 김병조는 오히려 체제전환 이후의 군부의 역할 및 민군관계 정립에 어떤 어려움이 있었는지를 잘 보여주고 있다. 체제전환 과정에서 군부의 역할이 현저히 약화되는 것, 군인의 자긍심 상실, 민간인 국방전문가의 부족 등이 중요한 문제로 지적되었다.

체제전환의 핵심동력이나 목표가 경제에 있다는 점은 대부분의 학자들이 동의한다. 이 점에서 체제전환을 시장화 및 경제문제 중심으로 살펴본 김병로의 글은 여러 면에서 흥미롭고 시사적이다. 경제부문의 전환은 대체로 시장경제의 제도화와 관련되는 것으로 자유화, 안정화, 사유화 등의 내용을 포함한다. 이 과정 역시 초기조건, 속도와 순서, 대외환경 등에 따라 나라별 차이가 크다. 초기조건으로는 무엇보다 사회주의 경제의 누적된 위기가 꼽힌다. 경제위기는 통상 계획경제, 통제경제의 폐쇄성과 직결되기 때문에 개혁과 개방이 동시적으로 진행되는 경향이 있다. 자유화는 가격자유화를 핵심으로 하여 경제활동 전반의 시장화와 자율화를 동반한다. 안정화는 시장화가 초래하는 인플레와 경제불안을 해소하는 정책적 과제를 내포한다. 사유화는 기업의 민영화와 토지의 사유화 과정을 핵심으로 한다. 이런 전반적 변화가 동시적으로 급진적인 형태로 진행되기도 하고 순차적이면서 점진적인 방식으로 나타나기도 했다. 이 과정에서 구사회주의 체제의 부정적 유산을 제거하는 조치와 새로운 제도를 이식 내지 정립하는 두 과정이 원만하게 진행될 수 있도록 신중한 준비가 절실하다는 사실을 여러 사례들은 보여주었다.

특히 체제전환의 유형분류는 한반도적 적용가능성을 고려할 때 주목할 부분이다. 우선 중국식, 소련식, 독일식의 3분론이 있다. 사회주의 체제를 유지하면서 시장제도를 수용하는 점진적 개혁, 급진적 방식으로 시장경제 도입과 정치체제전환, 시장경제와 정치변동이 다른 체제로의 통합으로 귀결되는 경우의 세 가지 경로를 잘 보여준다. 정치적 변화와 경제적 변화의 두 차원을 교차해서 5개 유형으로 구분할 수도 있다. 즉 급진적 체제이행과 점진적 시장통합을 추진(체코), 제이행과 점진적 시장통합(헝가리), 금진적 체제이행과 단일국가로의 통일(동독), 장기적이고 점진적인 체제이행(중국), 체제의 붕괴 또는 해체로 이어지는 경우(소련, 유고슬라비아 등)로 나누어 볼 수 있다. 여러 유형론이 가능하다는 말은 체제전환의 과정과 경로가 결코 단순하거나 단일하지 않고 여러 조건에 따라 다양할 수 있음을 말해준다.

조한범의 글은 탈 사회주의 체제전환을 다양한 사회적 차원의 변화가 수반되는 복합적 변동으로 파악한다. 정치위기나 경제위기와는 별도로 시민사회 내부의 여러 불만과 변화요구, 종교의 역할, 불평등의 심화와 계급적 갈등, 미디어나 여행을 통해 전해지는 외부정보, 이런 여러 요소들에 의한 체제신뢰의 약화 등이 체제전환의 전 과정에서 발견된다는 짐을 보여주고 있다. 오페의 '기획된 자본주의' 개념을 활용하여 클렙토클라투라의 등장을 지적하였다. 즉 구체제의 지배자층에서 새로운 유산자가 출현하는 과정, 이것이 시민사회의 저발전과 맞물려 경제의 마피아화를 가져올 가능성을 지적하고 있다. 전상인, 김미영의 글은 관광과 호텔을 중심으로 이것이 탈사회주의 개혁개방의 징후적 공간임을 밝히고자 했다. 오늘날 광범위하게 확대되는 관광산업은 세계화, 탈국민국가화의 흐름에서 국가별 특징이 '차이의 공간'으로서 상품화되는 것을 의미한다. 따라서 관광과 이동은 그 자체가 21세기적 특징이자 탈사회주의의 주요한 요소이며 호텔은 그러한 흐름을 가능케 하는 주요 사회문화적 거점이 된다. 그 과정에서 호텔은 국가적 이미지, 국제적 연계를 보여주는 상징공간이 되기도 한다. 최근 북한이 관광에 주목하고 다양한 관광상품을 개발하고 있으며 건축붐과 더불어 호텔의 공간적 확산이 진행되기도 하는 모습을 잘 밝혀주고 있다. 관광업 및 호텔업의 활성화는 체제의 안정을 해치지 않으면서 외자유치와 시장경제의 확대를 도모하려는 북한식 변화의 한 면모일 수 있다는 해석을 조심스럽게 내놓고 있다.

21세기 사회주의의 종주국을 자처하는 중국이 미국의 보호무역조치를 비난하면서 세계무역과 시장원리를 옹호하는 현실은 흥미로움을 넘어 역사의 아이러니로 느껴질 정도이다. 동북아시아에 이념적, 정치적, 역사적 긴장은 아직 충분히 해소되지 못했지만 경제영역에서는 상호의존과 교류의 밀도가 매우 높고 이런 흐름은 앞으로도 계속될 것이다. 이런 상황에서 핵-무력 병진노선을 고집하면서 국제사회로부터 고립되어 있던 북한이 2018년 4월 20일 당중앙위 전원회의의 결정으로 경제발전 우선 노선으로 전환하고 남북정상회담, 북중정상회담, 북미정상회담을 비롯하여 적극적인 국제화 행보를 보이고 있다. 김정은 위원장이 베트남 모델에 관심을 보이고 있다는 소식이 전해진다. 향후 남북관계가 진전되고 군사적 긴장이 완화되는 것과 함께 북한의 어떤 형태로든 시장화와 개방화, 국제화를 담은 북한식 체제전환을 겪게 될 가능성이 높다. 북한 스스로의 전략적 결단과 비핵화의 진전이 중요한 변수이지만 한국을 비롯한 주변국과의 관계설정과 새로운 지역질서 구축이 그에 못지 않게 중요한 환경 변수로 작용할 것이다. 북한의 미래를 내다보면서 21세기 새로운 지역경제의 발전 속에 타당한 체제전환의 경로가 열릴 수 있도록 지혜와 정책을 모색하는 작업이 이루어져야 할 것이다.